Claudia Eberan

Javisst!

Der Schwedischkurs

Kursbuch

Hueber Verlag

Didaktische Beratung:
Dr. Ingrid Oddsen Gürtler, Nürnberg

Beratende Mitarbeit:
Sara Nilsson, Celle

Für die tatkräftige Unterstützung danken wir:
fil.dr. Barbro Eberan, Hamburg
Thorsten Dreger, Hamburg
fil.mag. Inger Kull, Stockholm
Isabelle Klein, München

4. 3. 2. | Die letzten Ziffern
2012 11 10 09 08 | bezeichnen Zahl und Jahr des Druckes.
Alle Drucke dieser Auflage können, da unverändert,
nebeneinander benutzt werden.
1. Auflage

Verlagsredaktion: Ingo Heyse, Hueber Verlag, Ismaning
Illustrationen: Bettina Kumpe, Braunschweig
Layout und Satz: Marlene Kern Grafik Design, München
Druck und Bindung: Firmengruppe APPL, aprinta druck, Wemding
Printed in Germany
ISBN 978-3-19-005405-3

Vorwort

Javisst! Der Schwedischkurs ist ein modernes, kommunikativ ausgerichtetes Lehrwerk für Anfänger. Es eignet sich besonders zur Vorbereitung auf einen Aufenthalt in Schweden (bzw. den schwedischsprachigen Regionen Finnlands), weil viel Gewicht auf Verständigung in Alltagssituationen gelegt wird. *Javisst!* folgt den Richtlinien des „Gemeinsamen Europäischen Referenzrahmens für Sprachen" und deckt die Niveaustufen *A1* (Lektionen 1-8) und *A2* (Lektionen 9-20) ab. Nach der Bearbeitung des Lernstoffes ist man gut auf eine Teilnahme an der Schwedischprüfung *Swedex A2* vorbereitet und kann so einen offiziellen Nachweis der eigenen Sprachkenntnisse erwerben. Die Hörtexte des Kursbuches sind auf einer gesonderten CD erhältlich. Zu *Javisst!* gehört außerdem noch ein Arbeitsbuch mit integrierter Audio-CD. Für die KursleiterInnen liegt zudem ein Lehrerhandbuch mit zahlreichen Tipps für den Unterricht vor.

Zum Aufbau des Buches

Das Kursbuch besteht aus 20 Lektionen mit je 8 Seiten. Nach jeder vierten Lektion findet sich ein Spiel, mit dem der Lernstoff wiederholt und die Kommunikation angeregt wird. An die letzte Lektion schließen sich 10 Seiten zum Thema „Feste in Schweden" (Weihnachten, Flaggentage, Herbstfeste, Mittsommer, Geburtstag) an, die im Unterricht flexibel einsetzbar sind. Danach folgt eine Grammatikübersicht und der Lektionswortschatz.

Zum Aufbau der Lektionen

Nach der Präsentation der Lernziele erfolgt oft zunächst eine Aufgabe, die mit Bildern in das Thema einführt, so dass der neue Wortschatz auch visuell erfahrbar wird. Die folgenden Aufgaben enthalten zahlreiche Hör- und Lesetexte sowie kooperative, handlungsorientierte Aufgaben (tasks). In den ersten 16 Lektionen übt man auf der dritten Lektionsseite zudem ausgewählte Aspekte der Aussprache. Die Seite *Karamell* rundet die Lektion mit einem interessanten Thema ab. Mithilfe der Checkliste zur Selbstevaluation lässt sich überprüfen, ob die Lernziele erreicht wurden. Auf der letzten Lektionsseite *Kort och gott* (Kurz und gut) findet sich eine Zusammenfassung der wichtigsten Grammatikthemen. Die zentralen Redewendungen sind dagegen im Arbeitsbuch aufgeführt.

Die im Buch verwendeten Symbole

	Diese Übung ist zu zweit zu bearbeiten
	Übung für eine Gruppe
◉ | 1	Zu dieser Übung gibt es einen Hörtext auf der Kursbuch-CD
AB 1-2	Zu dieser Übung passen die Aufgaben 1-2 im Arbeitsbuch
□ Kan jag få ..., tack. ○ Ja! / Javisst!	Wichtige Redewendungen zur Bearbeitung der Übung
Obs! man → män	Hier wird auf die neue Grammatik aufmerksam gemacht

Und jetzt kann es losgehen: Schwedisch lernen leicht gemacht? *Javisst!*
Wir wünschen Ihnen viel Spaß und Erfolg!

Autorin und Verlag

Inhaltsverzeichnis

1 Hej!

sich begrüßen ◆ nach Namen und Herkunft fragen ◆ das Alphabet ◆ buchstabieren ◆ sich selbst und jemand anderen vorstellen ◆ Sprachkenntnisse ◆ nach der Bedeutung eines Wortes fragen ◆ sich verabschieden ◆ Ländernamen

1 Hej!

Hur hälsar man i Sverige?

Wie begrüßt man sich in Schweden? Kommen Ihnen die folgenden Begrüßungen bekannt vor? In welcher Situation haben Sie sie schon einmal gehört?

⊙ | 1

2 Vad heter du?

ⓐ **Lyssna!**
Hören Sie zu: Welcher Dialog passt zu welchem Bild aus Übung 1?
Ergänzen Sie die Begrüßungen.

1 A
- Hej! Jag heter Kalle. Vad heter du?
- Hej Kalle, jag heter Annika.

2 C
- Hejsan! Jag heter Lisa. Och du, vad heter du?
- Hej, jag heter Pia.

3 D
- Tjänare! Jag heter Axel, och vad heter du?
- Tjänare! Daniel.

4 B
- God morgon! Vad heter du?
- Hej, jag heter Emma.

Obs!
jag heter - du heter

ⓑ **Skriv!**
Schreiben Sie auf: Wie begrüßt man sich auf Schwedisch und wie fragt man nach dem Namen?

Begrüßung:
- Standard: ....
- sehr informell: ....
- morgens: ....

Frage nach dem Namen:

....

ⓒ **Öva!**
AB 1-2
Üben Sie zu zweit die Aussprache der Kurzdialoge in 2a.

3 Hej, jag är Stefan!

Presentera dig för gruppen!
Stellen Sie sich der Gruppe vor.

Obs!
jag är - du är

4 Uttal

●|2 **a Fundera!**

Überlegen Sie: Welche Buchstaben des schwedischen Alphabets gibt es im deutschen Alphabet nicht? Hören Sie dann, wie die Buchstaben ausgesprochen werden. Kreuzen Sie diejenigen an, die anders klingen als im Deutschen.

A B C D E F G H I J K L M N O P Q R S T U V W X Y Z Å Ä Ö

b Lyssna igen och säg efter gemensamt!

Hören Sie noch einmal und sprechen Sie gemeinsam nach.

●|3

c Lyssna och skriv!

Hören Sie zu und schreiben Sie auf: Wie werden die folgenden schwedischen Ausdrücke abgekürzt? Vergleichen Sie mit Ihrem Nachbarn.

till exempel	t.ex.	(zum Beispiel)
bland annat	bl.a.	(unter anderem)
och så vidare	osv.	(und so weiter)
eller	el.	(oder)
det vill säga	dvs.	(das heißt)
till och med	t.o.m.	(sogar)

AB 3

Hur stavar man det?

●|4

5 Jag kommer från Stockholm.

a Lyssna!

Hören Sie zu: Tragen Sie Namen bzw. Stadt ein.

Niklas
Luleå

Nina
Stockholm

Erik Johansson
Malmö

Gunilla Lindström
Malmö

b Skriv!

Schreiben Sie auf: Wie sagt man auf Schwedisch, aus welcher Stadt man kommt?

AB 4

6 Varifrån kommer du?

Fråga varandra varifrån ni kommer!

Fragen Sie sich gegenseitig, woher Sie kommen.

□ Varifrån kommer du?
○ Jag kommer från Düsseldorf.
Och varifrån kommer du?
□ Jag kommer också från Düsseldorf.

|5

7 Presentation.

a Lyssna!

Hören Sie zu: Nummerieren Sie die richtige Reihenfolge der Sätze. Schreiben Sie den Dialog dann noch einmal richtig auf.

- Det här är Johanna. Hon kommer från Öland. 3
- Hejsan Karin. 2
- Hej! 5
- Hej, Louise. 1
- Hej Johanna. Och det här är Gustav. Han kommer från Danmark. 4

Hej, Louise.
Hejsan Karin.
Det här är Johanna. Hon kommer från Öland.
Hej Johanna. Och det här är Gustav. Han kommer från Danmark.
Hej.

b Skriv!

Schreiben Sie auf: Wie sagt man auf Schwedisch, wenn man eine andere Person vorstellt und sagt, woher sie kommt?

Obs!
♀ hon
♂ han

c Presentera din granne för gruppen!

Stellen Sie Ihren Sitznachbarn / Ihre Sitznachbarin der Gruppe vor. Benutzen Sie die Struktur aus Übung 7b. Dann ist der / die nächste an der Reihe.

AB 5-6

6

8

Vad talar du för språk?

Lyssna!

Hören Sie zu. Füllen Sie dann die Lücken aus.

〉tyska • engelska • svenska • spanska〈

- Hej, talar du svenska?
- Javisst. Och du, vad talar du för språk?
- Jag talar tyska, engelska

  och lite spanska.

AB 7-8

- Vad heter "Französisch" på svenska?
- Det heter "franska".
- Tack!

9

"... och lite svenska."

Fråga varandra!

Fragen Sie sich gegenseitig: Welche Sprachen sprechen Sie? Machen Sie gemeinsam an der Tafel eine Übersicht über die Sprachen, die von den Kursteilnehmern gesprochen werden.

10

Frågespel.

Pararbete.

Arbeiten Sie zu zweit: Sie benutzen die Tabelle auf dieser Seite, Ihr Partner schlägt Seite 184 auf. Ergänzen Sie die Lücken, indem Sie nach den fehlenden Informationen fragen. Lassen Sie sich die erhaltene Information buchstabieren, wenn Sie nicht sicher sind, ob Sie richtig verstanden haben.

Person A	Jan Erikson	Sverige	svenska, engelska
Person B	Selma Nyström	Norge	norska, svenska
Person C	Max Huttner	Tyskland	tyska, franska, spanska
Person D	Antonella Capri	Italien	italienska, franska
Person E	Jill Stuart	England	engelska, finska

Pippi Långstrump Villa Villekulla

11

Svenska förnamn.

Fundera!

Überlegen Sie: Welche der folgenden Namen sind Frauen- und welche Männernamen? Welche gibt es auch bei Ihnen, welche sind Ihnen unbekannt?

[Osa] ♂
Åsa

Aino

Erik ♀ **Bo**

Elin Julia

♂ Siv

Filip

Folke

Tove

Håkan ♀ ♂ ♂ Ida

♀ Sture

Barbro

Lukas

Maj-Britt

Kajsa Alva

Jöran
Göran [Schell] ♀ **Kjell**

Hanna

♀ **Dag**

12

Jag heter Moa. Vad heter du?

Fråga varandra om namn och språkkunskaper!

Fragen Sie sich gegenseitig nach Namen und Sprachkenntnissen. Arbeiten Sie in Kleingruppen: Jeder schreibt einen fiktiven Namen und einige Sprachen auf einen Zettel. Tauschen Sie die Zettel untereinander. Spielen Sie kleine Dialoge. Tauschen Sie die Zettel abermals und üben Sie noch einmal mit neuer Identität.

AB 9-11

1 Karamell: Europa

Belgien • Danmark • England • Estland • Finland • Frankrike • Irland • Island • Italien • Lettland • Litauen • Luxemburg • Nederländerna / Holland • Norge • Polen • Ryssland • Schweiz • Skottland • Slovakien • Slovenien • Spanien • Storbritannien • Sverige • Tjeckien • Tyskland • Ungern • Österrike

AB 12-15

- ☐ Vad heter Land a?
- ○ Land a heter …

Nu kan jag …
Jetzt kann ich …

	☺	😐	☹	Übung
… jemanden auf Schwedisch begrüßen und mich vorstellen.	☒	☐	☐	→ 2
… Namen und Wörter buchstabieren.	☐	☒	☐	→ 4
… sagen, woher ich komme und eine andere Person danach fragen.	☒	☐	☐	→ 5, 6
… eine Person vorstellen.	☒	☐	☐	→ 7
… sagen, welche Sprachen ich spreche und andere danach fragen.	☒	☐	☐	→ 8
… nach der Bedeutung eines Wortes fragen.	☐	☐	☒	→ 8
… mich verabschieden.	☒	☐	☐	→ 12
… einige Ländernamen.	☒	☐	☐	→

Kort och gott – Grammatik

Personalpronomen

Singular		Plural	
jag	ich	vi	wir
du	du	ni	ihr / Sie
han / hon	er / sie	de	sie
den / det	er / sie / es		

Verben: Konjugation im Präsens

Die Präsensform verwendet man ähnlich wie im Deutschen für Handlungen, die gerade stattfinden, für allgemeingültige Aussagen und um Gewohnheiten auszudrücken.

Im Gegensatz zum Deutschen ist die Form der schwedischen Verben in allen Personen gleich: Die Endung ist fast immer *-r*. Der Infinitiv (die Grundform) kann zusätzlich durch *att* gekennzeichnet werden – entsprechend dem deutschen *zu* (zu sprechen).

1. Größte Gruppe: Verben auf *-ar*.	**2. Zweitgrößte Gruppe: Verben auf *-er*.**	***att komma***	***att vara***
(att) tala: sprechen	(att) heta: heißen	(att) komma: kommen	(att) vara: sein
Jag talar svenska.	Jag heter Markus.	Jag kommer från Malmö.	Jag är Markus.
Talar du svenska?	Vad heter du?	Varifrån kommer du?	Är du ...?
Han / hon talar svenska.	Han heter Niklas.	Han / hon kommer från Lund.	Det här är Nina.
	Hon heter Nina.		Och det här är Niklas.

AB 4, 8

Frågewörter: *vad, varifrån, hur*

Vad hat im Deutschen je nach Kontext verschiedene Bedeutungen:

Vad heter du?	Wie heißt du?
Vad talar du för språk?	Welche Sprachen sprichst du?
Vad heter "Französisch" på svenska?	Was heißt „Französisch" auf Schwedisch?

Varifrån entspricht im Deutschen dem Fragewort *woher*:

Varifrån kommer du? Woher kommst du?

Hur bedeutet im Deutschen meistens *wie*:

Hur stavar man det? Wie buchstabiert man das?

AB 7, 10

Wortstellung

Der Satzbau im Schwedischen ist oft ähnlich wie im Deutschen. In Aussagesätzen steht zuerst das Subjekt und danach folgt das Verb. In Fragesätzen steht das Subjekt nach dem Verb. An erster Position kann dann auch ein Fragewort stehen.

(Fragewort)	Subjekt	Verb	
	Jag	heter	Lisa.
	Jag	kommer	från Stockholm.
Vad		heter	du?
Varifrån		kommer	du?
		Talar	du svenska?

Konjunktion: *och*

Zwei Hauptsätze können mit *och* zu einem Satz verbunden werden. Dann ist es nicht mehr nötig, das Subjekt noch einmal zu wiederholen, es sei denn, man möchte es besonders betonen.

Jag heter Lisa. Jag kommer från Stockholm.
Jag heter Lisa **och** (jag) kommer från Stockholm.

AB 4

sich nach dem Befinden erkundigen und antworten ◆ nach der Bedeutung von etwas fragen ◆ sich am Telefon melden und verabschieden ◆ eine Frage einleiten ◆ um eine Telefonnummer bitten ◆ sagen, wo man wohnt ◆ nach der Herkunft fragen ◆ Zahlen 0 - 1000

|7

1 Hur mår du?

a **Lyssna!**
Hören Sie zu.

A

B

C

D

b **Ordna svaren ur övning 1a!**
Ordnen Sie die Antworten aus der Übung 1a: *gut* oder *nicht so gut*?

Tack, bra!	Ja, så där!
Allt under kontroll	Tack, inte så bra!

AB 1

ⓒ **Skriv!**

Schreiben Sie: Welche Begrüßung aus 1a passt am besten zu Ihnen?
Vergleichen Sie mit Ihrem Nachbarn.
Warum haben Sie gerade diese ausgewählt?

Hej, hur mår du?

8

2 Själv då?

ⓐ **Lyssna!**

Hören Sie zu: Wie geht es den Personen?

Dialog 1		
Therese	☐	☐
David	☐	☐

Dialog 2		
Sofi	☐	☐
Filip	☐	☐

Dialog 3		
Henrik	☐	☐
Emma	☐	☐

und selbst

ⓑ **Fråga och svar.**

Frage und Antwort. Wie viele Fragen und Antworten können Sie aus den folgenden Wörtern bilden? Schreiben Sie auf separatem Papier und streichen Sie das verwendete Wort aus der Liste durch. Kontrollieren Sie die Sätze mit Ihrem Nachbarn. Wer am Ende am wenigsten Wörter übrig hat, hat gewonnen.

hej • ja • allt • tack • mår • du • bra • hur • bra • det • inte • hejsan • så • morgon • tack • hur • kontroll • är • hur • god • det • så • till • tjänare • där • står

ⓒ **Hälsa på varandra!**

Begrüßen Sie einander. Fragen Sie sich auch gegenseitig nach dem Befinden.

AB 2

□ Och hur mår du?
○ Tack, bara bra!

◎ 9

3 Uttal

a Lyssna!

Hören Sie zu. Sprechen Sie dann zeilenweise nach.

[ɑː]	[a]
ja	tack
jag	allt
bra	mamma
vad	land
var	franska
har	danska
bara	spanska

b Regel

Sehen Sie sich die Wörter noch einmal genau an. Versuchen Sie die Regel zu ergänzen.

Das *a* wird im Schwedischen [a] ausgesprochen, wenn

....

c Öva uttalet!

Üben Sie die Aussprache der Wörter aus 3a. Ziehen Sie zur Übung das lange *a* [ɑː] beim Sprechen übertrieben in die Länge.

d Gör en ordkedja!

Machen Sie eine Wortkette. Eine Person fängt an und sagt ein Wort mit einem langen *a* [ɑː]. Der Nachbar wiederholt das Wort und fügt ein Wort mit einem kurzen *a* [a] hinzu. Der dritte muss beide Wörter wiederholen und wieder ein Wort mit langem *a* [ɑː] anhängen usw.

AB 3

4 Siffror.

Läs siffrorna två och två!

Ihr Kursleiter / Ihre Kursleiterin liest die Zahlen einmal vor. Lesen Sie die Zahlen dann zu zweit. Der erste beginnt mit 1, der zweite sagt die 2 usw. bis 20. Danach wieder von vorn, aber diesmal beginnt der andere, so dass jeder einmal alle Zahlen gelesen hat. Sagen Sie dann abwechselnd die Zahlen rückwärts.

0 noll

1 ett	**6** sex	**11** elva	**16** sexton
2 två	**7** sju	**12** tolv	**17** sjutton
3 tre	**8** åtta	**13** tretton	**18** arton
4 fyra	**9** nio	**14** fjorton	**19** nitton
5 fem	**10** tio	**15** femton	**20** tjugo

10

5 Har du Åsas telefonnummer?

a Lyssna på dialogen med stängda böcker!
Hören Sie sich den Dialog bei geschlossenen Büchern an. Nummerieren Sie dann beim zweiten Hören die Sätze in der richtigen Reihenfolge.

- ☐ Malin Bergman.
- ☐ Åsas telefonnummer? Javisst, vänta – här. Åsas telefonnummer är 0-5-1-1 och sedan 5-7-0-0-4.
- ☐ Tack, bara bra. Själv då?
- ☐ Ja, tack, bara bra här också. Du, jag har en fråga – har du Åsas telefonnummer?
- ☐ Hej, hej!
- ☐ Oh så bra! Tack för det! Vi hörs, hej då!
- ☐ Hej Malin, det är Sara. Hur mår du?

b Skriv dialogen i rätt följd!
Schreiben Sie den Dialog in der richtigen Reihenfolge.

Malin Bergman
~~Hej, hej!~~
Hej Malin, det är Sara. Hur mår du? Hej, Hej.
Tack, bara bra. Själv då?
Ja, tack, bara bra här också.
Du, jag har en fråga – har du Åsas telefonnummer?
Åsas telefonnummer? Javisst, vänta – här. Åsas telefonnummer är 0-5-1-1 och sedan 5-7-0-0-4

c Arbeta två och två!
Arbeiten Sie zu zweit: Person A trägt 3 Telefonnummern in Tabelle A ein, Person B in Tabelle B. Fragen Sie sich nun abwechselnd nach den Telefonnummern und ergänzen Sie jeweils die Tabelle.

Tabelle A

Namn	Telefonnummer
Lena	....
Martin	....
Andreas	....

Tabelle B

Namn	Telefonnummer
Niklas	....
Mari	....
Linda	....

☐ Har du Åsas telefonnummer?
○ Javisst! Åsas telefonnummer är ...

d Skriv!
Schreiben Sie.

Wie können Sie sich auf Schwedisch am Telefon melden? ....

Wie kann man sich am Telefon verabschieden? ....

e Gör en liknande dialog som i 5b!
Erarbeiten Sie einen Dialog ähnlich wie in 5b. Fragen Sie dabei nach der Telefonnummer einer Person aus Übung 5c.

AB 4-5

11

6 Var bor du? Jag bor …

a) Lyssna!
Hören Sie zu: Um was für ein Problem handelt es sich?

b) Kryssa för de rätta svaren!
Kreuzen Sie die richtigen Lösungen an. Hören Sie dazu den Dialog noch einmal.

Die Präposition *i* verwendet man vor
☐ Kontinenten ☐ Ländern ☐ Städten ☐ Straßen.

Die Präposition *på* verwendet man vor
☐ Kontinenten ☐ Ländern ☐ Städten ☐ Straßen.

AB 6-7

7 Var bor hon?

a) Fråga varandra!
Fragen Sie sich gegenseitig:
Welche Informationen fehlen in Ihrem Adressbuch?
Person A arbeitet mit dieser Seite, Person B mit Seite 184. Lassen Sie sich die Informationen ggf. buchstabieren.

☐ Vad är Jans postnummer?
○ Jans postnummer är 11832.

Bastiani, Carlos	………	Gran Via 9
van Borg, Marleen	1058AV Amsterdam	………
Erikson, Jan	11156 Stockholm	………
Huttner, Max	………	………
Nystrøm, Selma	0130 Oslo	………
Schmidt, Gertrud	………	Scheffelstraße 7
Seller, Georg	1010 Wien	Fleischmarkt 19
……… **, Jill**	………	………
Bönzli, Paula	4052 Basel	Homburger Strasse 20

b **Presentation.**

Präsentation. Setzen Sie sich zunächst zu viert zusammen und fragen Sie sich gegenseitig nach Namen, Wohnort, Straße und Telefonnummer. Arbeiten Sie dann weiter im Plenum. Das Ziel ist es, eine Adressenliste für den gesamten Kurs zu erstellen. Im Anschluss stellt jeder seinen Sitznachbarn den anderen vor (Name, Telefonnummer, Straße und Stadt mit Postleitzahl).

AB 8-9

8 Det här är min kompis ...

- □ Vad är ditt telefon- / postnummer?
- ○ Det är ...

Ordna!

Ordnen Sie die drei Dialoge: Wer sagt was?

- Javisst, vänta – här! Det är 24 24 35.
- Hej Francesca, och välkommen till Sverige!
- Tack, jag mår bra, men Anna tyvärr inte.
- Det här är Francesca. Hon kommer från Florens.
- Hej och tack! Och varifrån är du?

- Du, jag har en fråga: Har du Lenas telefonnummer?
- Och Francesca: det här är min kompis Nils.
- Hej Johan, hej Anna! Hur mår ni?
- Ursäkta? Kan du tala lite långsammare?
- Jag bor i Lund, men egentligen är jag från Linköping.

Obs!

jag	vi
du	ni
han / hon	de

9 På en fest: Och vem är du?

Res dig, gå runt och fråga!

Stehen Sie auf, gehen Sie umher und stellen Sie Fragen: nach Namen, Befinden, Herkunft und – wenn die Situation passt – auch nach Wohnort oder Telefonnummer. Versuchen Sie also, eine kleine Unterhaltung zu führen.

- □ Bor du också i Leipzig?
- ○ Nej, jag bor inte i Leipzig. Jag bor i ...

AB 10-11

2 Karamell: Grundtalen 20 -1000

a Läs!
Lesen Sie.

Obs!
plus - minus

21 tjugoen / ett
22 tjugotvå
23 tjugotre
24 tjugofyra
25 tjugofem
26 tjugosex
27 tjugosju
28 tjugoåtta
29 tjugonio

31 trettioen / ett
40 fyrtio
50 femtio
60 sextio
70 sjuttio
80 åttio
90 nittio
100 hundra
1000 tusen

b Skriv upp sju tal mellan 0 och 1000!
Schreiben Sie sieben Zahlen zwischen 0 und 1000 auf. Diktieren Sie Ihrem Partner diese Zahlen, der sie in sein rechtes Feld einträgt. Dann diktiert Ihr Partner sieben Zahlen, die Sie eintragen. Vergleichen Sie dann, ob Sie alles richtig haben.

c Ropa upp ett tal mellan ett och hundra, t.ex. nittiotvå!
Sie rufen eine Zahl zwischen 1 und 100 auf, z. B. 92. Der erste, der weiß, wie diese Zahl umgedreht heißt, ruft sie laut – in diesem Falle 29 – und bekommt einen Punkt. Dann ruft diese Person eine neue Zahl auf.

d Kan du säga ditt telefonnummer två siffror i taget? Öva med din granne!
Können Sie Ihre Telefonnummer auf Schwedisch in „Zweierblöcken" sagen? Üben Sie mit Ihrem Nachbarn.

AB 12-16

Nu kan jag ...
Jetzt kann ich ...

	☺	😐	☹	Übung
... jemanden fragen, wie es ihm geht und auf so eine Frage antworten.	☐	☐	☐	→ **1, 2**
... fragen, was etwas bedeutet.	☐	☐	☐	→ **1**
... mich am Telefon melden und mich verabschieden.	☐	☐	☐	→ **5**
... nach einer Telefonnummer fragen.	☐	☐	☐	→ **5**
... sagen, wo ich wohne und andere danach fragen.	☐	☐	☐	→ **6, 7**
... nach der Herkunft fragen und darauf antworten.	☐	☐	☐	→ **8**
... die Zahlen von 0 - 1000.	☐	☐	☐	→ **4,**

Kort och gott – Grammatik

Personalpronomen

Singular		Plural	
jag	ich	vi	wir
du	du	ni	ihr / Sie
han / hon	er / sie	de*	sie
den / det	er / sie / es		

AB 7

* de wird meist [dɔm] (*domm*) ausgesprochen.

Verben: Konjugation im Präsens

Neben den großen Verbgruppen auf *-ar* und *-er* (Lektion 1) gibt es noch eine Gruppe von einsilbigen Verben wie *må, bo* und *ha*. Sie enden im Präsens auf *-r*.

3. Einsilbige Verben mit betontem Stammvokal

(att) må: sich fühlen			(att) bo: wohnen			(att) ha: haben
Jag	**mår**	bra.	Jag	**bor**	på Isestraße.	Jag **har** en fråga.
Hur	**mår**	du?	Var	**bor**	du?	**Har** du Åsas telefonnummer?
Han	**mår**	bra.	Han	**bor**	i Lund.	Han **har** en fråga.
Hon	**mår**	bra.	Hon	**bor**	i Umeå.	**Har** hon telefon?
Vi	**mår**	bra.	Vi	**bor**	på Östermalmsgatan.	Vi **har** allt under kontroll.
Hur	**mår**	ni?	Var	**bor**	ni?	**Har** ni en fråga?
De	**mår**	bra.	De	**bor**	i Helsingfors	De **har** inte telefon.

AB 8

Genitiv

Der Genitiv wird ähnlich wie im Deutschen verwendet. Die Form bildet man, indem man an das Wortende ein *-s* anhängt (Namen, die auf *-s* enden, erhalten keine weitere Endung).

Åsa har telefon. Åsa**s** telefonnummer är …

Fragewörter: *var* und *vem*

Var bor du?	**Wo** wohnst du?
... och **vem** är du?	... und **wer** bist du?

Präpositionen: *på*, *i* und *från*

Die häufigsten Präpositionen sind *på* und *i*. Die deutsche Entsprechung variiert je nach Kontext. Lernen Sie am besten gleich ganze Ausdrücke.

Jag bor **på** Bahnhofsstraße.	Ich wohne **in** der Bahnhofsstraße.
Vad heter det **på** tyska?	Was heißt das **auf** Deutsch?
Jag bor **i** Österrike.	Ich wohne **in** Österreich.
Jag bor **i** Lübeck.	Ich wohne **in** Lübeck.
Jag kommer **från** Stockholm.	Ich komme **aus** Stockholm.

AB 6

Adverbien: *inte* und *också*

Jag bor **inte** i München.
Ich wohne **nicht** in München.
Jag kommer **också** från Stockholm.
Ich komme **auch** aus Stockholm.

AB 14

Wortstellung: Satzadverb im Aussagesatz

Subjekt	Verb	Adverb	Objekt
Hon	heter	**inte**	Annika.
Hon	heter		Anna.
Han	bor		i Nürnberg.
Jag	bor	**också**	i Nürnberg.

Verabschiedungen

Vi hörs! = Vi hör oss. („Wir hören uns.“)
Vi ses! = Vi ser oss. („Wir sehen uns.“, wobei das *-r* in *ser* wegfällt)

3 Frukost

nach der Bezeichnung für etwas fragen ◆ um etwas bitten ◆ erzählen, was man zum Frühstück isst ◆ Speisekarte und schwedisches Geld ◆ sich nach Preisen und Dingen erkundigen ◆ jemanden fragen, was er / sie möchte ◆ sagen, was man lieber möchte ◆ im Café etwas bestellen ◆ sich bedanken ◆ Uhrzeit

1 En kopp kaffe.

ett skrivbord
Schreibtisch
Jag äter ingenting
Ich esse nichts.

a Skriv!

Schreiben Sie: Was sehen Sie auf dem Tisch?

en sked ● en servett ● en tallrik ● ett fat ● en skål ● ett ägg ● en kniv ● ett paket müsli ● ett paket smör ● en stol ● en kopp kaffe ● ett glas juice ● en skiva skinka ● en gaffel ● en smörgås ● ett paket mjölk ● en ost ● ett bord

□ Vad är nummer 13 på svenska?
○ Det är en kopp.
□ Och nummer 4 – vad är det?
○ Det är ett glas juice.

1. en skiva skinka
2. ett paket smör
3. ett paket mjölk
4. ett glas juice
5. en ost
6. ett paket müsli
7. en gaffel
8. en stol
9. en servett
10. ett ägg
11. en sked / en kniv
12. ett bord
13. en kopp kaffe
14. en kniv
15. ett fat
16. en smörgås
17. en tallrik
18. en skål

b Sortera!

Ordnen Sie: Zu welchen Kategorien passen die Wörter aus Übung 1a?

frukost: möbel – dryck – mat – bestick

□ Vad är det på svenska?

ⓒ Fråga varandra!

Fragen Sie sich gegenseitig: Person A arbeitet mit dieser Seite, Person B mit Seite 184. Bitten Sie um das, was Ihnen auf dem Tisch fehlt. Ihr Partner antwortet positiv, wenn das Gesuchte bei ihm auf dem Bild vorhanden ist.

□ Kan jag få ..., tack.
○ Ja! / Javisst!
□ Har du salt?
○ Nej, tyvärr, det har jag inte.

AB 1-3

● |12

2 Vad äter du till frukost?

ⓐ Lyssna och kryssa för!

Hören Sie zu und kreuzen Sie an: Was essen die folgenden Personen zum Frühstück?

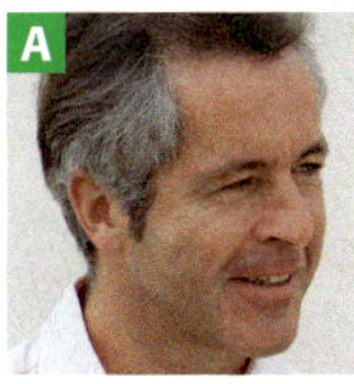
A
Anders

B
Siv

C
Sanna

	Anders	Siv	Sanna
müsli med mjölk	☒	☒	☒
smörgås	☐	☒	☒
ostsmörgås	☐	☒	☒
skinksmörgås	☐	☒	☐
ägg	☐	☒	☐
mjölk	☐	☐	☒
te	☒	☐	☐
kaffe	☐	☒	☒
juice	☒	☒	☒

Obs!
alltid – ibland – aldrig
bara

□ Vad äter du till frukost?
○ Vad jag äter till frukost?
Jag äter alltid en smörgås, ...
□ Och vad dricker du?
○ Ibland en kopp kaffe ...
□ Markus äter alltid ... till frukost.
Han dricker ...

ⓑ Fråga din granne!

Fragen Sie Ihre Sitznachbarin / Ihren Sitznachbarn: Was frühstückt sie / er? Berichten Sie dann in der Gruppe.

ⓒ Ordlek.

Wortspiel: Schreiben Sie 3 Zeilen mit je 3 Wörtern auf einen Zettel – ein Wort pro Zeile muss einen anderen Artikel haben als die anderen, z. B. *paket*, *skinka*, *gaffel* (in diesem Fall *ett paket*). Einer beginnt und liest seine erste Zeile vor. Wer zuerst herausfindet, welches Wort einen anderen Artikel hat, ist als nächster dran.

AB 4

13

3 Uttal

a Lyssna och säg efter!
Hören Sie zu und sprechen Sie nach.

komma • sked • gaffel • skinka • skål • gymnasium • köttbulle • skola • kultur • källare • gärna • gata

b Fråga i kursen!
Fragen Sie im Kurs: Was bedeuten die Ihnen nicht bekannten Wörter? Ordnen Sie die Wörter dann je nach ihrer Aussprache in die Übersicht ein.

g → [g] (wie *G*abel)	k → [k] (wie *K*affee)	sk → [sk] (wie *Sk*andinavien)
g → [j] (wie *J*apan)	k → [ç] (wie *Ch*ina)	sk → [ɧ] / [ʂ] (wie *Sk*ifahren)

c Regel
Ergänzen Sie die Regel.

Die Konsonanten *g*, *k*, *sk* verändern ihre Aussprache vor den Vokalen ....

d Öva två och två!
Üben Sie zu zweit: Gehen Sie die Wörter aus 3b gemeinsam durch. Jeder liest abwechselnd ein Wort. Dann umgekehrt, so dass jeder jedes Wort vorgelesen hat. Diktieren Sie sich im Anschluss gegenseitig je 6 Wörter.

AB 5

4 Kompisar på frukost.

Ni bjuder Adam, Jesper och Sofie på frukost.
Sie laden Adam, Jesper und Sofie zum Frühstück ein. Adam ist Vegetarier, Jesper mag gern kräftigeres Essen und Sofie isst viel Obst. Überlegen Sie zu zweit: Was kaufen Sie ein?

Åt Adam handlar vi ...

Åt Adam:

Åt Jesper:

Åt Sofie:

5 Matsedel.

Titta på matsedeln!
Sehen Sie sich die Speisekarte an: Welche Speisen und Getränke kennen Sie, welche nicht?

Café Chez Renée

kopp kaffe	16
kopp te	11
läsk	13
juice	15
mineralvatten	10
ostsmörgås	25
skinksmörgås	35
räksmörgås	48
bulle	12
bakelse	14
wienerbröd	12
glass	9

ett mynt — en sedel

0:50	en femtioöring
1:-	en enkrona (en krona)
5:-	en femkrona (auch: ”en femma”)
10:-	en tiokrona (auch: ”en tia”)
20:-	en tjugolapp (auch: en ”tjuga”)
50:-	en femtilapp
100:-	en hundralapp
500:-	en femhundralapp (auch: ”en femhundring”)
1000:-	en tusenlapp

AB 6-7

14

6 Vad blir det?

Lyssna!
Hören Sie zu: Machen Sie einen Kreis um den Preis, den der Verkäufer nennt.

a 15:- / 5:-	**b** 17:50 / 14:50	**c** 49:- / 79:-	**d** 35:70 / 35:40
e 4:70 / 4:40	**f** 14:- / 17:-	**g** 70:- / 40:-	**h** 92:- / 62:-

15

7 Vad kostar en bakelse?

a Lyssna och läs två och två!
Hören Sie zu und lesen Sie zu zweit.

- ▲ Ja, tack?
- ✖ Hej. Jag tar en kopp kaffe och ett wienerbröd.
- ▲ Javisst. Är det allt?
- ✖ Hm – vad kostar en bakelse?
- ▲ Den kostar 13 kronor. Men vi har ett specialerbjudande på kaffe och bakelse idag. Det kostar bara 15 kronor tillsammans.
- ✖ Ja, det låter ju bra. Då tar jag det.
- ▲ Varsågod. En kopp kaffe och en bakelse. ... Och 5 kronor tillbaka. Tack så mycket!
- ✖ Tack.

Obs!
en bakelse
→ **Den kostar 13 kronor.**
ett specialerbjudande
→ **Det kostar bara 15 kronor.**

b Variera dialogen!
Variieren Sie den Dialog: Tauschen Sie die Bestellung von Übung 7a gegen eine neue Ihrer Wahl aus und erkundigen Sie sich auch nach den Preisen.

AB 8-9

8 Kaffekonsumtion.

Läs!

Lesen Sie die statistischen Angaben über den Kaffeekonsum in einigen Ländern. Fragen Sie sich dann gegenseitig.

Kaffekonsumtion per person	i kg per år	ca. koppar per dag
Finland	11,5	3,72
Danmark	8,9	2,88
Norge	8,8	2,84
Österrike	8,2	2,65
Sverige	8,2	2,65
Schweiz	6,7	2,17
Tyskland	6,7	2,17
Nederländerna	6,6	2,13
Italien	5,4	1,75
Frankrike	5,3	1,71
Storbritannien	2,4	0,78

□ Hur mycket kaffe konsumerar man i Finland?

○ 11,5 kilo per person per år. / Cirka 3,72 koppar per dag.

□ Och hur mycket kaffe dricker du?

○ Jag dricker ca. 3 koppar per dag. / Jag dricker inte kaffe.

16

9 Är kaffet med påtår?

a Lyssna och fyll i!

Hören Sie zu und tragen Sie ein.

- Hej Martin!
- Hej Anna! Hur mår du?
- Tack, utmärkt. Och du?
- Ja, tack bara bra. Hur är det med Lasse och Sara?
- Tack, de mår också bra.
- Jag är så kaffesugen, ska vi fika tillsammans?
- Ja, gärna … ! Här på Café Renée?
- Ja, varför inte?
- Det ser gott ut …
- Vad tar du?
- Ja, det är en bra fråga. Jag tar ett wienerbröd … eller nej, jag tar hellre en bulle och en kopp kaffe. Och du?
- Jag tar en smörgås, en bulle och en kopp kaffe.
- Hej! Ja, tack?
- Hej! En skinksmörgås, en bulle och en kopp kaffe. Är kaffet med påtår?
- Javisst, det är det.

- Är bullen också (portor) med påtår?
- Nej, tyvärr, den är inte med påtår.
- Jag tar också en kopp kaffe och en bulle.
- Var det bra så?
- Ja, eller … kan jag få en servett också, tack?
- Javisst, här!
- Vad blir det?
- … Det blir 91 kronor tillsammans.
- Varsågod! Warochego
- Och 9 kronor tillbaka. Tack!

Obs!
eller

b Skriv!
Schreiben Sie auf: Wie sagt man auf Schwedisch, wenn man …

- lieber etwas anderes möchte: Jag tar hellre
- Bedauern ausdrücken möchte: Nej, tyvärr [tvär] jag är ledsen
- nach dem Gesamtpreis fragt: Vad blir det?
- beim Überreichen von etwas „Bitte" sagt: Varsågod [Waschegod]
- sich bedankt: Tack

c Komplettera tabellen!
Ergänzen Sie die Tabelle. Unterstreichen Sie zuerst zusammen mit Ihrem Nachbarn im Dialog 9a alle Substantive (bestimmte und unbestimmte Form). Verwenden Sie für *en-* und *ett-*Wörter unterschiedliche Farben. Tragen Sie die Wörter dann in die Tabelle ein.

obestämd form	bestämd form	pronomen
en skinksmörgås	skinksmörgåsen	*den*
en bulle	*bullen*	den
ett wienerbröd	*wienerbrödet*	*det*
ett kaffe	kaffet	det
en servett	servetten	den
en fråga	frågan	den
en kopp	koppen	den
en påtår	påtåren	den

3 10-12

10

Ska vi gå och fika?

Wollen wir zusammen Kaffee trinken gehen? Arbeiten Sie zu dritt und formulieren Sie einen eigenen Dialog. 2 Personen treffen sich im Café, überlegen anhand der Speisekarte, was sie essen wollen, und bestellen dann bei der dritten Person. Spielen Sie anschließend Ihre neue Version im Plenum vor.

3 Karamell: Vad är klockan?

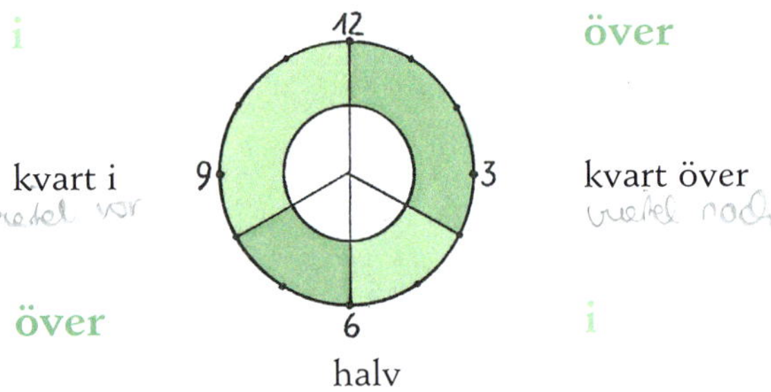

Vad är klockan? / Hur mycket är klockan?

Klockan är ... / Hon är ... / Den är ... / Det vet jag inte.

a **Skriv!**
Schreiben Sie: Wieviel Uhr ist es?

Klockan är strax tre ; fem i tre	Den är halv fyra
Klockan är (prick) tre	Den är fem över halv fyra
Den är fem över tre	Den är tjugo i fyra
Hon är kvart över tre	Den är kvart i fyra
Den är tjugo över tre	Den är tio i fyra
Den är fem i halv fyra	Den är prick fyra

b **Hur dags äter du frukost?**
Wann (um wie viel Uhr) frühstücken Sie?
Berichten Sie in der Gruppe

Hur dags äter du frukost?
... lunch?
... middag?

c **Arbeta tillsammans!**
Arbeiten Sie zu zweit: Sie tragen in der oberen Reihe Zeiger ein, Ihr Partner in der unteren Reihe. Fragen Sie sich dann gegenseitig, wie spät es ist und zeichnen Sie ein.

AB 13-15

Nu kan jag ...
Jetzt kann ich ...

	☺	😐	☹	Übung
... nach der Bezeichnung für etwas fragen.	☐	☐	☐	→ 1
... um etwas bitten.	☐	☐	☐	→ 1
... erzählen, was ich gern zum Frühstück esse.	☐	☐	☐	→ 2
... jemanden fragen, was er / sie bestellen möchte.	☐	☐	☐	→ 9
... sagen, was ich lieber möchte.	☐	☐	☐	→ 9
... nach Preisen fragen, die Antwort verstehen und etwas bestellen.	☐	☐	☐	→ 6, 7, 9
... mich bedanken.	☐	☐	☐	→ 9
... nach der Uhrzeit fragen und Auskunft darüber geben.	☐	☐	☐	→

Kort och gott – Grammatik

Präpositionen: *åt* und *med*

Auch die Präpositionen *åt* und *med* haben im Deutschen je nach Kontext verschiedene Entsprechungen. Lernen Sie am besten zunächst je einen Beispielsatz.

Åt Anders handlar jag juice och mjölk.	**Für** Anders kaufe ich Saft und Milch.
Hur är det **med** Lasse?	Wie ist es (steht es) **mit** Lasse?

Substantive: unbestimmte und bestimmte Form

Während man bei deutschen Substantiven zwischen Maskulinum, Femininum und Neutrum unterscheidet, existieren im Schwedischen nur zwei Formen: Utrum und Neutrum. Daher gibt es auch nur zwei unbestimmte Artikel: *en* und *ett*. Die bestimmte Form bildet man, indem man den Artikel an das Ende des Substantivs anhängt:

– bei den *en*-Wörten *-n* bzw. *-en*
– bei den *ett*-Wörtern *-t* bzw. *-et*

Unbestimmte Form			Bestimmte Form
en klocka	Vokal	➜ + **-n**	klocka**n**
en kniv	Konsonant	➜ + **-en**	kniv**en**
ett äpple	Vokal	➜ + **-t**	äpple**t**
ett glas	Konsonant	➜ + **-et**	glas**et**

AB 8 Nach dem Genitiv steht das Substantiv ganz ohne Artikel: *Åsas telefonnummer*.

Pronomen: *den* + *det*

Die Pronomen *den* und *det* beziehen sich meist auf Gegenstände. Die Verwendung hängt davon ab, ob sie stellvertretend für ein *en*- oder ein *ett*-Wort stehen. Die entsprechende Bedeutung im Deutschen ist je nach Kontext *er*, *sie*, *es* bzw. *der*, *die* oder *das*.

Vad kostar **en** bulle? / Vad kostar **den**?	➜ **Den** kostar 12 kronor.
Vad kostar **ett** wienerbröd? / Vad kostar **det**?	➜ **Det** kostar 12 kronor.

Aber:
Wenn man allgemein wissen möchte, was etwas kostet, fragt man immer *Vad kostar **det**?* – unabhängig davon, ob man sich auf ein *en*- oder ein *ett*-Wort bezieht!

Fragewörter: *hur mycket* und *hur dags*

Hur mycket heißt wörtlich übersetzt *wie viel*. Es wird, wie im Deutschen, auch für die Frage nach der Uhrzeit benutzt. Bei der Frage *Hur dags* (*wann*) wird als Antwort eine konkrete Uhrzeit erwartet.

Hur mycket kaffe dricker du?	**Wie viel** Kaffee trinkst du?
Hur mycket är klockan?	**Wie viel** Uhr ist es?
AB 11 **Hur dags** äter du frukost?	**Wann** (Um wie viel Uhr) isst du Frühstück?

Wortstellung

Die Satzadverbien *alltid*, *ibland* und *aldrig* geben die Häufigkeit einer Handlung an. Sie stehen, ebenso wie *också* und *inte* (Lektion 2), direkt hinter dem Verb.

Jag	äter	**alltid**	en smörgås. immer				
Jag	dricker	**ibland**	juice. manchmal				
Jag	äter	**alltid**	en smörgås och niemals		dricker	**alltid**	kaffe.
AB 14 Jag	dricker	**ibland**	juice, men	jag	dricker	**aldrig**	mjölk.

aber = men = fast

4 Fritid

nach Freizeitinteressen fragen und darauf antworten ◆ eine Vermutung äußern ◆ Kurzantworten ◆ Wochentage und Tageszeiten ◆ einen Vorschlag machen, annehmen und ablehnen ◆ Einladung ◆ sich für etwas bedanken

1 De tycker om att gå på restaurang.

a) Skriv under bilderna!

Schreiben Sie unter die Bilder: Was machen die Personen?

[gy - ji]

laga mat ● simma ● gå på bio ● cykla ● jogga ● lyssna på musik ● ta en promenad ● gå på gympa ● dricka kaffe

1

De tricker kaffe

2

De går [gor] på bio
[Dom]

3

Dom cyklar

4

Hon joggar

5

Han lager mat

6

Hon lyssnar på musik

7

Han simmar

8

De tar en promenad
(nehmen)

9

Han går på gympa

b) Berätta!

Berichten Sie: Sehen Sie sich die Bilder aus Übung 1a an und beschreiben Sie, was die Personen machen. Verwenden Sie dabei die Pronomen *han*, *hon* bzw. *de*.

□ Vad gör hon på bild nr 4?
○ Hon joggar.
□ Tycker hon om att jogga?
○ Ja, det tror jag. / Nej, det tror jag inte.

◎ 17

2 Vad tycker du om?

Lyssna! Fråga varandra vad ni tycker om att göra!

Hören Sie zu. Fragen Sie sich gegenseitig, was Sie gern machen. Erzählen Sie im Anschluss der Gruppe von Ihrem Sitznachbarn.

gå på restaurang · shoppa · träffa vänner · läsa · spela tennis · segla

- Tycker du om att simma?
- Nej, det gör jag inte. Men jag tycker om att ta en promenad. Och du, vad tycker du om?
- Jag tycker om att simma, men jag tycker också om att ta en promenad.

AB 1-3

Obs!
Tycker du om att spela fotboll?
Ja, det **gör** jag.
Nej, det **gör** jag **inte**. Men …

3 Gillar Jesper och Helena att jogga?

a Fråga varandra!

Fragen Sie sich gegenseitig: Was tun die folgenden Personen gern? Antworten Sie kurz. Sie benutzen die Tabelle auf dieser Seite, Ihr Partner die Tabelle auf Seite 185.

Namn:	gillar …	gillar inte …
Helena	dricka kaffe, träffa vänner	gå på bio, läsa
Jesper	jogga, lyssna på musik	dricka kaffe, gå på gympa
jag + mina kompisar (= vi)	laga mat, spela tennis	segla, simma
du + dina kompisar (= ni)	gå på gympa, shoppa	att cykla, ta en promenad
Markus och Anna	gå på restaurang, gå på bio	laga mat, spela tennis

- Gillar ni att laga mat?
- Ja, det gör vi. / Nej, det gör vi inte.
- Vad gillar ni då?

b Fråga varandra!

Fragen Sie sich gegenseitig nach weiteren Tätigkeiten. Antworten Sie kurz wie in 2a.

c Spela spel!

Spielen Sie ein Spiel: Teilen Sie sich in zwei Gruppen auf. Jeder schreibt eine Tätigkeit auf einen Zettel. Der erste bekommt von der anderen Gruppe einen Zettel und skizziert die entsprechende Tätigkeit an der Tafel. Die eigene Gruppe muss raten, welcher schwedische Ausdruck gemeint ist und bekommt dafür einen Punkt. Dann ist die andere Gruppe dran. Während des Spiels bitte die Bücher schließen.

AB 4-5

◎ | 18

4 ## Uttal

a **Lyssna!**
Hören Sie zu. Wie werden die Buchstabenkombinationen ausgesprochen? Tragen Sie ein.

Anlaut (Wortanfang)				Auslaut (Wortende)	
djur	gjorde	hjälp	ljus	berg	helg
dj ➜ [ ]	gj ➜ [ ]	hj ➜ [ ]	lj ➜ [ ]	rg ➜ [ ]	lg ➜ [ ]

b **Regel**
Ergänzen Sie die Regeln.

Im Anlaut sind die Konsonanten .... stumm, wenn danach der Buchstabe .... folgt. Man hört also [ ].
Im Auslaut entspricht die Aussprache der Buchstabenkombinationen .... bzw. .... den Lauten [ ] bzw. [ ].

AB 6-7

◎ | 19

5 ## Vad tycker du om att göra på din fritid?

a **Lyssna!**
Hören Sie zu: *Radio Stadsdjungel* befragt auf der Straße verschiedene Personen zu ihrem Freizeitverhalten. Was machen die folgenden Personen gern? Kreuzen Sie an.

Hanna

Linnea

Filip och Charlotta

Obs!
att göra ➜ jag gör

Hanna tycker om
- [ ] att cykla.
- [ ] att shoppa.
- [ ] att gå på bio.

Linnea tycker om
- [ ] att träffa vänner.
- [ ] att gå på bio.
- [ ] att laga mat.

Filip och Charlotta tycker om
- [ ] att jogga.
- [ ] att spela tennis.
- [ ] att läsa en bra tidning.

b **Vem ringer vem?**
Wer ruft wen an? Was vermuten Sie: Welche der Personen aus 5a könnte sich auf welche Kurzanzeige melden? Überlegen Sie zusammen mit Ihrem Sitznachbarn.

Lasse, 45, älskar att sporta tillsammans med andra t.ex. cykla el. spela tennis. Mobil: 0172 - 511 57 655

Jag, Madeleine (1988), är ny i stan. Söker kompis för att gå på bio eller träffa vänner. Har du lust? 03 / 34 223 543

Student (22, 182) söker kamrat för att läsa, prata, sporta och gå på bio. Ring 03 / 65 899 114

□ Jag tror att Hanna ringer till …
Hon tycker om …
Det gör … också.
○ Det tror jag också / inte.

c Intervju.
Interview: Setzen Sie sich zu viert zusammen. Einer befragt die drei anderen nach ihren Freizeitinteressen und macht sich Notizen. Im Anschluss stellt er die Hobbys dem Plenum vor. Die anderen sollen nun raten, um welche Person es sich jeweils handelt.

AB 8

- □ Person X tycker om att ... och att ...
  Person X tycker inte om att ...
- ○ Jag tror det är Elisabeth.
- △ Det tror jag också / inte.
- □ Ja, det stämmer. /
  Nej, tyvärr, det stämmer inte.

|20

6 Har du tid på lördag kväll?

a Lyssna!
Hören Sie zu. Lesen Sie sich den Dialog dann durch und setzen Sie das richtige Verb ein: *är* oder *har*? Hören Sie den Dialog dann noch einmal und kontrollieren Sie Ihre Antworten.

- Helena Olsson!
- Hej Helena, det .... Stina!
- Hej Stina! Hur .... läget?
- Tack, bara bra. Hur .... du det?
- Tack, det .... bra här också.
- .... du lust att gå på bio på lördag kväll?
- Lördag kväll? Nej tyvärr - lördag kväll kan jag inte, men ... fredag kväll då?
- Fredag kväll går också jättebra. .... du lust att se *Tillsammans*?
- Gärna, när går den?
- Ja, på *Biopalatset* går den klockan sex, eller klockan åtta eller klockan tio.
- Klockan 18.00 .... bra. Då .... vi tid att fika tillsammans efter filmen!
- Jättekul! Då ses vi på fredag klockan kvart i sex vid bioentrén?
- Utmärkt, det gör vi, hej då!
- Hej, hej!

b Frågor och svar.
Fragen und Antworten. Ordnen Sie zu und sprechen Sie die Minidialoge mit Ihrem Sitznachbarn.

1 Har du lust att gå på bio?
2 Kommer du klockan sex?
3 Har du tid på tisdag kväll?
4 Tycker du om att gå på bio?
5 Tycker de om att spela tennis?
6 Läser han?

a Ja, det gör han.
b Nej, det gör de inte.
c Nej, klockan halv sex.
d Ja, vilken film?
e Ja, det har jag.
f Ja, det gör jag.

Jättekul!

c Diskutera tillsammans och skriv!
Diskutieren Sie gemeinsam und schreiben Sie auf.

Was sagt man auf Schwedisch, wenn man ...

- vorschlägt, ins Restaurant zu gehen? ....
- sein Bedauern ausdrückt und den Vorschlag ablehnt? ....
- einen Zeitvorschlag macht? ....
- am Ende die Daten der Verabredung noch einmal zusammenfasst? ....

7

Måndag, tisdag, onsdag …

a Fråga varandra!

Fragen Sie sich gegenseitig. Setzen Sie sich zu zweit zusammen. Verabreden Sie sich mit Hilfe der folgenden Angaben.

1

- ✚ Lördag kväll: bio?
- ▲ Lördag kväll inte tid
- ✚ Söndag? När?

2

- ✖ Måndag klockan 12.30 jogga
- ▲ Tycker inte om att jogga
- ✖ Cykla?
- ▲ Okej.

3

- ✚ Onsdag klockan 16.00 dricka kaffe
- ✖ Klockan 16.45?

4

- ✖
- ▲
- ✖
- ▲

b Fyll i aktiviteter!

Tragen Sie Freizeitaktivitäten ein. Verabreden Sie sich dann mit anderen Leuten im Kurs.

	måndag	tisdag	onsdag	torsdag	fredag	lördag	söndag
08.00							
10.00							
12.00							
14.00							
16.00							
18.00							
20.00							
22.00							

- ☐ Hej Daniel, har du lust att gå på restaurang?
- ○ Gärna. Tycker du om kinesisk mat?
- ☐ Ja, det gör jag.

- ☐ Har du tid på lördag kväll?
- ○ Javisst, det har jag. / Nej tyvärr, det har jag inte.
- ☐ Ska vi säga klockan sju?
- ○ Utmärkt!

AB 9-11

8 Ett mejl från Lotta.

a Fyll i!

Tragen Sie ein: Welches Personalpronomen passt?

hon • de • ni • hon • jag • ni • han • vi • jag • ni

Hej Annamia!

Hur mår .... ? .... mår alla bra. Kalle arbetar och arbetar men .... tycker om att arbeta. Själv hjälper .... Kalle så mycket .... kan. Och Tove? .... träffar vänner, går på bio och gör vad .... har lust med. Ibland joggar Kalle och Tove tillsammans, det tycker .... om. Har .... lust att äta middag här lördag kväll klockan 19.00? Mejla gärna om .... har tid att komma! Många hälsningar

Lotta

AB 12-13

b Svara tillsammans!

Antworten Sie zusammen: Schreiben Sie eine Mail.

Obs!
Tack för mejlet!
Tack för inbjudan!

9 Skog och natur.

a Läs texten och fyll i!

Lesen Sie den Text und tragen Sie ein: Ergänzen Sie die Ellipsen mit Beispielwörtern für die Oberbegriffe.

Sven Andersson tycker om att vara i naturen. När han inte arbetar går han ut och promenerar med hunden. I skogen kan de vandra utan att träffa en enda människa. Sven tycker om ensamheten. Ibland ser de en älg eller ett rådjur. Sommar, höst, vår och vinter – Sven vet inte, vilken årstid han tycker mest om: naturen är alltid lika underbar.

natur .... djur .... årstid

b Diskutera!

Diskutieren Sie: Ist Sven Andersson ein „typischer Schwede"?

c Skriv!

Schreiben Sie: Was tun Sie gerne, wenn Sie in Schweden sind?

AB 14

☐ När jag är i Sverige seglar jag. ....

....

10 Vad gör vi till helgen?

Familjediskussion.

Familiendiskussion: Sie sind eine 4-köpfige Familie und planen das Wochenende. Jeder erzählt, was er gern machen möchte. Versuchen Sie sich einig zu werden. Tragen Sie den Dialog dann im Plenum vor.

AB 15-18

Karamell: Spel

Spielregeln:
Gespielt wird in Gruppen von 3 bis 4 Spielern. Alle stellen Ihre Spielfigur bei Start auf. Der erste würfelt, rückt vor und löst die Aufgabe. Wenn die Gruppe urteilt, dass die Lösung richtig war, bekommt der Spieler einen Punkt. Landet man auf einem schon besetzen Feld, darf man ein Feld weiter gehen. Sobald ein Spieler mit der exakten Augenzahl auf das Zielfeld kommt, ist das Spiel beendet. Gewinner ist der Spieler mit den meisten Punkten.

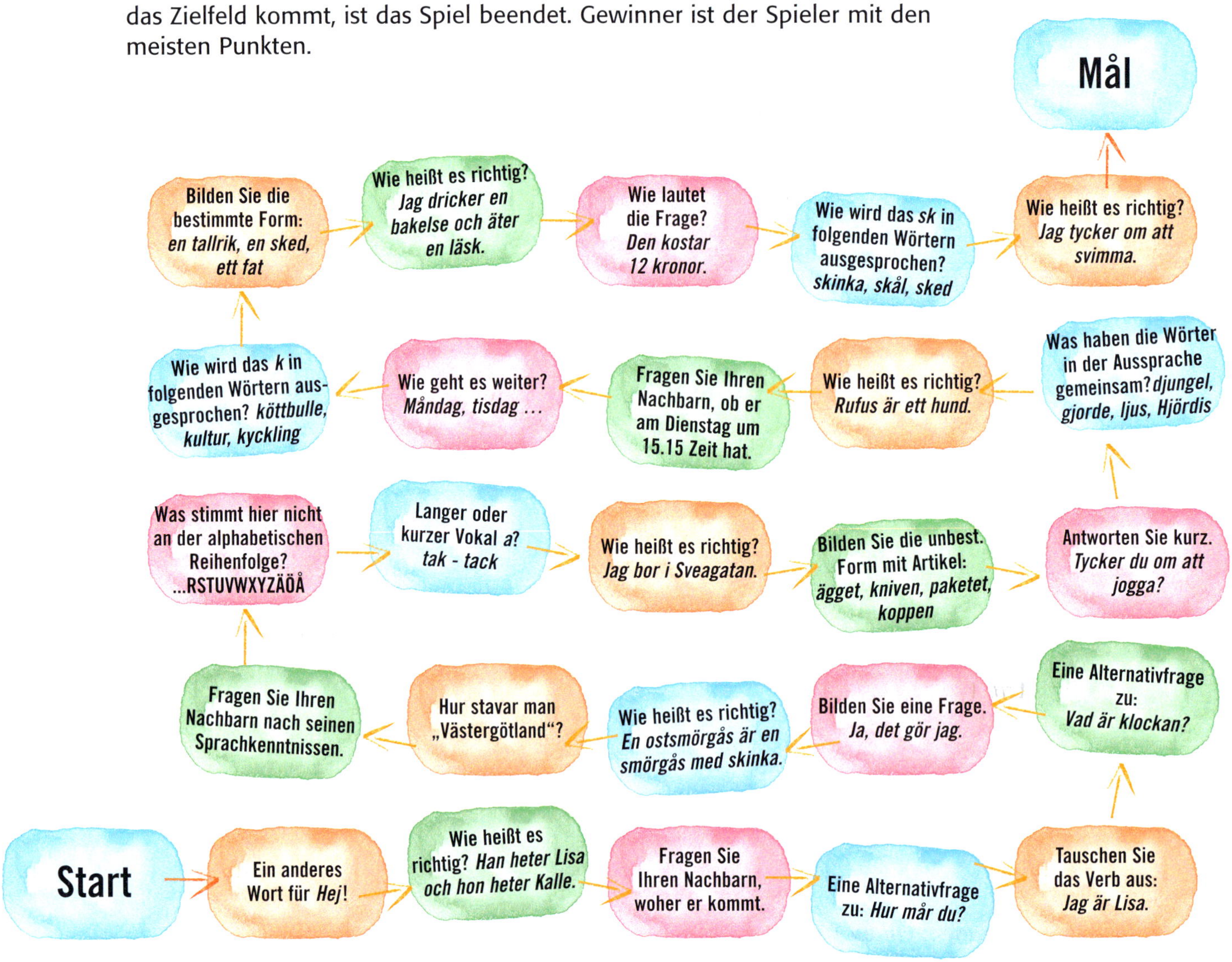

Nu kan jag ...
Jetzt kann ich ...

	:-)	:-|	:-(	Übung
… nach Freizeitinteressen fragen.	☐	☐	☐	→ **1, 2**
… sagen, was ich in meiner Freizeit gerne oder nicht so gerne mache.	☐	☐	☐	→ **2, 3**
… eine Vermutung äußern.	☐	☐	☐	→ **1, 5**
… von meinen Wochenaktivitäten berichten.	☐	☐	☐	→ **5**
… fragen, ob jemand Zeit und Lust hat, etwas zu unternehmen.	☐	☐	☐	→ **6**
… mich verabreden und ich beherrsche die Wochentage.	☐	☐	☐	→ **6, 7, 8**
… mit „Kurzantworten" antworten.	☐	☐	☐	→ **2**
… mich für etwas bedanken.	☐	☐	☐	→ **8**

Kort och gott – Grammatik

Verben: Infinitiv

Die Grundform (Infinitiv) der meisten schwedischen Verben endet auf *-a*:

	Infinitiv	Wortstamm	Präsens	
1	att jogga	jogga	jag joggar	joggen
2	att läsa	läs	jag läser	lesen
3	att bo	bo	jag bor	wohnen
4	att äta	ät	jag äter	essen

Zur vierten Gruppe gehören die sogenannten starken Verben, die ihren Stammvokal im Präteritum ändern (siehe Lektion 07).

Verben: *(att) göra*

(att) göra: machen, tun	
jag gör	vi gör
du gör	ni gör
han / hon, den / det gör	de gör

AB 4

Wortstellung: (*att*) *tycka om*

Wenn man ein anderes Verb mit dem Verb (*att*) *tycka om* kombiniert, muss dieses Verb im Infinitiv mit dem Infinitivkennzeichen *att* stehen.

Vad	tycker	du om?		Was machst du gerne? / Was magst du gerne?
Vem	tycker	du om?		Wen magst du?
Vad	tycker	du om	att göra?	Was machst du gerne?
	Tycker	du om	att jogga?	Joggst du gerne?
Jag	tycker	om	att jogga.	Ich jogge gerne.
Jag	tycker	också om	att simma.	Ich schwimme auch gerne.
Jag	tycker	inte om	att jogga, men jag tycker om att cykla.	Ich jogge nicht so gerne, aber ich fahre gerne Rad.

AB 3, 11, 17

Kurzantworten

Entscheidungsfragen werden meist mit einer sogenannten Kurzantwort beantwortet. Wurde bei der Frage *har* oder *är* benutzt, wird dieses wiederholt. Vollverben werden durch *att göra* ersetzt.

Har du tid på lördag?	Ja, det **har** jag.	Nej, det **har** jag inte.
Är du kaffesugen?	Ja, det **är** jag.	Nej, det **är** jag inte.
Spelar du tennis?	Ja, det **gör** jag.	Nej, det **gör** jag inte.
Tycker du **om** att jogga?	Ja, det **gör** jag.	Nej, det **gör** jag inte.

AB 4

de gör ja om

Fragepronomen: *vilken* / *vilket*

en film	→ Vilk**en** film?	Welchen Film?
ett museum	→ Vilk**et** museum?	Welches Museum?

Konjunktionen: *men* und *om*

Lördag kan jag inte **men** fredag då?	Am Samstag kann ich nicht, **aber** wie wäre es mit Freitag?
Mejla gärna **om** du har tid att komma!	„Maile" mir bitte, **ob** du Zeit hast zu kommen.

Fragewort: *när*

Im Gegensatz zu einer Frage, die mit *Hur dags* … eingeleitet wird, verlangt das Fragewort *när* nicht unbedingt die Angabe einer Uhrzeit.

När går filmen?
    Klockan sex.
    Till exempel på fredag kväll.

5 Yrken

officer Jag pluggar på universitetet Jag studerar medicin.

Angaben zu Berufen machen ◆ berichten, wo und womit man arbeitet ◆ eine Person und ihren Beruf vorstellen ◆ Geschäftsbrief ◆ Ordnungszahlen ◆ Monate ◆ den Geburtstag angeben ◆ gratulieren

Vad sysslar du med? Was arbeitest du?
Vad jobbar du med?

1 Hon är banktjänsteman.

a Vilket yrke passar till vilken bild? Jag jobbar som

lärare ● ingenjör ● assistent ● kock ● sjuksköterska ● banktjänsteman ● journalist ● läkare ● flygvärdinna ● expedit

□ Vad är nummer 1?
○ Det är en lärare.

1

lärare
skola

2

flygvärdinna

3

ingenjör

4

expedit [Verkäufer]

5

assistent / sekreterare

6

läkare [Arzt]

7

kock [kok]

8

sjukskötare
sjuksköterska
[schüschöteska]

9

banktjänsteman

10

journalist

b Vilka andra svenska yrkesbeteckningar känner ni till?

c Vad gör du? Fråga de andra i gruppen! Vilket yrke förekommer oftast i gruppen?

□ Vad gör du?
○ Jag är lärare. / Jag arbetar som lärare.
△ Vad heter "Student" på svenska?

student

2

En banktjänsteman arbetar på en bank.

Fråga varandra var personerna i övning 1a arbetar! Skriv under bilderna i 1a, om ni är överens.

ett förlag • en skola • ett sjukhus • en bank • ett varuhus • ett flygplan • ett kontor • ett bygge • en restaurang • en läkarmottagning

AB 1-2

□ Var arbetar läraren?
○ Läraren arbetar på en skola.

|21

3

Jag jobbar som ...

a **Lyssna på dialogen med stängda böcker! Slå sedan upp böckerna och läs texten medan ni lyssnar på dialogen en gång till!**

- Får jag presentera? Det här är Emma och det här är Frank.
- Hej Frank.
- Hej!
- Emma är jurist.
- Är du?
- Ja, jag jobbar som advokat på en bank. Och du, vad sysslar du med?
- Jag arbetar som revisor. Jag är anställd på Revision AB.
- Det är inte sant! Revision AB är ju en av våra kunder! Jag känner till firman väl!
- Nej men säger du det! Då har ni ju mycket att prata om!
- Javisst. Känner du Olaf Larsson?

b **Hur säger man på svenska? Stryk under i dialogen och ge exempel!**

- Wie fragt man jemanden nach seinem Beruf? Vad sysslar du med
- Wie sagt man, welchen Beruf man ausübt? Jag jobbar som ...
- Wie sagt man, bei welcher Firma man arbeitet? Jag anställd på...

c **Läs dialogen tre och tre! Variera!**

Name	Lasse
Beruf	expedit
Firma	Åhléns

Name	Veronika
Beruf	assistent
Firma	Revision AB

Name	
Beruf	
Firma	

AB 3

4

Jag arbetar som expedit på Hennes & Mauritz. Och du?

Arbeta tre och tre och presentera er! Berätta vilket yrke ni har och var ni arbetar! Byt sedan grupp!

AB 4

□ Jag heter ...
Jag arbetar som ... på ...

◎ |22

5

Uttal

a **Lyssna!**

Hören Sie zu. Schriftbild und Aussprache sind manchmal sehr unterschiedlich.
Welcher Buchstabe im Schriftbild – auch wortübergreifend – ist bei den gesprochenen Wörtern nicht zu hören? Unterstreichen Sie diesen und sprechen Sie dann die Wörter nach.

gärna · bord · ordna · Arbetar Lisa? · flygvärdinna · Karlstad · fjorton · kort · förstår · person · härlig · Har ni tid? · ursäkta · Kommer Stefan?

b **Sätt in orden i rätt spalt!**

rt → [ʈ]	*rd* → [ɖ]	*rn* → [ɳ]	*rs* → [ʂ]	*rl* → [ɭ]
KORT	bord	gärna	förstår	Karlstad
fjorton	ordna	Har ni tid	person	Arbetar Lisa
	flygvärdinna		ursäkta	härlig

c **Regel**

Für die Buchstabenkombinationen *rt*, *rd*, *rn*, *rs* und *rl* gilt: Der Buchstabe .... ist nicht zu hören, verändert aber in den meisten Regionen Schwedens bei der Aussprache den Charakter des folgenden Konsonanten. Besonders gut zu hören ist dies bei der Konsonantenverbindung *rs* – sie verschmilzt zu einer Art *sch* [genauer: ʂ], die typisch für das Schwedische ist. Diese Regel gilt auch für wortübergreifende Buchstabenkombinationen, außer bei sehr deutlicher Aussprache.

AB 5

◎ |23

6

Får jag presentera?

a **Lyssna! Vilka yrken nämns i följande samtal på en fest?**

Yrken: läkare, flygvärdinna, kock

b **Rätt eller fel? Kryssa!**

	rätt	fel
Elisabeth kommer från Sverige.	☐	☒
Hon är lärare.	☐	☒
Hon talar tyska.	☒	☐
Sten arbetar som kock.	☒	☐
Han tycker om att laga mat.	☐	☒
Han seglar på fritiden.	☒	☐
Victoria tycker inte om att segla.	☒	☐
Hon jobbar som flygvärdinna.	☒	☐
Hon har mycket tid.	☐	☒

7 Goschäftsbrief

Ett affärsbrev.

(a) **Läs följande affärsbrev! Diskutera om det skiljer sig från ett tyskt affärsbrev!**

Kontorstillbehör Söderberg HB
Box 89987
115 27 Stockholm.
Att: Gunnar Bengtsson

Stockholm 2007-11-16

Beställning av kontorsmaterial

Tack för offerten. Härmed beställer jag följande produkter för leverans till nedanstående adress enligt era leverans- och betalningsvillkor:

5	telefoner "Hör av dig", katalognummer 8898
5	headset "Lärka", katalognummer 8899
5	datorbord "Ordentlig", katalognummer 3344
5	skrivbordsstolar "Härlig", katalognummer 8600
5	skrivbordslampor "Marsta", katalognummer 8699
300	kuvert C4, katalognummer 1424
20	linjaler, katalognummer 4342
80	pennor, katalognummer 4322
10	suddgummin, katalognummer 4300

Med vänlig hälsning

Agneta Mellström

Agneta Mellström
Marknadsavdelningen
Callcenter Mellström

Callcenter Mellström
Box 13387
102 27 Stockholm
Besöksadress: Linnévägen 5a

E-post / E-mail: Mellstroem@call.com
Tel / Phone: +46 (0)8 589 900 00
Fax / Fax: +46 (0)8 589 900 01

en bildskärm • en mus • ett kuvert • en lampa • en penna • en telefon • ett suddgummi • ett tangentbord

Kuvert ....
Briefumschlag

penna ....
Stift

suddgummi ....
Radiergummi

1 bildskärm ....
2 lampa ....
3 telefon ....
4 mus ....
5 tangentbord ....

en dator

(b) **Fyll i!**

medarbetare • personer • kunder • material • arbetsplatser • språk

Callcentret Mellström har många ...kunder... . Därför vill firmans chef, Agneta Mellström, anställa fem ...personer... till. Hon beställer ...material... för 5 ...arbetsplatser... hos kontorstillbehör Söderberg HB i Stockholm. Alla nya ...medarbetare... måste kunna svenska och minst två främmande ...språk... till, som t.ex. engelska, tyska, franska eller spanska.

c **Komplettera tabellen och fyll i formerna som saknas ur övningarna 7a och 7b!**

en-Wörter		*ett*-Wörter	
unbest. Singular	unbest. Plural	unbest. Singular	unbest. Plural
penna	....	skrivbord	....
lampa	....	....	kuvert
stol	....	....	material
linjal	....	....	suddgummin
telefon	....	frimärke	....
kund	....		
medarbetare	....		
lärare	....		

d **Regel**

Im Schwedischen gibt es die folgenden fünf Pluralformen: Die Endungen ...., ..., ... und .... sowie eine Pluralform ohne Endung.

En-Wörter erhalten die Endungen ...., ... bzw. .... Ohne Endung stehen Wörter auf *-are*.

Ett-Wörter, die auf einen Konsonanten enden, erhalten keine Endung.

AB 6

Ett-Wörter, die auf einen Vokal enden, erhalten die Endung ....

8

Vem behöver vad?

Komplettera och fråga varandra!

- Vad behöver en banktjänsteman?
- En banktjänsteman behöver t.ex. ett skrivbord.

journalist

banktjänsteman

jag

9

Lea Zetterström – ett porträtt.

a **Läs texten!**

Lea Zetterström är skådespelerska och en riktig kändis. Hon spelar både teater och film och är känd även i Hollywood. Hon är 29 år och singel. Lea tycker om skådespelaryrket. Hon träffar många människor och arbetar ofta 7 dagar i veckan utan paus. På fritiden tycker hon om att träffa kompisar, laga mat och testa nya recept. Alla Leas kompisar har andra yrken än hon, och när de är tillsammans sitter de och pratar om livet. Det tycker Lea om. Hon tycker inte så mycket om att gå på disco eller konsert, eftersom hon då inte arbetar bra dagen efter. Hon säger, att hon behöver alla krafter för att arbeta så mycket som hon gör.

b **Bilda små grupper och ställ 5 frågor om Lea!**
Bilden Sie kleine Gruppen und stellen Sie 5 Fragen zu Lea. Fragen Sie mit Fragewörtern oder bilden Sie Fragesätze mit einem Verb am Satzanfang. Stellen Sie dann Ihre Fragen einer anderen Gruppe.

lagom
□ Arbetar Lea?
△ Ja, det gör hon.
□ Är hon student?
△ Nej, det är hon inte. Hon är …

c **Ta ett papper och ge exempel på följande pluraländelser ur text 9. Hur heter orden i singular?**

-or	-ar	-er	–	-n
en skådespelerska *skådespelerskor*	en dag dagar en kompis kompisar	krafter		yrken

AB 7

24

10 Jag lever på min penna.

a **Lyssna till följande intervju och sätt ett kryss vid rätt lösning!**

1 Han är
- [x] journalist.
- [ ] banktjänsteman.
- [ ] expedit.

2 Han arbetar
- [x] på en tidning.
- [ ] på en bank.
- [ ] på ett kontor.

3 Han arbetar
- [ ] i Lund.
- [ ] i Göteborg.
- [x] i Stockholm.

4 När han arbetar behöver han
- [x] en telefon.
- [x] pennor.
- [x] papper. paper

5 Det viktigaste han behöver är (Das wichtigste)
- [ ] ett skrivbord.
- [x] en mobiltelefon.
- [ ] en radio.

b **Formulera en fråga turvis som passar till de svar ni kryssat för i övning 10a!**

AB 8-9

□ Är han expedit?
○ Nej, det är han inte.

11 En enkätundersökning. Eine Umfrage

Intervjua varandra om ert arbete! Skriv upp svaren kort! Berätta sedan för gruppen om din partner.

□ Hej, vi gör en enkätundersökning om arbetslivet. Vill du vara med?
△ Ja, gärna.

Enkätundersökning

Vad sysslar du med? ……………………………………
Var arbetar du? ……………………………………
Arbetar du mycket? ……………………………………
Tycker du om att jobba? ……………………………………
Använder du datorn? Benutzt du einen Computer ……………………………………
Vad behöver du mera? ……………………………………
Skriver du brev? ……………………………………
Skriver du mejl? ……………………………………
Använder du mobiltelefonen på jobbet? ……………………………………
……………………………………
……………………………………

3 10-11

5 Karamell: Ordningstal och månader

a **Läs!**

första	**åttonde**	femtonde	**tjugoandra**
andra	nionde	**sextonde**	…
tredje	**tionde**	sjuttonde	**trettionde**
fjärde	elfte	**artonde**	…
femte	**tolfte**	nittonde	
sjätte	trettonde	**tjugonde**	
sjunde	**fjortonde**	tjugoförsta	

januari	juli
februari	augusti
mars	september
april	oktober
maj	november
juni	december

b **Vilket yrke har följande svenska kändisar? När fyller de år?**

Björn Borg	30 mars (IKEAs grundare)
Fredrik Ljungberg	10 april (skådespelare)
Ingvar Kamprad	14 juli (regissör)
Annika Sörenstam	28 september (politiker)
Max von Sydow	06 juni (tennisspelare)
Benny Andersson	28 mars (författare)
Margot Wallström	30 maj (sångerska)
Marie Fredriksson	16 april (fotbollsspelare)
Marianne Fredriksson	09 oktober (golfspelare)
Ingmar Bergman	16 december (medlem av ABBA)

- □ Vad gör Ingvar Kamprad?
- ○ Han är IKEAs grundare.
- □ När fyller han år?
- ○ Han fyller år den … / Han har födelsedag den …

När fyller | kung Carl Gustaf år? (30 april)
kronprinsessan Viktoria år? (14 juli)
drottning Silvia år? (23 december)

c **När fyller du år? Fråga de andra i kursen och gör en födelsedagsalmanacka!**

AB 12-14

Nu kan jag …	☺	😐	☹	Übung
… berätta vad jag gör och fråga andra.	□	□	□	→ **1**
… berätta var jag arbetar.	□	□	□	→ **2, 3**
… berätta vad jag behöver / använder när jag arbetar.	□	□	□	→ **8**
… presentera en person och berätta vad hon / han sysslar med.	□	□	□	→ **6**
… läsa ett enkelt affärsbrev.	□	□	□	→ **7**
… alla månadsnamn.	□	□	□	→
… berätta när jag fyller år och fråga andra.	□	□	□	→

Kort och gott – Grammatik

Konjunktionen: *att, som* und *eftersom*

Att (dass) leitet einen Nebensatz ein und wird [atː] ausgesprochen. Beachten Sie dabei die Platzierung der Satzadverbien im Nebensatz. Das Infinitivkennzeichen *att* (*Han tycker om att segla.*) spricht man [o] bzw. [ɔ] aus.

Han jobbar inte idag.	Er arbeitet heute nicht.
Han säger, **att** han inte jobbar idag.	Er sagt, **dass** er heute nicht arbeitet.

Som hat mehrere Funktionen. Prägen Sie es sich zunächst zur Angabe des Berufes ein.

Vad sysslar du med?
Vad arbetar du med?
Vad jobbar du med?
Vad gör du?
Vad är du?

Jag arbetar **som** lärare. — Ich arbeite **als** Lehrer.
Jag jobbar **som** lärare. — (= Ich bin Lehrer.)
(= Jag är lärare.*)

* Wie im Deutschen auch steht bei Berufsangaben kein Artikel.

Eftersom gibt die Ursache für etwas an und lässt sich oft mit *da* oder *weil* übersetzen. Ebenso wie *om* (siehe Lektion 1) leitet *eftersom* einen Nebensatz ein. (Wortstellung beachten!)

Hon går inte på disco, **eftersom** hon då inte arbetar bra dagen efter.

Präposition: *på*

AB 4

Var arbetar du?	Jag arbetar **på** ett kontor.	Ich arbeite **in** einem Büro.
	Jag är anställd **på** Revision AB.	Ich arbeite **bei** (der Firma) Revision AB.

Indefinitpronomen: *mycket* und *många*

Mycket und *många* können mit einem Substantiv oder alleine stehen. Vor Mengen- und Sammelbegriffen verwendet man *mycket* (*viel*), vor zählbaren Substantiven *många* (*viele*). *Mycket* kann man auch als Adverb in den Bedeutungen *sehr* oder *viel* verwenden.

AB 14

Jag dricker **mycket** mjölk.	Ich trinke **viel** Milch.
Jag behöver **många** pennor.	Ich brauche **viele** Stifte.
Jag tycker **mycket** om det.	Ich mag das **sehr**.
Jag arbetar **mycket**.	Ich arbeite **viel**.

Substantive: Plural

Es gibt 5 verschiedene Deklinationsklassen. Zu den Klassen 1-3 gehören die *en*-Wörter (Utrum), zu den Klassen 4 und 5 die *ett*-Wörter (Neutrum), wobei zur 5. Klasse auch noch einige Utra gerechnet werden. Da es eine ganze Reihe von Ausnahmen gibt, empfiehlt es sich generell, für jedes Substantiv den Artikel sowie die Pluralform mitzulernen.

B 6, 7, 11

UTRUM	1. -**or**	*En*-Wörter auf unbetontes *-a* sowie Ausnahmen	*en penna – pennor*
	2. -**ar**	*En*-Wörter, häufig einsilbig, die nicht auf unbetontes *-a* enden sowie mit Endungen auf *-dom, -e, -el, -en, er, -ing* und *-lek*.	*en stol – stolar* *en cykel – cyklar* *en tidning – tidningar* *en storlek – storlekar*
	3. -**er**	*En*-Wörter, die mehrsilbig sind und auf *-ad, -het, -när* und *-skap* enden. Mehrsilbige Lehnwörter. Viele einsilbige Wörter, die auf einen Konsonanten enden.	*en månad – månader* *en vänskap – vänskaper* *en telefon – telefoner* *en helg – helger*
NEUTRUM	4. -**n**	*Ett*-Wörter, die auf einen Vokal enden.	*ett frimärke – frimärken* *ett äpple – äpplen*
	5. **–**	*Ett*-Wörter, die auf einen Konsonanten enden. *En*-Wörter auf *-are, -iker* und *-ier*.	*ett kuvert – kuvert* *en lärare – lärare* *en allergiker – allergiker*

Angaben zur Ernährung machen ◆ erzählen, was man gerne isst ◆ ein gemeinsames Essen und den Einkauf planen ◆ Unsicherheit ausdrücken ◆ Verpackungen ◆ Preise vergleichen ◆ höflich um etwas bitten ◆ Dialog im Geschäft ◆ Sympathie für jemanden bekunden ◆ um einen Gefallen / Hilfe bitten ◆ nach Öffnungszeiten fragen

1 Matpyramiden.

a) Ordna livsmedlen! Vilka livsmedel hör till grupp 1, 2, 3 respektive 4? Känner du till andra produkter som du inte ser här?

godis ● korv ● potatis ● kött ● yoghurt ● apelsiner ● sill ● mjöl ● sallad ● tomater ● tårta ● frallor ● bär ● äpplen ● ris

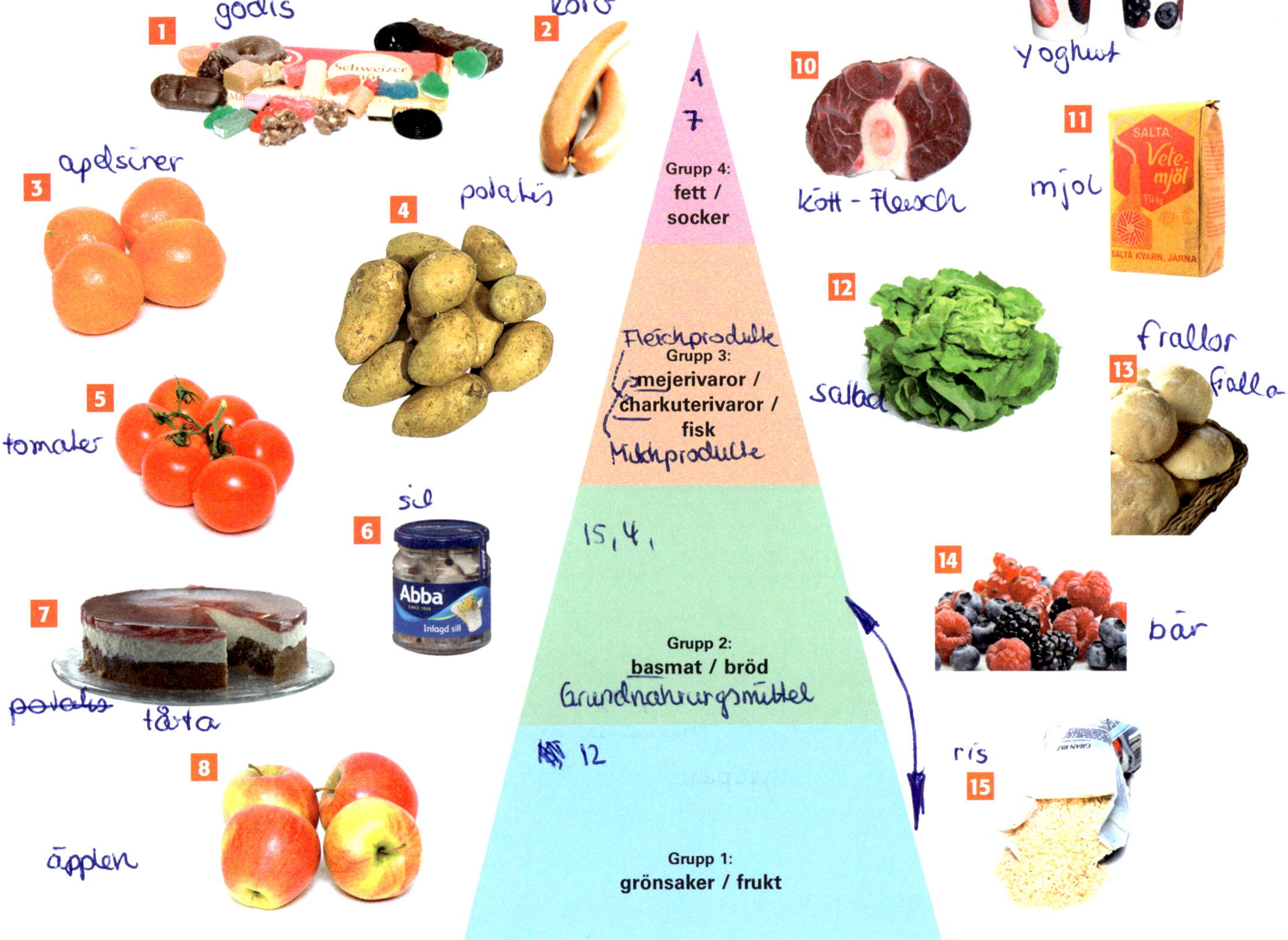

b) Berätta!

□ Till grupp 2 hör bröd.
○ Till grupp 2 hör också ris.

c) Vad tycker ni om att äta? Fråga varandra!

□ Vad tycker du om att äta?
○ Jag tycker om grönsaker.
□ Det gör jag också / inte.
○ Jag mår bra av / mår inte bra av godis.
△ Jag äter mycket av grupp 2, men inte så mycket av grupp 4.

AB 1-3

Nu Samstag

●|25

2 Vad ska vi äta ikväll?

ⓐ **Lyssna först med stängda böcker! Ordna dialogen i rätt följd och läs den sedan gemensamt!**

V ✖ Godis? Du är en riktig gottegris! Men varför inte – det är ju lördag idag!

II ○ Köttbullar! Ja, det är gott. Då passar också lite sallad till. Vad ska vi handla?

I ✖ Pizza? Jag vet inte ... Jag tycker vi ska äta köttbullar.

III ✖ Framför allt måste vi handla köttbullar, potatis och tomater till salladen ...

IV ○ ... och lite godis kanske?

0 ○ Vad ska vi äta ikväll? Ska vi äta pizza?

ⓑ **Skriv! Hur säger man på svenska?**

- Man fragt, was es abends zu essen geben soll: Vad ska vi äta ikväll.
- Man ist sich über etwas nicht sicher: Jag vet inte.
- Man macht einen Vorschlag für ein Gericht: Ska vi äta pyttipanna.
- Man fragt, was eingekauft werden muss: Vad ska vi handla.

ⓒ **Känner du till följande rätter? Vilka andra svenska rätter känner du till?**

1

Ärtsoppa med pannkaka

2

Pyttipanna

3

Falukorv med potatismos

○ Vad ska vi äta ikväll?
△ Jag tycker vi ska äta pasta.
○ Vad ska vi handla?
△ Vi ska handla tomater.

Inköpslista

ⓓ **Variera dialogen ur övning 2a med andra rätter! Spela upp er version för gruppen!**

AB 4-6

◎ |26

3 (a) **Uttal**

Lyssna och säg efter!

Hören Sie zu und sprechen Sie nach. Welche Buchstabenkombinationen spricht man [ɧ] / [ʂ] (ähnlich wie *sch*) und welche spricht man [ç] (ähnlich wie *ch*) aus? Tragen Sie ein.

kjol	själv	skjorta	stjäla	tjänare
kj ➜ [ ]	sj ➜ [ ]	skj ➜ [ ]	stj ➜ [ ]	tj ➜ [ ]
chef	Schweiz	shoppa		
ch ➜ [ ]	sch ➜ [ ]	sh ➜ [ ]		

(b) **Regel**

Ergänzen Sie die Regel.

Ein *j* in der Schriftsprache signalisiert im Schwedischen oft eine veränderte Aussprache der vorher stehenden Buchstaben: Die Buchstabenkombinationen .... und .... werden im Standardschwedischen [ ] ausgesprochen, die Buchstabenkombinationen .... , ... und .... dagegen [ ].

AB 7

Die Aussprache [ ] gilt auch für die Buchstabenkombinationen *ch*, *sch* und *sh*.

4 **Köttbullar handlar man i mataffären.**

Vilka produkter handlar man bäst i vilken affär?

mataffär ....

systembolag (“systemet“) ....

bageri ....

frukt- och grönsaksaffär ....

AB 8

post ....

◎ |27

5 **Det låter gott.**

(a) **Lyssna och kryssa! Vad ska de handla?**

mjölk	☐	tomater	☐	tårta	☐
kyckling	☐	baguette	☐	pasta	☐
svamp	☐	godis	☐	bär	☐
sallad	☐	sill	☐	skinka	☐
rödvin	☐	en bit ost	☐	frimärken	☐

□ Finns det kaffe?
○ Ja, det finns det. / Nej tyvärr, det finns det inte.
□ Något mera?

(b) **Lyssna en gång till och skriv upp menyn! Jämför med din granne!**

Förrätt: ....

Huvudrätt: ....

Efterrätt: ....

(c) **Arbeta två och två!**

Arbeiten Sie zu zweit: Formulieren Sie drei Quizfragen zum Dialog.

AB 9-10

Stellen Sie diese Fragen einem anderen Paar.

6 Vad har man i paket?

I vilka förpackningar har man vilka livsmedel? Skriv upp två exempel!

A

en flaska

....

C

ett paket

....

E

en plastburk

....

B

ett tetrapaket

....

D

en påse

....

F

en back

....

7 Vad kostar potatisen?

Jämför priserna från följande två mataffärer och fråga varandra! Person B tittar på sida 185.

- ☐ På *Stenbergs* kostar potatisen 6 kronor kilot. Vad kostar den på *Snabbtogott*?
- ○ Där kostar den ... kilot.
  Och hur är det med mjölken?
- ☐ Den kostar ... litern.

AB 11

28

8

Jag skulle gärna vilja ha …

a) Lyssna och läs sedan följande dialog två och två!

- Hej! Vad får det lov att vara?
- Hej, jag skulle gärna vilja ha två flaskor rödvin och en back öl, tack.
- Vi har ett fint italienskt rödvin idag till specialpris. Eller så har vi ett från Chile som är lite lättare och som …
- Nej tack, inte från Chile, vi ska ha italiensk mat till middag. Då passar ett italienskt vin utmärkt. Jag tar två flaskor. Hur mycket blir det?
- 229:- kronor tillsammans. Var det bra så?
- Ja, tack.
- Och 21 kronor tillbaka. Varsågod!

b) Hur säger man på svenska? Ta reda på de rätta uttrycken i dialogen!

Was darf es sein?	....	Sonderpreis	....
Ich hätte gerne …	....	Noch etwas?	....

29 **c) Lyssna till dialogen!**
Hören Sie sich den Dialog an: Finden Sie Alternativen zu den Ausdrücken aus 8b.

Was darf es sein?	....	Sonderpreis	....
Ich hätte gerne …	....	Noch etwas?	....

9

I mataffären.

Tänk ut en dialog! Ni är i en mataffär. En är kund och en är expedit.
Kunden frågar om varor och priser, expediten ger svar.
Spela upp dialogen för gruppen!

10

Jag gillar både henne och honom.

a) Läs följande text med varandra!

- Du, Tommy, kan du ge mig påsen, tack.
- Javisst, här.
- Och ställ in kycklingen och bären i kylskåpet … och alla grönsaker.
- Trevligt att Mats och Pernilla kommer hem till oss. Jag gillar både henne och honom.
- Ja, det gör jag också!
- Kan du hjälpa mig sedan med salladen?
- Självklart!

b **Skriv! Hur säger man på svenska?**

- Man möchte ein Gespräch unter Bekannten einleiten: ....
- Man bittet um einen Gefallen: ....
- Man drückt seine Sympathie für jemanden aus: ....

c **Stryk under alla personliga pronomen i dialogen och fyll i i tabellen nedan!**

Singular		Plural	
Subjekt	Objekt	Subjekt	Objekt
jag	....	vi	....
du	....	....	er
han	....	....	dem
hon	....		
....	den		
det	....		

AB 12-14

11 **KRAV – ett välkänt miljömärke.**

a **Ögna igenom följande text! Vad handlar den om?**

KRAV-MÄRKET STÅR FÖR

• BRA MILJÖ • GOD HÄLSA • SOCIALT ANSVAR

KRAV-märket är ett välkänt miljömärke

KRAV-märket visar bland annat:

- att produktionen sker utan kemiska bekämpningsmedel
- att produktionen sker utan konstgödsel
- att inga genmodifierade organismer (GMO) får förekomma i produktionen

b **Stryk under!**

Unterstreichen Sie im Text alle Ihnen bekannten Wörter und die Wörter, die Sie aufgrund der Ähnlichkeit mit dem Deutschen verstehen können. Vergleichen Sie dann mit Ihrem Nachbarn. Überlegen Sie, welche drei weiteren Wörter Ihrer Meinung nach wichtig sind, um den Text zu verstehen. Fragen Sie dann in der Gruppe nach der Bedeutung dieser Wörter.

c **Finns det i ditt land något liknande välkänt livsmedelsmärke? Diskutera!**

□ Hos oss finns det ...-märket.
○ Det står för ...

AB 15-16

Fråga varandra när ovanstående affärer / institutioner öppnar eller stänger!

Obs!

När öppnar SEB-banken på vardagar / helger?
På vardagar öppnar den klockan 9.30.
När stänger banken på måndagar?
På måndagar stänger banken klockan 15.00

Nu kan jag ...	☺	😐	☹	Übung
... berätta vad jag tycker om att äta.	☐	☐	☐	→ **1**
... planera en middag och vad jag ska handla.	☐	☐	☐	→ **2, 4, 5**
... uttrycka att jag inte är säker.	☐	☐	☐	→ **2**
... fråga efter priser.	☐	☐	☐	→ **7**
... säga vad jag gärna skulle vilja ha.	☐	☐	☐	→ **8**
... uttrycka sympati för en person.	☐	☐	☐	→ **10**
... be om hjälp.	☐	☐	☐	→ **10**
... fråga efter öppettider.	☐	☐	☐	→

Kort och gott – Grammatik

Modalverben

Die schwedischen Modalverben haben je nach Kontext zum Teil sehr unterschiedliche Bedeutungen. Sie stehen in der Regel mit dem Infinitiv eines weiteren Verbs zusammen (ohne *att*).

Vi **måste** handla ...	Wir **müssen** ... einkaufen.
Kan du hjälpa mig?	**Kannst** du mir (bitte) helfen?
Jag **vill** ha kaffe.	Ich **möchte** / **will** Kaffee.
Får jag presentera?	**Darf** ich vorstellen?

Weitere Modalverben sowie genauere Hinweise zur Bedeutung siehe Grammatikübersicht S. 190.

Die Absicht einer Person wird mit dem Modalverb *ska* (Infinitiv: *skola*) + Verb ausgedrückt.

Jag **ska** handla mat. Ich **werde** / **will** / **muss** / **soll** Essen kaufen

Wenn man höflich um etwas bitten möchte, benutzt man oft eine Konstruktion aus *skulle* + *vilja* + *ha*.

Jag **skulle** gärna **vilja ha** en bit ost, tack. Ich **hätte** gerne ein Stück Käse, bitte.

Verben: Futur

Eine zukünftige Handlung kann man mit dem Präsens ausdrücken.
Oft verwendet man auch das Modalverb *ska*.

Jag **köper** det på onsdag.	Ich kaufe das am Mittwoch. (= werde ... kaufen)
Vi **ska** gå på bio på lördag.	Wir gehen am Samstag ins Kino. (= werden ... gehen)

Personalpronomen: Objektform

Die schwedischen Personalpronomen haben nur eine Objektform – unabhängig davon, ob es sich um ein direktes oder ein indirektes Objekt handelt. Die Objektform entspricht sowohl dem deutschen Akkusativ als auch dem Dativ. Sie müssen also nur eine Form lernen.

Han ser **mig**. (direktes Objekt)	→	Er sieht **mich**. (Akkusativ)
Han ger **mig** boken. (indirektes Objekt)	→	Er gibt **mir** das Buch. (Dativ)

Subjekt	Direktes Objekt / Indirektes Objekt	Subjekt	Direktes Objekt / Indirektes Objekt
jag	mig	vi	oss
du	dig	ni	er
han / hon / den / det	honom / henne / den / det	de	dem

AB 13

Präpositionen: *till, för* und *utan*

Die Präpositionen *till* und *för* haben im Deutschen verschiedene Entsprechungen. Lernen Sie am besten ganze Beispielsätze. *Utan* bedeutet meist *ohne*.

Till kaffet hör en bakelse, tycker jag.	**Zum** Kaffee gehört ein „Gebäck", finde ich.
"T.ex." står **för** "till exempel".	„Z. B." steht **für** „zum Beispiel".
Jag tar kaffet **utan** mjölk, tack.	Ich nehme den Kaffee **ohne** Milch, bitte.

Finns det

Der Ausdruck *Finns det?* bedeutet „Gibt es?" Sie sollten sich zunächst einfach den Beispielsatz merken, da dieser Ausdruck im Schwedischen sehr häufig vorkommt.

Finns det kaffe?
Ja, det **finns det**.
Nej, tyvärr, det **finns det** inte.

7 Vardag

einen Tagesablauf beschreiben ◆ erzählen, was man am Vortag gemacht hat ◆ Zeitangaben Vergangenheit ◆ sich nach längerer Zeit begrüßen ◆ etwas bedauern ◆ Freude ausdrücken ◆ schriftliche Einladung ◆ am Telefon nach jemandem fragen ◆ sich nach einer Einladung bedanken ◆ jemandem Glück wünschen ◆ Verwandtschaftsbeziehungen und Familienstand

1 En dag i Linas vecka.

a) Skriv under bilderna och berätta sedan om Lina!

sova ● duscha ● kamma sig ● träna ● skynda sig till jobbet ● stiga upp ● koppla av ● gå och lägga sig ● klä på sig ● åka hem

- Vad gör Lina klockan 7.15?
- Klockan 7.15 duschar hon. Klockan 7.30 klär hon på sig.

1 stiger upp
3 klär på sig
5 skyndar sig till jobbet
7 tränar
9 går och läggar sig

2 duschar
4 kämmer sig
6 åker hem
8 sich entspannen kopplar av [aff]
10 sover

b) Berätta mera om Linas dag och börja med att ange ett klockslag! Låt fantasin flöda!

AB 1

7.45 ● 8.30 ● 10.00 ● 12.30 ● 15.30 ● 18.30 ● 20.00

*man geht auf die Arbeit

|30

2 Mikaels arbetsdag.

a) Lyssna!

- Mikael, vad sysslar du med?
- Jag jobbar som ekonomiassistent på Alfredsson AB.
- Hur är dina arbetstider?
- Jag arbetar från halv nio till klockan fem.
- När har du paus då?
- Jag äter lunch cirka klockan tolv och fikar sedan ungefär vid tretiden.
- Och hur ser en vanlig vardag ut för dig?
- Vi – alltså min sambo Anna och jag – stiger upp klockan sju. Jag rakar mig (rasieren), duschar och klär på mig. Sedan äter vi frukost och skyndar oss till jobbet.
- Och vad exakt gör du?

✚ Jag tar hand om räkningar, kundförfrågningar och posten. Och ibland surfar jag också på nätet.

⭘ Vad gör du när du kommer hem?

✚ Då äter jag middag med Anna. Ofta tränar jag också eller handlar mat. Och så måste jag städa ibland, förstås. På kvällen tittar jag på TV, kopplar av och läser en spännande deckare. Jag går och lägger mig ungefär vid elva.

b Vad gör Mikael på morgonen, vad gör han på jobbet och vad gör han på kvällen? Skriv upp svaren och stryk under de reflexiva verben.

c Komplettera!

Jag	skyndar	mig	vi	skyndar	oss
Du	skyndar	dig	ni	skyndar	er
Han	skyndar	sig	De	skyndar	sig
Hon	skyndar	sig			

d Hur ser en vanlig dag ut för Mikael? Fyll i luckorna!

duschar • äter • lagar • går och lägger sig • stiger upp • läser • skyndar sig • städar • kommer • tränar • klär på sig • rakar sig • arbetar • jobbar • tittar

Mikael … som ekonomiassistent på ett företag. Varje dag … han … klockan sju. Först … han … och …, sedan … han … . Efter det … han frukost med Anna. Han … till jobbet och … till klockan fem. Efter det … han ofta. När han … hem … han mat och … . På kvällen … han eller … på TV. Han … vid elva.

3

När stiger du upp?

Fyll i vänstra almanackan hur en vanlig dag ser ut för dig. Fråga sedan din partner och skriv svaren i högra almanackan. Berätta för de andra i kursen om din partner.

Först • sedan • och så • efter det • därefter

AB 2-4

6.00 …	6.00 …
…	…
…	…
…	…
…	…
…	…
…	…
…	…
…	…
…	…
23.00 …	23.00 …

31

4 Uttal

a Lyssna och säg efter!

u ➜ [ʉː]	u ➜ [θ]	u ➜ [ʉː]	u ➜ [θ]
nu	buss	sjuk	kung
du	kund	ful	Lund
hus	hundra	ljus	hund
kul	nummer		

b Regel

Für den schwedischen Buchstaben *u* gibt es verschiedene Arten der Aussprache. Steht das *u* am Wortende oder folgt nur .... Konsonant, so wird es [ʉː] ausgesprochen, also ähnlich wie ein langgezogenes deutsches *ü*, allerdings mit stark gespitzten Lippen (ähnlich wie engl. *w*). Folgen nach dem *u* dagegen mehrere Konsonanten, so ist die Aussprache kurz und lautet [θ]. Diesen Laut gibt es im Deutschen nicht – Sie sollten ihn daher gut üben.

c Lång eller kort vokal? Sortera orden!

AB 5

fru • tusen • sju • lust • upp • ut • djur • frukt • lunch • inbjudan

ʉː

θ

5 Dator istället för deckare.

a Läs följande artikel och kryssa sedan för rätt eller fel!

Att surfa på internet är mer populärt än att läsa en spännande deckare. Det visar en Telia-undersökning från förra året. Därvid intervjuade Telia nästan 11 900 kunder. 38 procent berättade att de hellre surfade på nätet än läste en bok när det regnar. 5 procent angav att de hellre spelade spel, 7 procent sa att de städade och 14 procent föredrog att titta på TV. Medan kvinnor över 35 sa att de hellre läste en bok angav män, att de tyckte bäst om att surfa på nätet.

		rätt	fel
1	Telia intervjuade 11.900 barn.	☐	☒
2	Att surfa på internet är mer populärt än att läsa en bok.	☒	☐
3	När det regnar spelar 70% av de intervjuade spel.	☐	☒
4	7% säger att de hellre lagar mat.	☐	☒
5	14% tycker inte om att titta på TV.	☐	☒
6	Kvinnor över 35 läser hellre än surfar.	☒	☐
7	Män städar hellre än surfar på nätet.	☐	☒

b **Berätta vad du gör när du är ledig!**

□ Vad gör du när du är ledig?
○ När jag är ledig surfar jag ofta / ibland.

c **Stryk under alla verb i texten 5a och fyll i verben i presens eller preteritum!**
Unterstreichen Sie alle Verben im Text und tragen Sie die Verben im Präsens bzw. Präteritum ein. Überlegen Sie dann: An welchen Stellen im Text ist *att* die Infinitivmarkierung („zu") und an welchen Stellen die Konjunktion („dass")?

att + verb → zu
att + de, hon, han, du... → dass !

Präsens	Präteritum
....	surfade
....	var
....	visade
intervjuar	....
berättar	....
läser	....
....	regnade
anger	....
spelar	....
säger	....
tycker om	....
....	....
....	....
....	....
....	....

AB 6-7

Obs!
jag surfar → jag surfade
jag läser → jag läste

d **Hur heter verben i 1a i preteritum? Fundera gemensamt!**

Obs!
stiger upp → **steg** upp
sover → **sov**
går och lägger mig → **gick** och **la(de)** mig

6 Vad gjorde du igår?

Berätta om igår! Titta återigen på almanackan i övning 3 och berätta för varandra vad ni gjorde igår!

AB 8-10

32

7

Jag tänkte ringa dig förra helgen.

a) Lyssna med stängda böcker, fyll sedan i verben och kontrollera när ni lyssnar igen!

tänkte • hade • träffade • skulle • ville • kom • var • hälsade på

- Hej Sandra! Tack för senast!
- Hej Anna! Det .... inte igår!
- Nej, verkligen. Jag är ledsen, jag .... ringa dig förra helgen men så .... min bror Johan och .... och vi .... så mycket att prata om.
- Vad roligt! Hur mår han? Det är ett tag sedan jag .... honom.
- Ja, tack han mår bara bra. Han jobbar som revisor på ett företag och har mycket att göra. Förresten han är singel precis som du! Ni .... passa ihop!
- Säger du det. Jag .... bjuda dig till min födelsedagsfest nästa lördag. Varför tar du inte med honom?
- Visst gärna, när ska vi komma?
- Klockan sju.
- Utmärkt! Då ses vi! Hej då!
- Hej då!

b) Skriv! Hur säger man på svenska?
Schreiben Sie auf: Wie sagt man auf Schwedisch, wenn man ...

- sich für das letzte Treffen bedankt: ....
- sich lange nicht gesehen hat: ....
- etwas bedauert: ....
- Freude ausdrückt: ....
- ausdrückt, dass etwas eine Weile her ist: ....
- eine Abschiedsfloskel verwendet: ....

c) Samordna! Vilka preteritumformer i texten hör till vilket verb?

vill	....	tänker	....	kommer	....	träffar	....
hälsar	....	har	....	är	....		

d) Låt fantasin flöda! Bilda satser i preteritum med följande uttryck och fråga sedan nästa person!

AB 11

igår • i förrgår • för tio minuter sedan • i morse • i tisdags • förra veckan

- Igår surfade jag på nätet. Vad gjorde du?
- Jag läste en bok. Och vad gjorde du?

8

En inbjudan.

Vad står på kortet till Johan? Sätt ihop textbitarna!

gott humör! ● klockan 19.00 ● Välkommen ●
Ta med dig ● lördag den .... ●
Hälsningar Sandra ● Hej Johan! ●
till min födelsedagsfest

AB 12

● |33

9

Tack för senast!

Lyssna på telefonsamtalet och svara på frågorna!

- Anita Rosenberg.
- Hej, det här var Johan Andersson. Skulle jag kunna få prata med Sandra?
- Javisst, ett ögonblick. Jag hämtar henne …

…

1 Hur presenterar Johan sig? ....

2 Vad säger han för att få tala med Sandra? ....

3 Hur inleder han samtalet? ....

4 Vad pratar de om? ....

5 Vart ska de gå? ....

6 Hur dags ska de träffas? ....

AB 13

7 Hur avslutar de samtalet? ....

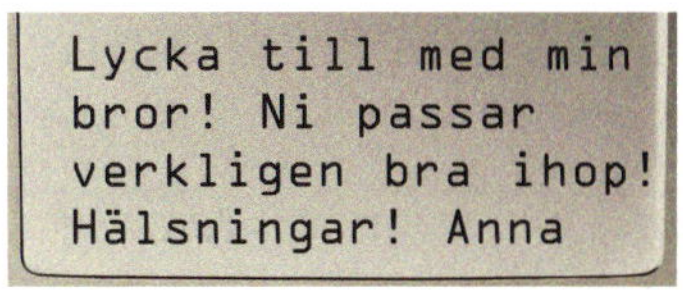
Lycka till med min bror! Ni passar verkligen bra ihop! Hälsningar! Anna

10

I somras var jag på Gotland.

Kommer du ihåg vad du gjorde?
Bilda satser och berätta!

Som barn ....

Som studerande ....

I våras ....

I somras ....

I höstas ....

AB 14-15

I vintras ....

□ I somras var jag på Gotland.
○ Som barn tyckte jag mycket om att cykla.

7 Karamell: Min familj

ⓐ **Sortera begreppen! Hur är de olika personerna släkt med Agneta?**

mor · far · son · bror · svägerska · moster · farbror · man · svärmor · svärfar · dotter · brorsdotter · mans systerson

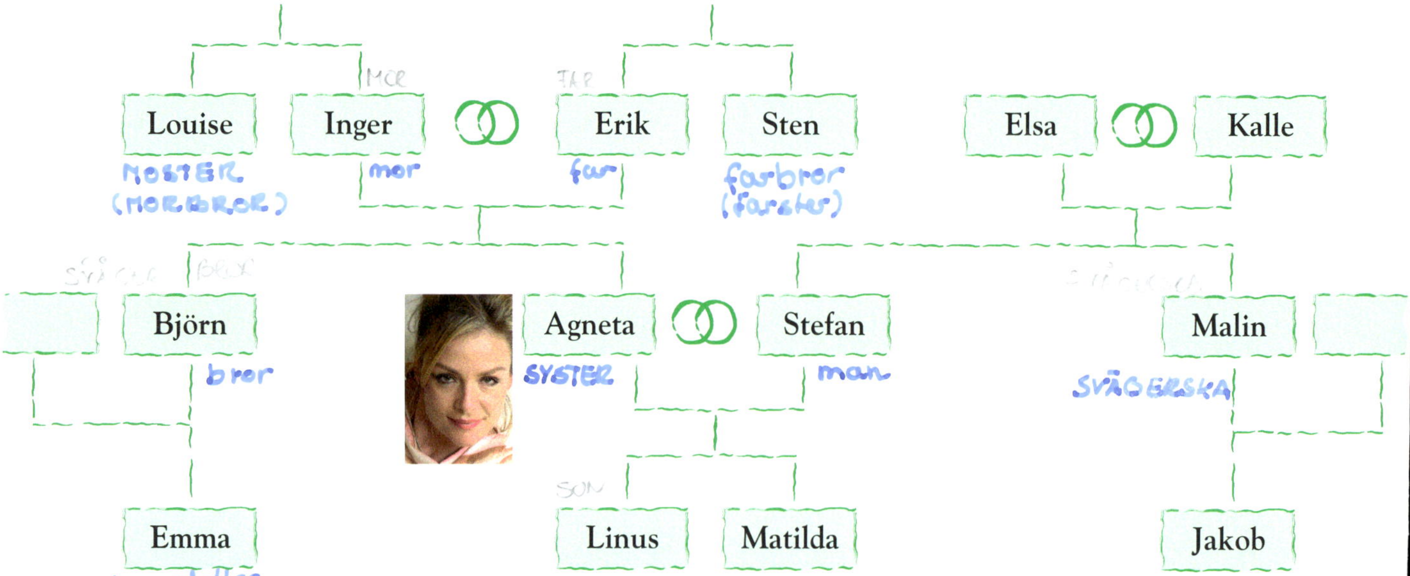

ⓑ **Berätta om Agnetas familj!**

□ Vem är Matilda?
○ Matilda är Agnetas dotter.

ⓒ **Fråga varandra!**

gift · skild · ensamstående (utan partner) · sambo

□ Är Björn gift?
○ Nej, det är han inte.
□ Har han barn?
○ Ja, det har han.

ⓓ **Tänk efter gemensamt vad följande släktbegrepp betyder! Teckna sedan era familjer och berätta för varandra om er själva!**

föräldrar · farföräldrar · morföräldrar · mormor · morfar · farmor · farfar · barnbarn · faster · morbror · fru · kusin · svåger

AB 16-17

Nu kan jag ...	☺	😐	☹	Übung
… berätta vad jag gör varje dag.	□	□	□	→ **1–3**
… berätta vad jag gjorde igår.	□	□	□	→ **5, 6**
… tacka för senast.	□	□	□	→ **7**
… beklaga något.	□	□	□	→ **7**
… läsa en inbjudan.	□	□	□	→ **8**
… inleda och avsluta ett telefonsamtal.	□	□	□	→ **9**
… några tidsuttryck.	□	□	□	→ **10**
… berätta om min familj.	□	□	□	→ 🍬

Kort och gott – Grammatik

Reflexivpronomen

Die Reflexivpronomen beziehen sich auf das Subjekt im Satz.
Das Subjekt und das Objekt des Satzes sind also die gleiche Person.

Jag klär på **mig**.	Ich ziehe **mich** an.
När går du och lägger **dig**?	Wann legst du **dich** hin?
Vi måste skynda **oss**.	Wir müssen **uns** beeilen!
När lägger ni **er**?	Wann legt ihr **euch** hin?

Die Form des Reflexivpronomens entspricht fast immer der Objektform der Personalpronomen (siehe Lektion 6). Lediglich die 3. Person hat das spezielle Reflexivpronomen *sig*.

Han tvättar **sig**.	Er wäscht **sich** (**selbst**).
Han tvättar **honom**.	Er wäscht **ihn** (**eine andere Person**).
De tvättar **sig**.	Sie waschen **sich** (**selbst**).
De tvättar **dem**.	Sie waschen **sie** (**andere Personen**).

AB 4, 11

Präpositionen: *från … till*

Jag jobbar **från** halv nio **till** klockan fem. Ich arbeite **von** halb neun **bis** fünf Uhr.

Verben: Präteritum

Das Präteritum benutzt man, um von einem Geschehen zu einem bestimmten Zeitpunkt in der Vergangenheit zu berichten, oft mit einer adverbialen Bestimmung der Zeit wie *i morse, igår, förra veckan, förra månaden, förra sommaren* oder *för tio minuter sedan*.

Endet der Wortstamm auf einen Vokal oder einen stimmhaften Konsonanten (b, d, g, j, l, m, n, r, v) folgt die Endung *-(d)de*. Nach stimmlosen Konsonanten (f, k, p, s, t) steht die Endung *-te*. Lernen Sie am besten für jedes Verb die entsprechenden Formen gleich mit, da es auch Ausnahmen gibt.

	Präsens	Wortstamm endet auf …		Präteritum
1	tala**r**	… Vokal	tala	tala**de**
	cykla**r**		cykla	cykla**de**
2	ring**er**	… stimmhaften Konsonanten	ring	ring**de**
	läs**er**	… stimmlosen Konsonanten	läs	läs**te**
	tyck**er**		tyck	tyck**te**
3	bo**r**	… Vokal	bo	bo**dde**
	tro**r**		tro	tro**dde**

Unregelmäßige Verben und Sonderformen (z.B. *gör* → *gjorde*) müssen Sie auswendig lernen.
Die sogenannten „starken Verben“ verändern wie im Deutschen den Stammvokal.

	Präsens	Wortstamm	Präteritum
4	få**r**	få	f**i**ck
	bli**r**	bli	bl**e**v
	drick**er**	drick	dr**a**ck

8, 9, 10

Verben: Imperativ

Der Imperativ entspricht dem Wortstamm. Es gibt nur eine Imperativform.

Han lyssna**r**.	Lyssna!	Hör zu! / Hört zu! / Hören Sie zu!
Hon läs**er**.	Läs!	Lies! / Lest! / Lesen Sie!

AB 8

Konjunktionen: *medan, när* und *än*

Jag duschar **medan** Kalle lagar mat.	Ich dusche, **während** Kalle Essen kocht.
Vad gör du **när** du kommer hem?	Was machst du, **wenn** du nach Hause kommst?
Att surfa är mera populärt **än** att läsa.	Surfen ist beliebter **als** lesen.

8 Resa

nach Hotelleistungen fragen und darüber diskutieren ◆ über Vor- und Nachteile sprechen ◆ seine Meinung und Zweifel äußern ◆ jemanden an etwas erinnern ◆ Gespräch an der Hotelrezeption ◆ ein Anmeldeformular ausfüllen ◆ etwas beanstanden ◆ Bedauern ausdrücken ◆ einfache Wegbeschreibung

1 ⓐ **Alla rum inklusive frukost.**

Läs igenom hotellannonserna och fråga varandra vad hotellen erbjuder!

Hotell Guldfynd - lite lyx i vardagslivet!

enkelrum / dubbelrum
Kabel TV, skrivbord, fast uppkoppling till internet
bubbelpool, bastu
bar, restaurang
hiss, garage

Rum med utsikt och allt du önskar
Fråga efter våra specialpriser

Välkomna till Hotell Guldfynd!
Du hittar oss på Linnéboulevarden med många affärer och shoppingmöjligheter runtomkring. Alla våra rum har utsikt över Linnéparken, skrivbord och fast uppkoppling till internet. Vår restaurang bjuder på europeisk mat och baren har öppet till klockan ett. I vår bastu kan du koppla av till klockan elva på kvällen. Vi ligger nära tunnelbane- och busstation. Fråga gärna efter våra specialpriser! Varmt välkomna!

Hotell Mitt i Stan - trestjärnigt hotell centralt beläget! ★★★

enkelrum / dubbelrum (även med separata bäddar)
barnsäng
telefon / radio / TV
dusch / toalett
mini-bar

Hotellet ligger mitt i stan, med många möjligheter till sightseeingturer. Fråga oss gärna om turistkortet. Vi har dubbelrum med separata bäddar. Alla rum har telefon, radio och TV. Vår stora frukostbuffé med barnstolar och lekhörna väntar på dig och din familj från och med klockan sju. Trevlig vistelse!

Alla rum inklusive frukost
Välkommen!

○ Har Hotell Mitt i Stan **någon** bar?
△ Ja, det har det. / Nej, det har **ingen** bar.
○ Har Hotell Guldfynd **något** garage?
△ Ja, det har det. / Nej, det har **inget** garage.

ⓑ **Fundera! Vem skulle bo på vilket hotell?**

barnfamiljer · resegrupper · turister · affärsmän · studenter

AB 1-2

□ Jag tror att hotell XY passar bra för barnfamiljer. Vad tycker du?
○ Ja, det tycker jag också. / Nej, det tycker jag inte.
□ Varför inte det?
○ Därför att en barnfamilj behöver ...
Därför att det finns ...
Jag tycker att hotell XY passar bättre för ...

|34

2 Boka Hotell Guldfynd!

a Lyssna till dialogen!

- ○ Båda hotellen har ju för- och nackdelar. Vad tycker du – vilket ska vi ta?
- + Ja, jag vet inte. Jag tycker egentligen att hotell *Mitt i Stan* är bättre. För mig är det viktigt att hotellet är centralt beläget. Ska vi inte ta det?
- ○ Men tänk på att hotell *Guldfynd* ligger i närheten av en tunnelbanestation. Det går fort att ta sig in till centrum. Och hotellet har en bastu. Jag älskar att bada bastu.
- + Ja, det stämmer. Och en bubbelpool är inte heller dåligt.
- ○ Och dessutom har hotell *Mitt i Stan* nackdelen att det uppenbarligen inte finns någon fast uppkoppling till internet. Och det behöver jag.
- + Okej – låt oss boka hotell *Guldfynd* då!

b Skriv! Hur säger man på svenska?

Schreiben Sie auf: Wie sagt man auf Schwedisch, wenn man ...

- jemanden nach seiner Meinung fragt: ....
- ausdrückt, dass man sich nicht sicher ist: ....
- eine Meinung äußert: ....
- sagt, dass einem etwas wichtig ist: ....
- jemanden an etwas erinnert: ....
- bestätigt, dass etwas richtig ist: ....
- ausdrückt, dass man etwas jetzt gemeinsam angeht: ....

c Fyll i lämpliga verb i imperativform!

åker • har • ser • frågar • ringer • kopplar av • testar • sover • bokar • köper

.... en sightseeingtur med oss! .... hela stan med vår turistguide Bosse Svensson! .... biljetter här!

.... gott!

.... med oss!

.... nu!

.... en trevlig vistelse!

.... i vår bastu!

.... efter våra specialpriser!

.... barens alkoholfria hälsococktail!

Obs!
bok~~ar~~ = Boka Hotell Guldfynd!
tänk~~er~~ = Tänk på att hotellet inte har internet!

d Skriv upp vad som är viktigt för dig när du bokar ett hotell! För sedan en liknande dialog som i 2a med din granne!

AB 3-5

.... För mig är det viktigt att ... .

35

3 Uttal

a Läs de följande orden och lyssna sedan till uttalet!

a → [ɑː]			a → [a]		
ja	var	bada	kall	vart	dansa
jag	tak	raka	jakt	tack	ragga

b Regel

Wenn nur ein Konsonant oder gar kein Konsonant folgt, spricht man das *a* lang aus. Das lange schwedische *a* wird dunkler ausgesprochen [ɑː] als das lange deutsche *a* wie in Vater [aː]. Das kurze *a* dagegen klingt in beiden Sprachen sehr ähnlich.

AB 6

4 Finns det telefon på rummet?

a Ordna begreppen!

bädd • telefon • lampa • skrivbord • skål • äpple • nyckel • mini-bar • fönster • TV • radio • dusch • toalett • hårtork • handduk • tvål

1 .... 2 .... 3 .... 4 ....

16 .... 5 ....
15 .... 6 ....
14 .... 7 ....
13 .... 8 ....

12 .... 11 .... 10 .... 9 ....

b Fråga varandra vad som finns i rummen!

□ Finns det en lampa på rummet?
○ Ja, det finns det. / Nej, det finns det inte.

c Fyll i! Sök minst 8 ytterligare substantiv ur övningarna 1 och 4! Skriv upp på ett papper alla formerna och jämför med din granne!

en-Wörter		*ett*-Wörter	
unbest. Form Singular	unbest. Form Plural	unbest. Form Singular	unbest. Form Plural
en tvål	....	....	äpplen
....	toaletter	ett fönster	....
....	handdukar	....	....

AB 7

36

5 ## Vad kan jag stå till tjänst med?

ledigt

upptaget

a **Lyssna och fyll i de ord som saknas!**

- God dag! Vad kan jag .... till tjänst med?
- Hej! Vi bokade ett dubbelrum via .... för två veckor sedan.
- Javisst - hur .... namnet?
- Karlsson med två s.
- Då ska vi se … här har vi er, ett dubbelrum .... två nätter.
- Just det. Jag undrar finns det även dubbelrum .... separata bäddar?
- Visst, det finns det. Önskar .... det?
- Ja, gärna.
- Önskar .... också ett rum med utsikt?
- Ja, och gärna rökfritt.
- Javisst, det .... bra.
- Finns det internet .... rummet?
- Ja, det finns det. Då blir det rum nummer 127 med separata bäddar. Frukosten serveras mellan .... och ....
- Utmärkt. Förlåt, bara en fråga till. .... ni något garage?
- Nej, ... beklagar, hotellet har inget garage, men det går bra att parkera .... utanför hotellet. Här är anmälningsblanketten. Och här är .... penna.

b **Sök uttryck i dialogen som har ungefär samma betydelse!**

Jag är ledsen. ....

Finns det något garage? ....

Vad kan jag hjälpa till med? ....

Jag skulle vilja veta … ....

Bra! ....

Vad heter ni? ....

Ett ögonblick: ....

Vill ni ha det? ....

Förlåt, får jag fråga ännu en sak? ....

c **Anteckna vad för sorts rum du bokat.**
Skriv också upp vad du vill fråga receptionisten.
Spela upp en dialog, en är receptionist och en är gäst.
Byt sedan roller!

AB 8

3 nätter
enkelrum
internet?
bastu?

6

En anmälningsblankett.

Spela: En är receptionist och fyller i anmälningsblanketten.
Han / hon frågar gästen om hans / hennes personliga uppgifter. Byt sedan roller!

Var vänlig TEXTA tydligt:

Förnamn:	Efternamn:
Gatuadress:	Ankomstdag:
Postnummer:	Avresedag:
Land:	E-post:

7

Lamporna går inte att tända.

Samordna! Vad hör ihop?

skåpdörrarna	går inte att tända
lamporna	är ruttna
nattduksborden	går inte att öppna
TV- och radioapparaterna	finns inte
äpplena	passar inte
nycklarna	fungerar inte
handdukarna	går inte att stänga

AB 9

Obs!

en lampa	lampor + **na**
en dörr	dörrar + **na**
en apparat	apparater + **na**
ett bord	bord + **en**
ett äpple	äpplen + **a**

37

8

Jag beklagar.

Förlåt

a) Lyssna till dialogen! Vad är problemet?

- Ursäkta mig ...
- Kan jag hjälpa till med något?
- Jag har problem med nycklarna till mitt rum.
- Jag beklagar, vad är det som är fel?
- De passar inte.
- Nejmen oj. Jag är ledsen. Vi ska genast kontrollera vad som är fel.
- Tack!

b) Något fungerar inte i ert hotellrum. Spela upp en dialog där ni anmärker på det!

9

Otur med rummet.

a) Stryk under alla substantiv på vykortet och komplettera tabellen!

Kära Kalle!

Nu är vi äntligen i Stockholm. Vilken fantastisk stad. Människorna sitter ute på kaféerna och gatorna är fulla av liv. Vi bor på ett trevligt hotell mitt i stan och gör sightseeing varje dag. Först hade vi lite otur med rummet. Skåpdörrarna gick inte att öppna. Men det var inte något problem att byta rum så det gjorde vi och nu är allt okej. Hoppas du mår bra.

Hjärtliga hälsningar
Ingrid

Singular		Plural	
unbestimmte Form	bestimmte Form	unbestimmte Form	bestimmte Form
....	....	....	städerna
människa	....	människor	....
kafé	....	....	....
gata	....	....	....
....	....	hotell	hotellen
....	....	....	dagarna
....	rummet	....	rummen
dörr	....	....	....
problem	....	....	problemen
....	hälsningen	....	....

b **Gör frågor till texten med följande frågeord!**

3 10-12

〉var ● hur ● varför ● vad ● vem 〈

10 **Rakt fram, till höger och till vänster.**

att svänga ... abbiegen

Ordna!

〉att gå rakt fram ●
att svänga till höger ● 〈 (rechts)
att svänga till vänster (links)

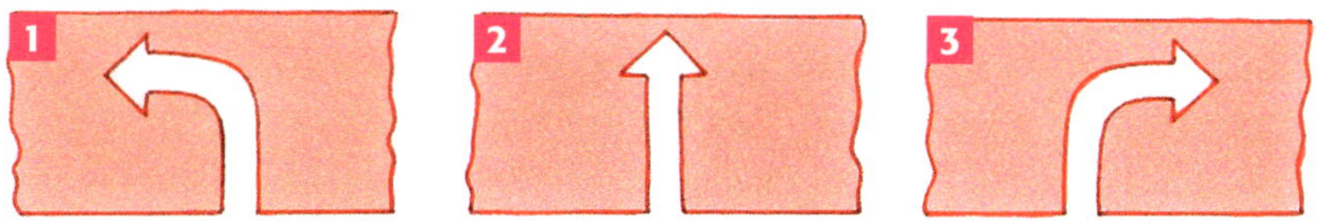

att svänga till vänster ... att gå rakt fram ... att svänga till höger

38

11 **Är det långt härifrån?**

Lyssna till vägbeskrivningen och kryssa!

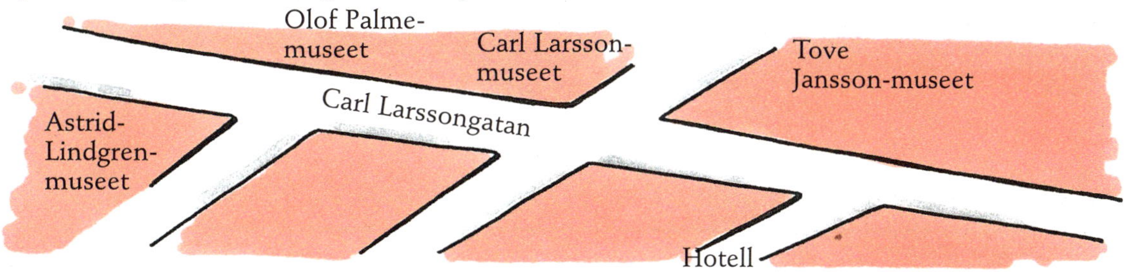

a Museum: Hon måste gå
- ☒ rakt fram och sedan svänga till vänster.
- ☐ rakt fram och sedan svänga till höger.

b Gamla Stan: Hon måste svänga
- ☐ till vänster och gå rakt fram.
- ☒ till höger och gå rakt fram.

12 **En resa.**

13-16

Arbeta tre och tre! Två vänner planerar en resa. Tänk efter i vilket hotell ni vill bo och för sedan ett samtal med receptionisten! Fråga även efter sevärdheter i staden!

Karamell: Spel

Gespielt wird in Gruppen von 3 – 4 Personen, mit einem Würfel und Spielfiguren (Cent- oder Euromünzen können als Spielfiguren dienen). Es wird der Reihe nach gewürfelt. Mit dem Wort, das auf dem Feld steht, auf das man kommt, werden Sätze gebildet.
Blaues Feld: Bilden Sie zuerst die Befehlsform (Imperativ) und dann einen Satz mit dem Verb im Präteritum.
Oranges Feld: Bilden Sie zuerst die bestimmte Form Plural und dann einen Satz, in dem das Substantiv in irgendeiner Form vorkommt.
Ist das Feld, auf das man kommt, bereits besetzt, geht man einfach ein Feld weiter. Für jede richtige Antwort bekommt man einen Punkt. Das Spiel endet, sobald eine Spielfigur das Ziel erreicht. Gewinner ist, wer die meisten Punkte hat.

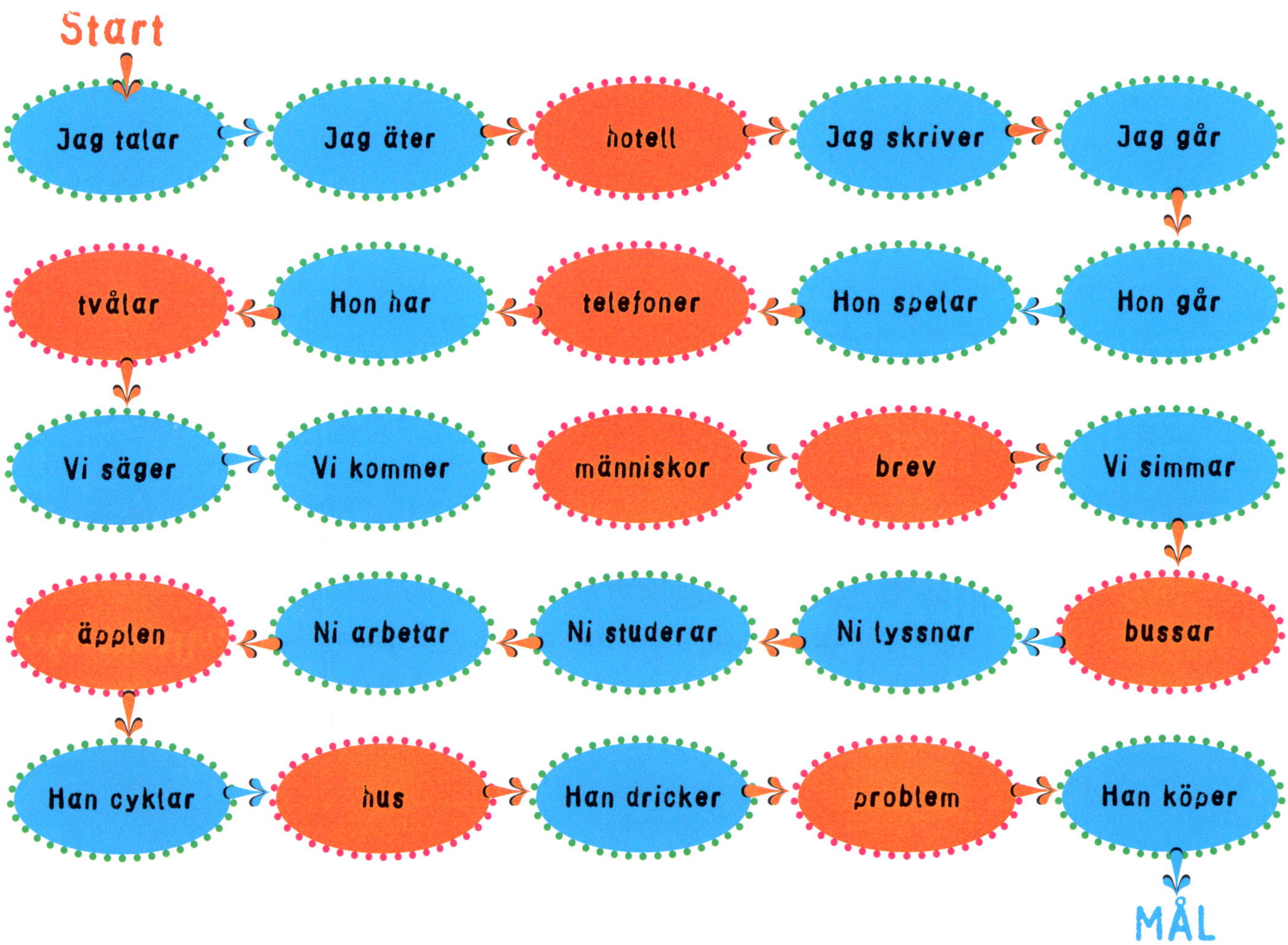

Nu kan jag ...	☺	😐	☹	Übung
... förstå en hotellannons.	☐	☐	☐	→ 1
... fråga efter hotellets standard.	☐	☐	☐	→ 1, 2
... diskutera för- och nackdelar.	☐	☐	☐	→ 2
... uttrycka en mening / åsikt.	☐	☐	☐	→ 2
... uttrycka mina önskemål vid receptionen.	☐	☐	☐	→ 4, 5
... fylla i en anmälningsblankett.	☐	☐	☐	→ 6
... anmärka på något.	☐	☐	☐	→ 7, 8
... fråga efter vägen.	☐	☐	☐	→ 10, 11

Kort och gott – Grammatik

Indefinite Pronomen *någon, ingen, varje* und *lite*

Någon / något / några (irgendein / ein) verwendet man, wenn man sich auf etwas Unbestimmtes oder einen unbekannten Sachverhalt bezieht (umgangssprachlich *nån, nåt, nåra*). *Ingen / inget / inga* steht für das deutsche *kein*. Beide richten sich in ihrer Form nach dem Bezugswort, das ohne eigenen Artikel steht.

en-Wörter	*ett*-Wörter	Plural
någon hiss	**något** rum	**några** hissar / **några** rum
ingen hiss	**inget** rum	**inga** hissar / **inga** rum

Har hotellet **någon** hiss?
Nej tyvärr, hotellet har **ingen** hiss.
Har hotellet **några** rum lediga?
Nej tyvärr, hotellet har **inga** rum lediga.

Varje und *lite* entsprechen meist den deutschen Ausdrücken *jede/r/s* und *ein bisschen*.

Varje rum har TV.	Jedes Zimmer hat einen Fernseher.
Lite lyx i vardagslivet.	Ein bisschen Luxus im Alltag.

Verben: Imperativ

Der Imperativ (siehe Lektion 7) wird im Schwedischen etwas häufiger verwendet als im Deutschen – dabei oft aber etwas abgemildert, z. B. in Verbindung mit *gärna* oder mit *är du snäll*. Die spezielle Form *låt oss* bezieht die angesprochene Person mit ein.

Fråga gärna efter våra helgpriser!	Bitte fragen Sie nach unseren Wochenendangeboten.
Stäng dörren, **är du snäll**!	Würdest du bitte die Türe schließen?
Sov gott!	Schlaf gut!
Ha en trevlig dag!	Einen schönen Tag!
AB 5 **Låt oss** titta på nätet!	Lass(t) uns im Internet nachschauen.

Substantive: Bestimmter Artikel Singular und Plural

Auch im Plural hängt man den bestimmten Artikel an die unbestimmte Form des Substantivs an: Bei *en*-Wörtern meistens die Endung *-na*, bei *ett*-Wörtern in der Regel die Endungen *-a* bzw. *-en*. Auch hier gibt es ein paar Ausnahmen.

Singular		Plural	
unbestimmte Form	**bestimmte Form**	**unbestimmte Form**	**bestimmte Form**
en lampa	lampa**n**	lamp**or**	lampor**na**
en handduk	handduke**n**	handduk**ar**	handdukar**na**
en telefon	telefone**n**	telefon**er**	telefoner**na**
ett äpple	äpple**t**	äpple**n**	äpple**na**
ett hotell	hotell**et**	hotell	hotell**en**

AB 1, 4, 10, 12

Ausruf: *vilken / vilket / vilka*

Vilken fantastisk stad!	Was für eine fantastische Stadt!
Vilket fantastiskt hotell!	Was für ein tolles Hotel!
Vilka fantastiska rum!	Was für tolle Zimmer!

Adverbien: *också – inte heller*

Jag tycker om att surfa på internet.	Ich surfe gerne im Internet.
Det gör jag **också**.	Ich **auch**.
Jag tycker **inte** om att gå på gympa.	Ich gehe **nicht** gern ins Fitnessstudio.
Det gör **inte** jag **heller**.	Ich **auch nicht**.

9 Klädesplagg

Farben ◆ Kleidungsstücke ◆ die Kleidung einer Person beschreiben ◆ Gewohnheiten ausdrücken ◆ Gegensätze benennen ◆ im Geschäft nach einem Kleidungsstück fragen und es genauer beschreiben ◆ die Größe angeben ◆ Modetrends beschreiben ◆ Farbtypen

Vilken färg är … ?

1 Färger.

Fyll i färgerna och fråga din granne!

Vilken färg?

röd ● lila ● grön ● gul ● vit ● svart ● brun ● grå ● ljusblå ● mörkblå

□ Vilken färg tycker du bäst om?
○ Jag tycker bäst om färgen grön.

röd .... blå (ljus) ....

svart .... brun .... vit .... grön ....

AB 1-2

gul .... mörkblå .... lila .... grå ....

2 Skjorta, kjol och skor.

a Berätta! Vad har de på sig?

jacka ● byxa ● kofta ● blus ● skor ● kjol ● skjorta ● tröja ● slips ● glasögon ● klänning ● skärp

○ Han har på sig ett svart skärp och mörkbruna byxor.
□ Och vad mer har han på sig?
△ En ljusbrun …

Obs!

en kjol → **en blå kjol**
ett skärp → **ett svart skärp**
skor → svart**a** skor
glasögon → brun**a** glasögon

b Ordna in klädesplaggen under rätt rubrik! Vilka andra klädesplagg finns det som inte nämns här? Samla ihop dessa i gruppen!

strumpor ● nattlinne ● kappa ● rock ● sockor ● trosa ● behå ● kalsonger ● kostym ● kavaj ● dräkt ● jacka

man

kvinna

(c) **Vad brukar du ha på dig när du arbetar, när du går på fest eller när du är hemma? Fråga varandra och berätta!**

□ Vad brukar du ha på dig när du …
… arbetar / … är på fest / … är hemma?
○ När jag arbetar brukar jag ha på mig (en) kjol och (en) blus.
△ Hemma brukar jag ha på mig jeans och (en) tröja.

AB 3-4

3 Hon tycker om bekväma saker.

(a) **Läs texten och fundera till vilken bild den passar!**

1

Anna är ingenjör. Hon arbetar tillsammans med många människor och träffar nya kunder varje dag. Då är det viktigt att hon alltid är välklädd. På jobbet väljer hon mörka färger. Hon brukar ha på sig en svart dräkt eller en svart kjol med blus. Hemma däremot gillar hon att vara klädd i en bekväm klänning eller bekväma byxor i ljusa färger.

2

(b) **Fyll i!**

(att) bruka • (att) ha på sig • (att) gilla • (att) vara klädd i

På jobbet .... hon .... dräkter i mörka färger.
Hemma däremot .... hon .... bekväma kläder och ljusa färger.

(c) **Stryk under med olika färger i texten i 3a!**

- Verb som uttrycker vad man har på sig.
- Hur man uttrycker en vana på svenska.
- Alla adjektiv som beskriver klädesplagg eller klädesstil.

(d) **Var och en skriver sitt namn på ett papper. Läraren samlar ihop namnen, blandar dem och delar ut dem igen. Skriv upp vad din person brukar ha på sig och sedan vad han / hon har på sig idag! De andra ska gissa vem det är.**

□ Min person brukar ha på sig …
Däremot är han / hon aldrig klädd i …
Idag har han / hon på sig …
Dessutom en …
○ Jag tror det är …

AB 5

39

4 Uttal

a Uttalet av den svenska bokstaven *o* är inte alltid samma. Lyssna och säg efter!

o → [ɷː]	o → [ʊ]	o → [oː]	o → [ɔ]
skor	ost	son	socka
trosa	ort	epok	konst
kjol	Olle	sova	kofta
....	....	....	....
....	....	....	....
....	....	....	....

b Komplettera regeln!

Der Buchstabe *o* wird recht unterschiedlich ausgesprochen. Dafür gibt es kaum allgemein gültige Regeln. Es empfiehlt sich daher, diese Wörter nicht nur in der Schriftform, sondern zusammen mit der Aussprache zu lernen. Tendenziell gilt aber, dass das *o* kurz ausgesprochen wird ([ʊ] bzw. [ɔ]), wenn danach .... oder mehrere Konsonanten folgen. Eine wichtige Ausnahme ist das Pronomen *hon*, das kurz ausgesprochen wird [ʊ].

c Sätt in följande ord i rätt spalt i 4a!

AB 7

skjorta · sol · jobba · och · också · bor · jo · mor · lov · kol

5 Modern och omodern.

Vad hör ihop? Dra ett streck mellan motsatsparen. Fråga sedan din granne!

□ Vad passar ihop?
Vad är motsatsen till "ful"?
○ Jag tror det är "snygg".
□ Ja, det tror jag också.

AB 7

snygg	omodern
liten	kort
lång	mörk
modern	ful
ljus / blond	stor
tjock	tunn / smal
tung	dålig
bra	lätt

6 Provrum finns i herravdelningen vid kostymerna.

a Vem säger vad?

	kund	expedit
Provrum finns i herravdelningen vid kostymerna.	□	□
Nej, tyvärr, den är för liten. Har du den i storlek 42?	□	□
Hej, kan jag hjälpa till med något?	□	□
Vilken storlek har du?	□	□
Vi har både ljus- och mörkblåa korta kjolar.	□	□
Hej! Jag söker en kort blå kjol.	□	□
Jag har storlek 40.	□	□
Jag tror jag tar den mörkblåa kjolen.	□	□

40

b **Lyssna! Svara tillsammans på frågorna om texten!**

Vad söker kunden? ....

Vad ska den passa till? ....

Vilken storlek har kunden? ....

Varför passar inte blusen? ....

Vad köper kunden mera? ....

c **Sök alternativa uttryck i texten!**

Ska den vara gul, röd eller …? ....

Vilken storlek behöver du? ....

Hur gillar du den här? ....

Är den okej? ....

- Hej, vad kan jag hjälpa dig med?
- Hej, jag söker en blus.
- Javisst, i vilken färg?
- Vit eller blå … eller kanske svart. Den ska passa till både jeans och kjol.
- Då ska vi se … Vilken storlek har du?
- Jag har 38.
- Vad tycker du om den här blusen i vitt? Den har vi även i andra färger!
- Mm, låt mig se …
- Provrum finns där borta.

…

- Passar den?
- Nej, tyvärr, den är för stor, men den är snygg. Har du den i storlek 36?
- Javisst, ett ögonblick bara.

…

- Var den bättre?
- Ja, den passar alldeles utmärkt. Jag tar den här vita blusen.
- Så bra då! Kan jag hjälpa dig med något mera?
- Ja, jag behöver ett skärp också. Gärna ett mörkbrunt.
- Titta där borta vid kassan! Där har vi bruna, svarta och blåa skärp.
- Okej, tack för hjälpen! Kan jag betala med Visakort här?
- Det går alldeles utmärkt.

Obs!

Vad tycker du om **den här**?
Den är för liten. / Den är för stor.
Jag tar **den där**.

d **Fyll först i som i exemplet nedan och fråga sedan varandra om färger och kläder! En säger ett klädesplagg, ett adjektiv och en färg, den andra säger obestämd och bestämd form.**

Obs!

kjol + lång + vit
→ en lång vit kjol
→ den långa vita kjolen

skärp + modern + brun
→ ett modernt brunt skärp
→ det moderna bruna skärpet

byxor + bekväm + svart
→ bekväma svarta byxor
→ de bekväma svarta byxorna

blus + modern + svart: ....

skor + snygg + brun: ....

nattlinne + lång + grön: ....

e Gör en dialog som i övning 6b! En är expedit, en är kund. Byt sedan roller!

AB 8

kjol blå lång = 40

....

7 De aktuella färgerna i år.

a **Fyll i adjektiven i texten!**

Stella Johnson är modejournalist på den .... (stor) modetidningen "Femina" i Stockholm. Hon skriver om allt som har med mode att göra. Idag frågar vi Stella vad hon tycker om de .... (aktuell) färgerna och modet i år. "Modet idag följer inga klara riktlinjer. Man kan ha på sig allt. .... (Lång) eller .... (kort) klänningar och kjolar, ... (bekväm) tröjor i .... (all) färger, ... (gul), ... (svart) eller .... (grön) jeans. Allt är tillåtet, det finns inga gränser", säger hon. "T.ex. en .... (vit) tröja med .... (blå) jeans eller en .... (ljusblå) tröja med en .... (lång) eller .... (kort) svart kjol. Eller .... (bekväm) byxor med en .... (elegant) blus till. En bra stil är att vara sig själv för då är du aldrig omodern", rekommenderar Stella.

b **Fyll i relativpronomet *som* och tänk sedan efter om påståendet är rätt eller fel!**

Stella Johnson säger ...	rätt	fel
att modet .... är aktuellt idag följer klara riktlinjer.	☐	☐
att en klänning .... är lång är en omodern klänning.	☐	☐
att en kjol .... är kort passar till en tröja .... är bekväm.	☐	☐
att det finns gränser inom modet .... gör att inte allt är tillåtet.	☐	☐
att en byxa .... är bekväm passar till en blus .... är elegant.	☐	☐
att människor .... är sig själva aldrig är moderna.	☐	☐

c **Fråga varandra vad ni tror är modernt i år! Vilka färger och mönster är aktuella, vilka inte.**

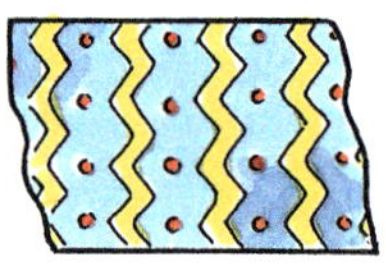
mönstrad

enfärgad

blommig

Enligt min uppfattning kan män / kvinnor ha på sig ... i år.
Så vitt jag vet ...
Jag tror att ...

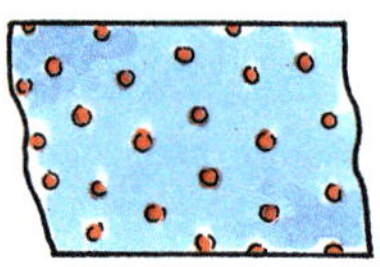
prickig

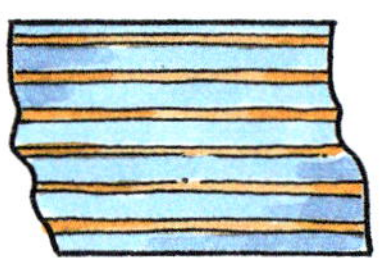
randig

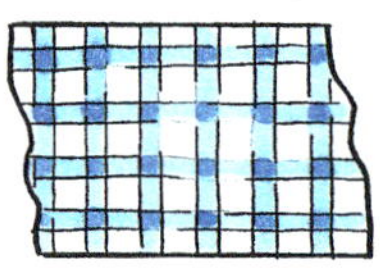
rutig

AB 9

Obs!
man → män

●|41

8 Vad heter han i den gröna skjortan?

a Lyssna och kryssa!

a Sofie frågar efter mannen
- ☐ i den gröna skjortan.
- ☐ i den blåa skjortan.
- ☐ i den vita tröjan.

b Lina var kvinnan i den
- ☐ röda klänningen.
- ☐ gula klänningen.
- ☐ vita klänningen.

c Vem var hon i de mönstrade byxorna?
- ☐ Kompis.
- ☐ Arbetskamrat.
- ☐ Familj.

b Beskriv en kändis och låt din partner gissa vem du tänker på! Din partner får bara ställa ja-/nej-frågor.

AB 10-11

namn / nationalitet / kön / yrke / ålder / klädstil

9 Lingon och Blåbär.

a Läs först frågorna och sedan texten! Koncentrera dig på textens innehåll och fastna inte vid enstaka ord! Försök sedan att svara på frågorna tillsammans med din granne.

Hur kan man köpa barnkläderna? ....

Vad är hemförsäljning? ....

Hur beställer man vuxenkläder? ....

Är Lingon & Blåbärkläder kravmärkta? ....

Våra kläder i klara basfärger matchar det mesta och känns alltid rätt. Det är kläder i klassisk sportig design som håller många tvättar utan att tappa färg och form. Våra barn- och ungdomskläder säljer vi genom hemförsäljning. Våra konsulenter kommer hem till våra kunder som handlar säsongens kläder i lugn och ro. Vi har även herrkläder, damkläder och accessoarer som du beställer på nätet direkt av Lingon & Blåbär. Merparten av våra kollektioner är Öko-Tex-certifierade enligt klass 1, vilket garanterar att kläderna inte innehåller tillsatser som kan vara skadliga för vår hud och hälsa.

Lingon & Blåbär

b Vilka överskrifter passar till texten, vilka inte? Kryssa och diskutera med varandra!

	passar	passar inte
Lingon & Blåbär – ett alldeles speciellt klädmärke!	☐	☐
Lingon & Blåbär – oss hittar du i alla butiker!	☐	☐
Lingon & Blåbär – för alla som bara vill det bästa!	☐	☐
Lingon & Blåbär – ett märke som föräldrar och barn älskar!	☐	☐
Lingon & Blåbär – vi tänker på miljön!	☐	☐
Lingon & Blåbär – våra barnkläder beställer du på nätet!	☐	☐

c Diskutera! När brukar ni shoppa: på helger eller på vardagar? På egen hand eller tillsammans med en god vän? Har ni älsklingsmärken? Var brukar ni köpa era kläder: i varuhus, i butiker, via nätet eller genom hemförsäljning?

Karamell: Färgtyper

a Läs texten om de olika färgtyperna!

Om vi vet vilken färgtyp vi är, kan vi välja rätt färg när vi handlar kläder.

Alla kan ha alla färger, det är bara en fråga om att välja rätt färgton och rätt nyans och kombinera riktigt.

1

Vintertypen har mörkt eller silvergrått hår och mörka, ibland blåa ögon. Hon / han klär bäst i kalla klara färger och skarpa kontraster: svart, vitt, blått, grått, grönt, vinrött, lila och rosa.

3

Sommartypen har ofta brunt hår och klarblåa ögon. Hon / han klär bäst i kraftiga färger och skarpa kontraster: rött, blått och grönt kombinerat med vitt t.ex.

2

Vårtypen har för det mesta ljust, guldfärgat hår och grågröna ögon. Hon / han klär bäst i varma pastellfärger: beige, rosa, turkos, aprikos, gråblått, gräsgrönt, guldgult och tomatrött.

4

Hösttypen har för det mesta brunt, ofta kopparfärgat hår och bruna ögon. Hon / han klär bäst i varma dämpade höstfärger: olivgrönt, rostbrunt, orange och kaki.

b Diskutera med varandra!

Vilken färgtyp tror du att du är?
Vilken hårfärg och vilken ögonfärg har du?
Vilka färger gillar du bäst?
Vilka färger väljer du när du handlar kläder?

AB 12-15

c Presentera er samtalspartner för gruppen och berätta vilken färgtyp du tror att han / hon är och vilka färger han / hon gillar att ha på sig.

Nu kan jag ...	:-)	:-|	:-(	Übung
... säga, vad olika klädesplagg heter och vilka färger de har.	☐	☐	☐	→ **1, 2**
... beskriva en persons kläder.	☐	☐	☐	→ **2, 3, 8**
... uttrycka en vana.	☐	☐	☐	→ **3**
... uttrycka motsatser.	☐	☐	☐	→ **5**
... fråga efter ett klädesplagg i en affär och beskriva det.	☐	☐	☐	→ **6**
... ange vilken storlek jag har.	☐	☐	☐	→ **6**
... säga om ett klädesplagg passar eller ej.	☐	☐	☐	→ **6**
... beskriva modetrender.	☐	☐	☐	→ **7,**

Kort och gott – Grammatik

Adjektive: Vorangestellte Form (attributiv)

Adjektive richten sich in ihrer Form nach dem dazugehörigen Substantiv. Steht dieses in der unbestimmten Form, dann erhält das Adjektiv vor *ett*-Wörtern die Endung *-t*. Im Plural lautet die Endung immer *-a*, ganz gleich, ob es sich um ein *en-* oder *ett*-Wort handelt.

***en*-Wörter:**	en grön blus (eine grüne Bluse)	gröna blusar (grüne Blusen)
***ett*-Wörter:**	ett grönt skärp (ein grüner Gürtel)	gröna skärp (grüne Gürtel)

Steht das Substantiv in der bestimmten Form, so muss man Folgendes beachten:
- Das Adjektiv erhält immer die Endung *-a*.
- Das Substantiv wird doppelt bestimmt: Es erhält nicht nur die normale bestimmte Endung, die Sie bereits kennen, sondern vor dem Adjektiv auch noch einen gesonderten freistehenden Artikel. Das Adjektiv wird also sozusagen „eingeklammert“.

***en*-Wörter:**	den gröna blusen (die grüne Bluse)	de gröna blusarna (die grünen Blusen)
***ett*-Wörter:**	det gröna skärpet (der grüne Gürtel)	de gröna skärpen (die grünen Gürtel)

Adjektive: Nachgestellte Form (prädikativ)

Auch Adjektive, die nach dem Verb stehen, richten sich nach dem dazugehörenden Substantiv.

AB 7, 9, 10 Blusen är stor. Blusarna är stora. Nattlinnet är stort. Nattlinnena är stora.

Demonstrativpronomen: *den / det / de här* und *den / det / de där*

Die Demonstrativpronomen *den / det / de* „diese/r/s hier“ und *den / det / de där* „jene/r/s dort“ richten sich nach dem dazugehörenden Substantiv, können aber auch stellvertretend für ein Substantiv stehen.

□ Vad tycker du om den här blusen?
○ Hm, jag tycker nog mera om den där svarta.
Jag tar det här. (skärpet)
Han gillar de där. (skorna)

□ Was hälst du von dieser Bluse?
○ Hm, mir gefällt die schwarze besser.
Ich nehme diesen (da).
Mir gefallen jene (dort).

bra - bättre - bäst und *mycket - mera - mest*

Jag tycker bäst / mest om färgen ... — Meine Lieblingsfarbe ist ...
Jag tycker bättre / mer(a) om den här skjortan. — Mir gefällt dieses Hemd besser.

Hilfsverb: *bruka*

Wenn man *bruka* (gewohnt sein, etwas zu tun bzw. etwas normalerweise tun) als Hilfsverb verwendet, steht die nachfolgende Infinitivform ohne *att*.

□ Vad brukar du ha på dig när du arbetar?
AB 7 ○ Jag brukar ha på mig kjol och blus.

△ Vad brukar du göra på din fritid?
◇ Jag brukar spela tennis.

Relativpronomen: *som*

Som ist unveränderlich. Der Relativsatz wird meist nicht durch ein Komma abgetrennt.

Mannen som har tröjan på sig heter Fredrik.	Der Mann, der ...
Kvinnan som har blusen på sig heter Lina.	Die Frau, die ...
Barnet som har skjortan på sig heter Niklas.	Das Kind, das ...
Var är boken som jag gav dig igår?	Wo ist das Buch, das ich dir gestern gegeben habe?

För

För hat im Schwedischen mehrere Funktionen und unterschiedliche Entsprechungen im Deutschen.

Tack för hjälpen!	Danke für die Hilfe! (Präposition)
Nattlinnet är för stort.	Das Nachthemd ist zu groß. (Adverb)
Man ska vara sig själv för då är man aldrig omodern.	Man sollte „man selbst“ sein, denn dann ist man nie unmodern. (Konjunktion)
AB 4 Jag kom för att hjälpa honom.	Ich kam um ihm zu helfen. (Konjunktion)

10 Bostäder

Wohnung, Zimmer und Möbel beschreiben ◆ erzählen, wie man wohnt ◆ Wohnungsanzeigen verstehen ◆ Einrichtungstypen ◆ Wünsche und Vorlieben bei der Wahl eines Ferienhauses nennen ◆ Mängel reklamieren ◆ sagen, dass etwas fehlt ◆ über Wohnorte diskutieren

1 En fåtölj, en bokhylla och gardiner.

a Samordna begreppen!

bokhylla ● diskbänk ● element ● frys ● fåtölj ● matta ● spis ● taklampa ● tavla ● ugn

1 .... 2 .... 3 .... 4 .... 5 ....

6 .... 7 .... 8 .... 9 .... 10 ....

b Ta ett papper: Ordna in följande begrepp samt begreppen ur 1a!

spegel ● soffa ● garderob ● gardiner ● nyckelskåp ● nattduksbord ● matbord ● diskmaskin ● säng

vardagsrum | kök | sovrum | matrum | hall

c Vad tror ni: Vilka fyra föremål beskrivs? Gör en gåta som i nedanstående exempel! De andra ska gissa vad du tänker på.

Det är något som finns i vardagsrummet. Den behöver man för att kunna läsa på kvällen.
Alla har en i köket. Den är ofta vit. Man använder den till att laga mat på.
Det kan stå i köket men också i vardagsrummet. Ibland har man en vas på det.
AB 1-2 Det är en sak i hallen. Du kan se dig själv i den.

2 Vi har ny utsikt!

a Ögna först igenom följande fyra textbitar och fundera sedan på i vilken ordning de ska stå!

☐
- ✚ Emily Sundström.
- ○ Hej, Emily, det är Henrik här.
- ✚ Hej Henrik, vad trevligt att du ringer! Vänta lite, jag ska bara stänga av TV:n!

- Jaså, gör den det!
- Ja, men hans fåtölj är precis lika viktig för honom som mina CD-skivor för mig.
- Då är du som min syster. Hennes CD-skivor får man knappast röra vid.
- Nej, just det, det förstår jag så väl! Oj, vänta! Nu ringer det på dörren. Det är våra nya grannar, tror jag, och deras hund. De ville titta in på en kopp kaffe! Men du, vi hörs!
- Javisst, det gör vi, ha det bra! Hej då!

Egen härd är guld värd

- Ja, man får se det positivt! Och hur ser lägenheten ut?
- Ja, du kommer in i vår lilla hall och så har du köket och badrummet till höger och ett stort vardagsrum med balkong rakt fram. Ett arbetsrum och vårt sovrum ligger till vänster.
- Oj då, det låter stort!
- Ja, elräkningen blir väl lite högre … Nja, vi har ju mer plats nu än förr. Men Henriks gamla fåtölj – den står ju fortfarande i vägen, tycker jag.

- Ja, jag ringer för att höra hur ni har det nu efter er stora flyttning. Var det inte stressigt?
- Jo, det var det. Men nu är vi nästan färdiga och vår nya lägenhet är helt underbar. Vi ska snart ha vår invigningsfest och då måste du komma!
- Gärna. Men snälla, berätta lite om er våning.
- Vi bor i en trea som ligger på tredje våningen. Tyvärr finns det ingen hiss, det var faktiskt lite besvärligt när vi flyttade in. Men nu är det helt okej med trappan. Jag tycker ju inte om att gå på gympa, så det är min vardagsträning nu …

42

b **Lyssna! Stryk under fem okända ord som ni anser vara särskilt viktiga för att förstå textens innehåll. Diskutera sedan gemensamt vad orden betyder!**

c **Stryk under alla possessivpronomen i texten 2a!**

Obs!

min / mitt / mina	vår / vårt / våra
din / ditt / dina	er / ert / era
hans / hennes	deras

d **Finn liknande uttryck i texten 2a! Tänk sedan ut tre minidialoger! I varje dialog måste minst två av följande uttryck förekomma.**

Vad kul att du ringer: ....

Ett ögonblick: ....

Visst, det var det: ....

Vi bor i en trerumslägenhet: ....

AB 3-4

Vi pratas vid: ....

3 **Hur bor du?**

AB 5

Berätta för varandra!

etta, tvårummare, villa, radhus, tre rum och kök, … inredning, möbler, …

●|43

4 Uttal

a Lyssna!

Schriftbild [Aussprache]

det är	[dɛ eː]	staden	[stɑːn]	vad	[wɑː]	jag	[jɑː]
mig	[mɛjː]	någon	[nɔn]	var	[wɑː]	det	[dɛː]

b Sök exempel i 4a för följande påståenden!

Im Schwedischen gibt es einen deutlichen Unterschied zwischen Schrift und Aussprache.

In einigen Fällen werden zwei Wörter zusammengezogen: ....

Häufig gebrauchte Wörter kürzt man oft durch Auslassungen ab: ....

Oft werden auch Buchstaben am Ende eines Wortes ausgelassen: ....

c Titta på följande ord! Hur uttalar man dem?

AB 6

dig • sig • och • några • något • dem • sedan • jag är • det här är

5 Öppen spis och stor trädgård.

a Läs följande hyresannonser och diskutera ord ni inte förstår!

es Apple

A Pittoresk villa nära Mälaren

bostadsbeskrivning: i Mälarhöjden med hög standard. 5 rok. Stor barnvänlig trädgård i sydvästläge, garage. Nära natur och bad. Stort kök med öppen spis. På övervåningen finns tre sovrum och ett nyrenoverat badrum. Barn välkomna.

områdesbeskrivning: nära till tunnelbana (5 min), endast 20 minuters resa in till city.

utrustning: 2 badrum, anslutning till bredband, tvättmaskin.

ingår: sophämtning, värme, vatten, försäkringar.

B Lägenhet - lugnt läge!

bostadsbeskrivning: Lgh, 2 tr upp, 2 rok, utsikt över staden.

områdesbeskrivning: nära till tunnelbana, buss och centrum.

utrustning: tvättmaskin, dusch, kabel-TV, mikro.

ingår: elektricitet, sophämtning, försäkringar, vatten.

C Bo i en trea i ett kollektiv!

bostadsbeskrivning: rum att hyra i en 90 kvm lägenhet i stan. Vi delar allt i lägenheten, studenter välkomna.

områdesbeskrivning: centralt och nära universitet.

utrustning: mikro, tvättstuga, badkar, fastigheten är ansluten till bredband.

ingår: elektricitet, gas, värme, kallt och varmt vatten.

ⓑ **Skriv upp fem frågor om hyresannonserna i 5a och ge dem till ett annat par. Läs upp frågorna och svaren!**

Har villan en trädgård?
Har lägenheten en öppen spis?

ⓒ **Vilka av de följande personerna intresserar sig för vilken bostadsannons?**

student

affärskvinna

barnfamilj

ung man

äldre dam

Jag tror att … / Jag antar att … / Jag förmodar att … } { … därför att … / … för att … / … eftersom …

AB 7

6 Vilken inredningstyp är du?

ⓐ **Dela in er i fem grupper! Varje grupp bearbetar en av de följande frågorna. Medlemmarna i gruppen går sedan runt och frågar de andra personerna! Notera hur många som har svarat på *a* respektive *b* och hur många som har angivit egna svar! Skriv upp resultatet av alla frågor på tavlan!**

□ Vem frågar du?
○ Jag frågar Oliver och Birgit.
□ Bra. Och vem tar du?
△ Jag tar Petra och …

1 Vilken sorts fåtölj väljer du?
a En fåtölj som är bekväm att sitta i.
b En som är snygg.
c Jag väljer …

2 Vad hänger du på väggarna?
a Inramade foton av min familj.
b Dyr och exklusiv konst.
c På väggen vill jag ha …

3 Vilka julprydnader ställer du fram?
a Sådana som jag själv har gjort.
b Usch – nej, julprydnader vill jag inte ha.
c Jag sätter fram …

4 Hur ofta städar du?
a En gång i veckan.
b Bara när det kommer gäster.
c Jag städar …

5 Vem visar du ditt sovrum?
a Alla som jag visar våningen.
b Ingen.
c Det visar jag …

b … och så här svarade man i Sverige på frågorna. Diskutera och jämför era resultat!

Vilken inredningstyp är du?

1	**Vilken sorts fåtölj väljer du?**	
a	En fåtölj som är bekväm att sitta i.	**63 %**
b	En som är snygg.	**37 %**
2	**Vad hänger du på väggarna?**	
a	Inramade foton av min familj.	**56 %**
b	Dyr och exklusiv konst.	**44 %**
3	**Vilka julprydnader ställer du fram?**	
a	Sådana som jag själv har gjort.	**53 %**
b	Usch – nej, julprydnader vill jag inte ha.	**47 %**
4	**Hur ofta städar du?**	
a	En gång i veckan.	**79 %**
b	Bara när det kommer gäster.	**21 %**
5	**Vem visar du ditt sovrum?**	
a	Alla som jag visar våningen.	**63 %**
b	Ingen.	**37 %**

AB 8

- 79% svarade att de städar en gång i veckan.
- Bara 21% svarade att …

7 **a** **En svensk stuga.**
Läs och fyll i begreppen!

handikappanpassad • allergivänlig • husdjur ej tillåtna • mobiltelefontäckning • rökning förbjuden • självhushåll

Med ………………………… menar man att man kan använda sin mobil här.

………………………… betyder att rökning ej är tillåten här.

Med ………………………… menar man att även personer i rullstol kan bo här.

Med ………………… menar man att man kan laga mat här.

………………… betyder att allergiker kan bo här.

………………………… betyder att husdjur är förbjudna här.

b **Vilken stuga ser du på bilden i 7a?**
Fyll i adjektiven och fundera!

Stuga *Äppelvik* med en .... (underbar) äppelträdgård har ett .... (idyllisk) läge nära sjön Yngen omgiven av ett .... (fantastisk) naturreservat. 8 km till närmaste stad med butiker och mataffärer. Huset har 3 rum och kök, bad och bastu och är komfortabelt inrett med en .... (stor) veranda och grillplats. Bara 150 m till sjön med .... (liten) badplatser och .... (fin) sandstränder. En .... (liten) kanot ingår.

Den .... (liten) stugan *Kulleby* mitt i Dalarnas .... (underbar) natur med ett .... (charmig) läge nära vattnet är en .... (enkel) stuga med 2 rok, ... (kall) vatten och utedass. En .... (stor) trädgård och en .... (härlig) terrass med utemöbler väntar på dig. En öppen spis bjuder på .... (mysig) kvällar där du även kan grilla. .... (Fantastisk) badmöjligheter och vandringsleder runtomkring.

Obs!

den stor**a** stugan	den **lilla** stugan
det stor**a** huset	det **lilla** huset
de stor**a** husen / stugorna	de **små** husen / stugorna

44 **c** **Lyssna på texten och svara på frågorna!**

a Vad fattas i köket?
- ☐ grytor
- ☐ knivar
- ☐ stekpanna

b Vad fattas mera?
- ☐ tallrikar
- ☐ muggar
- ☐ glas

c Vad fungerar inte?
- ☐ lampan
- ☐ TV:n
- ☐ diskmaskinen

d De bor i stugan …
- ☐ *Äppelvik*
- ☐ *Kulleby*

d **Vilka uttryck kan betyda ungefär samma sak? Samordna!**

Det fattas köksredskap.	Hinner du komma nu?
Det var dumt.	Det vore vänligt.
Det vore snällt.	Det fattas köksgrejor.
Tack för det.	Tack för hjälpen.
Ingen orsak.	Det är ju vi som ska be om ursäkt.
Det är ju vårt fel.	Det var illa.
Har du tid att komma nu?	För all del.

AB 9-10

8 Min semesterstuga …

Lyx- eller budgetsemester? Vad är viktigt för dig när du bokar en stugsemester i Sverige? Beskriv för varandra hur din semesterstuga borde se ut. Berätta sedan även för de andra i gruppen!

AB 11

Min semesterstuga måste ligga nära vattnet.
Den borde ha 3 rok och en bastu.
Dessutom är det viktigt …
För mig vore det viktigt att ha utsikt över vattnet.

10 Karamell: Göteborg

a Läs igenom tidningsartikeln om Göteborg! Vilken överskrift passar till vilken textpassage?

Många svenskar vill bo i Göteborg • Helsingborg på andra plats • "Lilla London" är populär bland nästan alla

1 ……………………………………………

Göteborg är svenskarnas favoritstad. Det visar en ny undersökning som tidskriften *Vi i Villa* nyligen gjorde bland ca 5000 villaägare i Sverige. På frågan "Om du var tvungen att flytta från din stad eller ort, vart skulle du helst vilja flytta?" svarade 21 procent Göteborg. Göteborgarna själva är mycket nöjda med "Lilla London", som de kallar sin stad, och de är stolta över "Bästkusten".

2 ……………………………………………

Göteborg visar sig vara en populär stad bland de flesta: familjer med och utan barn, kvinnor, män och till och med stockholmare. "Något som naturligtvis gläder mig som gammal göteborgare", säger Björn Vingård, chefredaktör för *Vi i Villa*.

3 ……………………………………………

På andra plats kom med 17 procent en annan västkustpärla: Helsingborg, som är mest populär hos svenskar över 50. Huvudstaden Stockholm hamnade på fjärde plats med bara 10 procent av rösterna. Många är lokalpatriotiska och väljer en stad i närheten av där de bor. 36 procent av villaägarna i Malmö vill bo i Helsingborg och 23 procent av norrlänningarna vill flytta till Umeå. Stockholmarna bryter trenden, eftersom var femte villaägare där hellre skulle vilja bo i Göteborg.

b Diskutera följande frågor två och två. Berätta sedan för de andra vad ni har kommit fram till!

Varför tror du att göteborgarna kallar sin stad "Lilla London"?
Vad menar de med "Bästkusten"?
Vem / vilka vill bo i Göteborg?
Varför är Björn Vingård glad för resultatet av undersökningen?
Varför tror du att många Stockholmare hellre vill bo i Göteborg?

c Diskutera i små grupper och berätta sedan för de andra om era resultat!

Grupp 1: Många svenskar är "lokalpatriotiska". Vad betyder det? Känner du till detta fenomen även i ditt hemland?
Grupp 2: Om du var tvungen att flytta från din stad eller ort, vart skulle du helst vilja flytta i ditt land? Varför det?
Grupp 3: Vilken stad skulle du helst vilja flytta till i Sverige? Varför det?
Grupp 4: Vad vore viktigt för dig, om du ska välja en stad? Läge? Storlek? Nöjen? Fritidsmöjligheter? Arbete?
AB 12-14 Grupp 5: Skulle du vilja bo i centrum av en stad eller hellre i utkanten? Varför?

Nu kan jag ...	☺	😐	☹	Übung
... beskriva en våning och hur den är möblerad.	☐	☐	☐	→ **1, 2**
... berätta hur jag själv bor.	☐	☐	☐	→ **3**
... läsa och förstå våningsannonser.	☐	☐	☐	→ **5**
... diskutera inredningstyper.	☐	☐	☐	→ **6**
... uttrycka önskemål när jag bokar en semesterstuga.	☐	☐	☐	→ **7**
... framföra att något inte fungerar och säga att något fattas.	☐	☐	☐	→ **7**
... diskutera var jag skulle vilja bo och varför.	☐	☐	☐	→

Kort och gott – Grammatik

Possessivpronomen

jag	min / mitt / mina	mein/e
du	din / ditt / dina	dein/e
han (mannen)	hans (mannens)	sein/e
hon (kvinnan)	hennes (kvinnans)	ihr/e
den (katten)	dess (kattens)	sein/e, ihr/e
det (barnet)	dess (barnets)	sein/e, ihr/e

vi	vår / vårt / våra	unser/e
ni	er / ert / era	euer/e, Ihr/e
de	deras	ihr/e

AB 4

Är det dina barn? Ja, det är mina. Är det ert rum? Ja, det är vårt.

Verben: Deponentia

Einige Verben („Deponentia") kommen nur in der sogenannten *s-Form* vor.
Det finns und *jag hoppas* kennen Sie schon (Seite 53 bzw. 68).

finnas	→ Det **finns** / **fanns** kaffe.	Es **gibt** / **gab** Kaffee.
hoppas	→ Jag **hoppas** att du kan komma.	Ich **hoffe**, dass du kommen kannst.
	→ Jag **hoppades** att du skulle komma.	Ich **hoffte**, dass du kommen würdest.
fattas	→ Det **fattas** / **fattades** mjölk.	Es **fehlt** / **fehlte** Milch.

Präpositionen: *efter* und *bland*

AB 3

Hur är det **efter** din stora flyttning? En undersökning **bland** 500 svenskar.

Fragewörter: *vart* und *var*

Vart skulle du helst vilja flytta?	**Wohin** würdest du am liebsten ziehen?
Var bor du?	**Wo** wohnst du?

Adjektiv: *liten*

	vorangestellt (attributiv)		**nachgestellt (prädikativ)**
	unbestimmte Form	bestimmte Form	
Singular	en **liten** stuga	den **lilla** stugan	stugan är **liten**
	ett **litet** hus	det **lilla** huset	huset är **litet**
Plural	**små** stugor	de **små** stugorna	stugorna är **små**
	små hus	de **små** husen	husen är **små**

AB 10

Ja, jo und *visst*

Var det stressigt att flytta?	**Ja** / **Javisst**, det var det.
Var det **inte** stressigt att flytta?	**Jo** / **Jovisst**, det var det.

Satzadverbien: *ju* und *ej*

Emil flyttade ju förra veckan.	Emil ist ja (wie du weißt) letzte Woche umgezogen.
Husdjur ej tillåtna. (Schriftsprache)	Haustiere nicht erlaubt.

Konjunktiv: *vore* (*att vara*)

Anstelle des Konjunktivs steht heute meist die Präteritumform von *ska* (*skulle*) und *bör* (*borde*).

För mig **vore** det viktigt att ha bastu.	Für mich **wäre** es wichtig, eine Sauna zu haben.
För mig **skulle** det **vara** viktigt att ...	Für mich **wäre** es wichtig, dass ...
Min semesterstuga **borde ha** 3 rum.	Mein Sommerhaus **sollte** 3 Zimmer haben.

Wortstellung: Nachgestellte Präpositionen

Manchmal werden die Präpositionen nach hinten gestellt. Dies gilt für Präpositionen, die
- in Infinitivkonstruktionen vorkommen: *Man använder den till att laga mat* ***på***.
- zu einem betonten Satzglied am Satzanfang gehören: *Hans CD-skivor får man inte röra* ***vid***.
- mit dem Relativpronomen *som* verbunden sind: *En fåtölj som är bekväm att sitta* ***i***.
- zu einem Fragepronomen gehören: *Vilken stad skulle du vilja flytta* ***till****? / Vilken färg tycker du bäst* ***om****? / Vad kan jag hjälpa dig* ***med****?*

AB 13

11 Restaurangbesök

Restaurantanzeigen lesen ◆ einen Tisch reservieren ◆ erzählen, welche Gerichte man mag und welche nicht ◆ die Speisekarte lesen, Essen bestellen und nach der Rechnung fragen ◆ höflich um etwas bitten ◆ Kochrezepte lesen ◆ Maße und Gewichte angeben

1 Restauranger.

a) Läs följande annonser! Försök att gissa ur sammanhanget vad de okända orden betyder. Stryk under ord du inte förstår men som du tror är viktiga. Diskutera sedan i gruppen, vad dessa ord betyder!

Ristorante / Pizzeria Italia
italienska rätter, hemlagad färsk pasta och pizza, fisk- och köttspecialiteter, öppet vard från 11.30, lör-sön från 12.00, bordsbeställning Tel. 070 665 53 33

Hjärtligt välkomna till
Vänersboden
i Spikens fiskehamn! Vår specialitet är färsk sik från Vänern, söndagar Vänerbuffé. Njut av erkänt god mat i underbar havsatmosfär. Se gärna på vår matsedel under www.vänersboden.se. Måndagar stängt.

Gamlebo –
Café & Restaurang
för fest och vardag, traditionella svenska och vegetariska rätter, lunchbuffé helger, öppet tis-fre 10-18, lör 10-16, sön 12-18.
Tel. 0511 53 432

Kurts krog –
dagligen lunchbuffé, inne- och uteservering, brett sortiment av mat & fika, bar.
Vid Gamla Stadens Torg,
Lidköping,
Tel. 0706 32 34 45

Ät gott i unik miljö:
Restaurang Läckö på Läckö Slott.
Njut av nya och gamla svenska mattraditioner, färsk fisk, vegetariska rätter och varierande menyer. Söndagar sommartid vinprovning, för mer information 0510 54 332, öppet alla dagar.

Kinnekulles charmiga Kaffestuga –
njut av Kullens godaste kaffe med hembakat, läckra smörgåsar, frasvåfflor, pajer och andra enkla varmrätter, självservering. Måndagar stängt. Varmt välkomna in!

b) Vilken restaurang skulle ni välja? Överlägg först två och två och berätta sedan för de andra!

□ Vad gillar du för mat?
○ Jag tycker om vegetarisk mat.
□ Vad säger du om att gå på restaurang Läckö? De lär ha vegetarisk mat och jag vill gärna se slottet.
○ Ja, varför inte. / Nej, jag föredrar ...
→ Vi väljer restaurang ... därför att Florian gillar ... och jag ...

AB 1-2

●|45

2 Vilken tid skulle passa?

a Lyssna på texten! I vilken av restaurangerna i övning 1a tror du att Ida Rosenberg beställer ett bord?

- Restaurang ....
- Hej! Jag heter Ida Rosenberg. Jag undrar om ni serverar färsk fisk och även vegetarisk mat?
- Javisst, vår meny bjuder på många vegetariska rätter och färsk fisk från Vänern.
- Så bra, då vill jag gärna beställa ett bord för två till måndag kväll.
- Och vilken tid skulle passa?
- Vid sjutiden.
- Fint, då är ni välkomna!
- Tack för det och hej då!
- Hej då!

b Fundera två och två: Skriv upp några hänvisningar som i exemplet och byt era uppgifter med ett annat par! Gör sedan en dialog med de uppgifter ni fått!

AB 3

vegetarisk meny
söndag klockan 13.00
5 personer

3 Det smakar gott.

a Vilka av följande rätter tycker ni om, vilka inte?

lövbiff med svamp ● fisksoppa ● spagetti med köttbullar ● kåldolmar med lingon ● laxspett med saffransås ● korv med pommes frites ● grillad oxfilé med lök ● grönsaker och kokt potatis ● gravlax med hovmästarsås ● stekt kycklingbröst med gräddsås och grönsallad ● vegetarisk lasagne

b Berätta om era matvanor och älsklingsrätter! Vad är kursens favoriträtt?

AB 4

- □ Vad gillar du att äta?
- ○ Jag tycker grönsaker smakar gott.
- ◇ Jag tycker om kalorisnåla rätter.
- ▽ Jag gillar kryddstark mat.
- ○ Jag är vegetarian. Jag äter inte kött.
- △ Har någon av er en matallergi?
- □ Ja, jag är allergisk mot mjölprodukter.

4 Uttal

46

a Skriv upp orden som i exemplet och sätt ett streck under lång vokal och en punkt under kort vokal! Lyssna sedan en gång.

mjöl	k	mjöl	mjölk	bar	k		
bur	k			sal	t		
gul	d			fil	m		
bus	s			jo	bb		
ta	ck			stå	tt		

b Läs orden tillsammans med din granne! Lyssna sedan en gång till.

AB 5

5 Jag ska be att få …

a Vad hör ihop? Förbind med streck!

Kan jag få	mig kryddorna.
Får	jag inte.
Snälla, kan du ge	jag en glass, pappa, snälla.
Var god och	det gott?
Vill du inte smaka	på det här?
Smakar	servett, tack.
Det gillar	glas vatten, tack!
Skulle jag kunna få ett	rök inte här!
Jag ska be att få en	salt och peppar, tack.

b Läs meningarna i 5a tillsammans och tänk efter vad ni skulle svara! Gör sedan två minidialoger och använd minst två meningar i varje dialog!

c Samordna!

fisk	tradition
kaffe	buffé
lunch	sås
varm	stuga
choklad	specialiteter
mat	rätt

AB 6

6

Kan jag få menyn, tack!

Vad skulle du välja? Berätta för varandra!

Meny

ALLT LAGAT I VÅRT KÖK AV FÄRSKA & FRÄSCHA RÅVAROR!

Förrätter*

dagens soppa	65:-
skaldjurscocktail	95:-
avocadosallad	90:-
löjromstoast	85:-
gravad lax på tunnbröd	105:-
vegetarisk risotto	99:-

*hembakat bröd ingår

Varmrätter

fisk

laxspett med saffranssås och kokt potatis	150:-
pocherad rödtungafilé med gräddkokt svamp	145:-
rimmad lax med dillstuvad potatis	169:-

kött

stekt fläskfilé med Karl-Johansvamp	155:-
ugnstekt fasanbröst med ris och grönsaker	169:-
grillad kalvfilé med kroketter och sallad	135:-

Efterrätter

husets chokladtårta	45:-
varm päronsoppa	55:-
jordgubbar med vaniljglass	65:-
glassmix med chokladsås	39:-
osttallrik	85:-

AB 7-8

Drycker

lättöl / läsk (flaska)		25:-
mineralvatten (Ramlösa)		22:-
äppeljuice	liten	21:-
	stor	28:-
starköl på fat (Falcon)	liten	42:-
	stor	53:-
starköl på flaska (Tuborg)		52:-
vin*		
husets vita	glas	52:-
	1/2 l	111:-
husets röda	glas	54:-
	1/2 l	120:-
kaffe		22:-
espresso, cappuccino		25:-

* Fråga gärna efter vår vinkarta

Smaklig måltid!

47

7

Vad tar du?

a) Lyssna på dialogen och kryssa!

	stämmer	stämmer inte	vet man inte
Kyparen kommer med matsedeln.	☐	☐	☐
Ida föreslår att de tar en förrätt.	☐	☐	☐
Huvudrätten de beställer är slut för dagen.	☐	☐	☐
De äter kött.	☐	☐	☐
Ida känner till restaurangen.	☐	☐	☐
Hennes arbetskollegor äter där varje dag.	☐	☐	☐
Magnus och Micke har en gemensam hobby.	☐	☐	☐
Ida och Magnus är sambo.	☐	☐	☐
Ida var i Tyskland förra veckan.	☐	☐	☐
Magnus ber kyparen om kryddor.	☐	☐	☐

b) Titta på menyn i övning 6 en gång till och lyssna: Vad beställer Ida och Magnus?

c Läs dialogen gemensamt tre och tre och kontrollera era svar ur övning 7a!

- Vad tar du, Ida?
- Nja, jag vet inte, allt ser verkligen gott ut.
- Men välj en förrätt då också!
- Ja, jag börjar med en löjromstoast och …
- Vad vill du dricka?
- Vitt vin och vatten, tack.
- Okej, och jag tar en öl och en gravad lax till förrätt. Och sedan?
- Pocherad rödtungafilé … mums … eller nej, jag tar hellre laxspett med saffranssås. Det låter väl gott, eller hur?
- Ja, det tycker jag också, det tar jag med!

…

- Ja tack, vad får det lov att vara?
- Vi ska be att få en löjromstoast och en gravad lax till förrätt och sedan två laxspett med saffranssås.
- Jag är ledsen, men laxspetten är slut för idag.
- Oj, vad synd. Vad gör vi då?
- Ska vi då inte ta rödtungafilé istället?
- Jovisst, och vad önskar ni att dricka?
- Vittvin och vatten för henne och en stor stark för mig.
- Gärna.

…

- Det var ett tag sedan jag åt sist på en restaurang …
- Jag har faktiskt varit här på lunch i år med mina arbetskollegor. Vi hade mycket trevligt och maten var utsökt god.
- Förresten – jag och Micke provade ett nytt pastarecept förra veckan när du var i Tyskland.
- Gjorde ni det? Ja, ni två kan ju hålla på i timmar i köket, eller hur?
- Ja, vi har alltid speciellt roligt i köket och män är ju ofta de bästa kockarna. Titta! Nu får vi något att dricka! …
- Varsågoda! En stor stark och ett glas vittvin …
- Tack! Skål Magnus!
- Skål Ida!
- Ja, det stämmer nog att män kan vara särskilt duktiga på att laga mat. Bra för mig, inte sant?
- Ja, det kan man väl säga.
- Hur har du haft det idag?
- Jo, det var mycket att göra men den här veckan har jag arbetat igenom alla papper och nu har jag gjort många viktiga saker … Oj, nu kommer redan maten!
- Varsågoda, smaklig måltid!
- Mm, tack så mycket.
- Förlåt mig, det fattas salt och peppar.
- Javisst, ett ögonblick bara …

d Stryk under alla verb i dialog 7c! I vilket tempus står verben i samband med följande uttryck?

idag, i år, den här veckan, nu

→ ……………………………………………

Obs!
är – var – har varit
har – hade – har haft
arbetar – arbetade – har arbetat
gör – gjorde – har gjort

e Finn liknande uttryck i texten 7c. Jämför sedan med din granne!

Vad vill du ha? ………………… Det tar jag också. …………………

Det finns inga laxspett kvar. …………………

För övrigt – … ………………… Ja, det stämmer nog. …………………

Bra för mig, eller hur? …………………

AB 9

Obs!
förresten
faktiskt

8 Är du mycket hungrig?

ⓐ **Vad passar ihop? Dra streck och jämför sedan med din granne.**

Vad tar du till efterrätt?	Javisst, jag kommer med notan.
Är du mycket hungrig?	Betalar ni tillsammans eller var för sig?
Jag tror jag tar en sallad.	Efterrätt? Jag tror inte att jag orkar något mera.
Jag ska be att få betala.	Nej, jag är redan rätt så mätt.
Får vi betala?	Bara? Det var inte mycket.

ⓑ **Spela upp en dialog på restaurangen! Använd matsedeln på sida 91.**

9 Kockarnas pastarecept.

ⓐ **Läs receptet och ordna!**

1/2 = en halv / ett halvt 1/4 = en fjärdedel
1/3 = en tredjedel 2/5 = två femtedelar

2 portioner, tid ca 15 minuter

250 g färsk pasta t.ex. fettuccine

1 burk skalade hela tomater (400g)

2 dl lätt crème fraiche

1/2 tsk dillfrön

1 dl hackad dill

1 burk kräftstjärtar (375g)

salt och peppar

- ☐ Blanda såsen med pastan i varma tallrikar.
- ☐ Koka pastan enligt anvisning på förpackningen.
- ☐ Strö över resten av dillen och servera.
- ☐ Låt kräftstjärtarna rinna av och rör ner dem i såsen. Smaka av med salt och peppar.
- ☐ Låt tomaterna rinna av, hacka dem och blanda dem i en kastrull med crème fraiche, dillfrö och hälften av dillen. Koka allt några minuter.

ⓑ **Vilken överskrift skulle du välja till rätten som beskrivs i 9a? Varför?**

Pasta med tomater • Färsk pasta med kräftstjärtar • Fettuccine med crème fraiche

ⓒ **Samordna!**

mått		vikt	
10 dl	en halv liter	1 kg	ett halvt kilo
5 dl	en kvarts liter	500 g	ett kvarts kilo
2,5 dl	en matsked = 15 milliliter	250 g	ett kilo
1 msk	en tesked = 5 milliliter	1 hg	ett gram
1 tsk	tio deciliter = 1 liter	1g	ett hekto = 100 gram

ⓓ **Skriv upp ett recept (ingredienserna och hur rätten tillagas), men inte vad den kallas. Byt nu recept med era grannar! Vad kan rätten heta?**

B 10-12

a **Läs texten, men fastna inte vid enstaka ord!**
Försök att förstå texten ur sammanhanget!

Forshems Gästgivaregård

Sveriges äldsta gästgivaregård Anno 1564

Vid foten av Kinnekulle ligger Forshems Gästgiveri från 1500-talet.
Här bjuder Stefan Johansson på mat baserad på traktens råvaror.

Välkomna till Sveriges äldsta gästgivaregård!

På senare år har vi på Gästgivaregården i Forshem bemödat oss att lyfta fram den lokala mattraditionen, både vad gäller råvaror och maträtter. Vi försöker att bara använda oss av råvaror från omgivningen som t.ex. viltkött från Kinnekulle, fisk från Vänern och bär och svamp från skogen.

För det har vi fått många lovord. Vi vill göra måltiden till en speciell upplevelse. Även den internationella gastronomiska rörelsen Slow Food har upptäckt oss.

Slow Food startades i Italien 1986 av bl.a Carlo Petrini, regissören Carlo Barsotti och Nobelpristagaren i litteratur Dario Fo. Man ville protestera mot Mc Donalds etablering i Italien och den snabba maten Fast Food. Slow Food propagerar att man ska äta långsammare och njuta mer. Idag har Slow Food närmare 100 000 medlemmar på 5 kontinenter.

Den 21 februari 2004, efter en 5 timmars lång middag med bl.a. Barsotti, regissören Stefan Jarl och poeten Kristina Lugn, fick Forshems Gästgivaregård som andra krog i Sverige mottaga beviset på uppskattning från Slow Food: en utmärkelse undertecknad av presidenterna Carlo Petrini och Carlo Barsotti.

SLOW FOOD
proclaims
Forshems Gästgivaregård
is a fine eating place that promotes hospitality and conviviality!
PRESIDENT OF SLOW FOOD SWEDEN
Carlo Barsotti
PRESIDENT OF SLOW FOOD
Carlo Petrini

b **Diskutera i små grupper!**

A: Vet ni vad Slow Food är? Vad anser ni om det?
B: Tycker ni att det är viktigt att värna om gamla mattraditioner?
C: Vad tror ni: Varför finns det så många tjocka barn idag?
D: Vad satsar ni på när ni själv lagar mat?

AB 13-17

Nu kan jag ...	☺	😐	☹	Übung
... välja restaurang och beställa bord.	☐	☐	☐	→ **1, 2**
... säga vilka maträtter jag gillar och vilka inte.	☐	☐	☐	→ **3**
... läsa en meny och beställa mat.	☐	☐	☐	→ **6, 7**
... hövligt be om något.	☐	☐	☐	→ **7**
... säga att något fattas.	☐	☐	☐	→ **5, 7**
... be om notan.	☐	☐	☐	→ **8**
... beskriva ett recept och ange mått och vikt.	☐	☐	☐	→ **9**

Kort och gott – Grammatik

Verben: Perfekt

Das Perfekt verwendet man zur Angabe der Vergangenheit, wenn der Zeitpunkt der Handlung unbestimmt ist oder wenn noch ein direkter Bezug zur Gegenwart besteht. Dies gilt auch, wenn eine Handlung in der Vergangenheit begonnen wurde und noch nicht abgeschlossen ist.

Jag **har bott** fem år i Stockholm. Ich **wohne** seit fünf Jahren in Stockholm.

Man benutzt die Perfektform außerdem, wenn ein Geschehen zu einem Zeitpunkt in der Zukunft abgeschlossen sein wird.

Klockan fem har jag ätit färdigt. Um fünf Uhr werde ich fertig gegessen haben. / Um fünf Uhr habe ich fertig gegessen.

Man bildet das Perfekt mit *ha* und dem *t-Partizip*, der sogenannten *Supinumform*.

1. und 2. Gruppe		3. Gruppe		Weitere Verben		
arbetar	läser	bor	har	är	gör	blir
arbetade	läste	bodde	hade	var	gjorde	blev
har arbeta**t**	har läs**t**	har bo**tt**	har haf**t**	har vari**t**	har gjor**t**	har blivi**t**

Oft geben adverbiale Bestimmungen der Zeit Hinweise, welche Zeitform richtig ist. Angaben, die einen Bezug zur Gegenwart haben, wie z. B. *nu* (jetzt), *idag* (heute), *den här veckan* (diese Woche), *i år* (dieses Jahr) verlangen im Schwedischen meist die Perfektform.

Perfekt	Präteritum
Jag har ätit **nu**.	Jag åt **i morse**.
Jag har druckit mycket vatten **idag**.	Jag drack mycket vatten **igår**.
Den här veckan har jag arbetat mycket.	**Förra veckan** arbetade jag mycket.
I år har det regnat mycket.	**Förra året** regnade det mycket.

AB 12

Präposition: *mot*

Jag är allergisk **mot** ... Ich bin allergisch **gegen** ...

Auslassungen

Vielleicht ist Ihnen in den vorhergehenden Lektionen schon aufgefallen, dass im Schwedischen manchmal die Konjunktion *att* ausgelassen wird. Dies gilt auch für das Relativpronomen *som*, aber nur, wenn es als Objekt steht. *Som* als Subjekt kann nicht ausgelassen werden.

Jag tycker (**att**) det låter gott.	Ich finde, das klingt gut. / ... **dass** das gut klingt.
Rätten (**som**) de beställer är slut för dagen.	Das Gericht, **das** sie bestellen, ist ausverkauft.
Ser du honom **som** sitter där? (Subjekt)	Siehst du ihn, **der** dort sitzt?

AB 15

Satzadverbien: *faktiskt, förresten*

Faktiskt (tatsächlich, wirklich, in der Tat) verstärkt im gesprochenen Schwedisch eine Aussage. *Förresten* (übrigens) kann auch satzeinleitend stehen.

Jag har **faktiskt** läst boken och ...	Ich habe das Buch (**tatsächlich**) gelesen und ...
Jag har **förresten** sett honom idag.	Ich habe ihn **übrigens** heute gesehen.
Förresten såg jag honom igår.	**Übrigens** habe ich ihn gestern gesehen.

Modalverb: *lär*

Lär ist unveränderlich. Es drückt aus, dass eine Information nicht ganz sicher ist.

De **lär** ha bra vegetarisk mat där. Sie **sollen** dort gutes vegetarisches Essen haben.

12 Egenskaper

Eigenschaften ◆ sich selbst und andere beschreiben ◆ erzählen, was eine gute Freundschaft ausmacht ◆ eine Vermutung äußern und Vergleiche anstellen ◆ Urlaubserlebnisse schildern und Urlaubspläne schmieden ◆ mithilfe eines Bildes über ein Thema sprechen ◆ Sternzeichen

1 Han ser pålitlig ut.

a Vad betyder följande adjektiv? Använd er av en ordbok och bilda meningar med dem!

〉glad ● pålitlig ● ärlig ● vänlig ● lat ● smal ● vårdad ● bra ● mogen ● rolig ● ordentlig ● snäll〈

b Fundera! Vilka av adjektiven från 1a är motsatsen till:

ovårdad	↔	....	opålitlig	↔	....	mullig	↔	....
dålig	↔	....	omogen	↔	....	elak	↔	....
ovänlig	↔	....	tråkig	↔	....	sportig	↔	....
oärlig	↔	....	slarvig	↔	....	sur	↔	....

c Vilka adjektiv tycker du passar till följande personer? Diskutera!

Obs!

trevlig ↔ otrevlig
lugn ↔ orolig
inåtvänd ↔ utåtriktad

AB 1-2

2 Jag tror du är ordentlig.

Beskriv din granne och fråga henne / honom om ditt intryck stämmer.

□ Jag tror du är ... . Stämmer det?
○ Ja, det stämmer nog.
Det stämmer inte/delvis.
Kanske det. Ibland, ja.

|48

3 Hon borde vara lojal.

a Lyssna och fyll i!

- ▲ Ok. Då börjar vi med vår undersökning om vänskap. Charlotta och Tomas, ni är kompisar, inte sant?
- ✚ Ja, det är vi.
- ▲ Tycker du att du är en .... kompis, Charlotta?
- ✖ Ja, det tycker jag.
- ▲ Och du Tomas, är du en bra vän?
- ✚ Ja, det hoppas jag att jag är, fråga Lotta.
- ▲ Hur ska en riktigt nära vän vara enligt er uppfattning?
- ✖ Jag tycker nog att om det är en tjej så borde hon vara .... , ärlig, snäll, lojal och aldrig stressad när jag behöver henne. Och om det är en "hane" så ska han kunna laga bilar.

- Typiskt tjejsnack! Jag tycker att om det är en “hona“ så ska hon vara .... , vackert, vårdad och kunna laga mat.
- Nä, Tommy, sluta nu! Vi pratar om vänner, inte om relationer!
- Okej då, men då gillar jag karaktärsdrag som .... , rolig, intelligent, generös och, ja, både pratsam och .... ibland.
- Tycker ni att det är viktigt att ha en bästis av samma kön?
- Jaha, verkligen, det går inte utan.
- Alltså min bästis är en .... klasskamrat. Vi kan prata om allt och förstår varandra ofta utan att behöva säga så mycket. Det tycker jag är bra.

b **Stryk under alla adjektiv som uttrycker vad som är viktigt vänner sinsemellan. Fundera: Vad betyder de?**

Obs!
Jag tycker **om att** cykla.
Jag tycker **att om** det är ... så ...

c **Komplettera följande satser!**

En allra bästa vän kallar man också för en ....

Ett annat ord för åsikt är en ....

Pratar man inte mycket är man en .... person.

Är nästan detsamma som egenskaper: ....

AB 3-4 Klasskompis är detsamma som ....

4 En bra vän borde man kunna lita på i alla väder.

a **Vilka egenskaper efterlyser du hos andra människor? Kryssa för!**

En bra vän borde ...	ja	nej	inte viktigt
... vara ungefär som jag.	☐	☐	☐
... ha samma humör som jag.	☐	☐	☐
... jag kunna lita på i alla väder.	☐	☐	☐
... kunna muntra upp mig när jag är ledsen.	☐	☐	☐
... alltid ha tid när jag behöver honom / henne.	☐	☐	☐
... vara ungefär lika gammal som jag.	☐	☐	☐
... dela mina intressen.	☐	☐	☐
... tycka om mina vänner.	☐	☐	☐
... jag kunna ringa upp när som helst.	☐	☐	☐
... kunna prata om relationer med mig.	☐	☐	☐
... acceptera även mina negativa sidor.	☐	☐	☐

b **Diskutera först era svar med varandra i en liten grupp på minst tre personer. Spela sedan upp en dialog som i 3a!**

AB 5

- ☐ För mig är det viktigt att en bra vän ...
- ○ Enligt min uppfattning ska en bra vän ...
- △ Det håller jag med dig om.

5
Uttal

ⓐ **Läs satserna och fundera: *de* (subjekt), *dem* (objekt) eller *de* (artikel)?**

Vi känner .... inte.
Vi brukar bo hos ....
När kommer .... ?
Jag handlar alltid i .... stora mataffärerna.
.... sitter på ett café.
Jag tror att .... behöver hjälp.

|49 AB 6 ⓑ **Lyssna nu på uttalet av orden *de*, *dem* och *de*! Vad lägger ni märke till?**

6
Trevligast är min bästis!

ⓐ **Komplettera adjektiven i följande tabell!**

Obs!
mycket – mer(a) (än) – mest

trevlig	....	trevligast	➜ den / det trevligaste
vacker	vackrare (än)	....	➜ den / det vackraste
....	mer(a) sympatisk (än)	mest sympatisk	➜ den / det mest sympatiska

ⓑ **Vem känner ni bäst till av följande kändisar?**
Vem är mest känd/populärast? Diskutera!

AB 7

Birgit Nilsson • Björn Borg • Henning Mankell •
Kronprinsessan Viktoria • Ingvar Kamprad •
Astrid Lindgren • ABBA • Ingmar Bergman •
Greta Garbo • Alfred Nobel • Liza Marklund ...

□ Jag tror att x är känd här i landet.
○ Ja, fast ännu mer känd är nog y.
△ Men mest känd är väl z, tror du inte?
□ Nej, den mest kända är så klart x.

7
Kontaktannonser.

ⓐ **Läs igenom de följande kontaktannonserna. Diskutera vilket kön de sökande har!**

A
Jag vet att du finns!
Jag är en glad, romantisk, snäll och rökfri yngling på 52 år, 190, 85 kg, med många intressen och nyfiken på allt nytt, ekonomiskt oberoende. Du är positiv, bildad och social och redo för en ärlig relation. Hör av dig! anropsnr: 4155 “ynglingen“

B
Var hittar jag dig?
Glad jungfrugrabb, 40, 178, 68 kg, bruna ögon, söker dig. Du ska ha humor, vara sportig och gilla äventyrsresor. Mina intr. är: naturen, vandra i svenska fjällen, fiske och djur. Du är ungdomlig och rök- och spritfri. Ring, så får vi se vad kemin säger!
anropsnr: 4155 “jungfrun“

C
Vem vill inte ha en arm att sova på?
Jag är en hane på 35 år, 185 cm, 70 kg med mörkbrunt hår och gröna ögon som inte vill vara ensam längre. Jag är pålitlig, trogen och kan vara tyst ibland. Med dig vill jag uppleva vardag och semester. Ser fram emot ditt svar! anropsnr: 4155 “hanen“

Jag tror att A är en man / kvinna, eftersom / därför att ...

ⓑ **Hitta motsatspar i texterna med hjälp av följande adjektiv!**

osocial	pratsam	obildad	otrogen	gammal
....	....	....	....	....

AB 8

8 Han är den äldsta.

ⓐ **Kryssa! Vem av kontaktsökarna i 7a är äldst, yngst, väger mest, minst etc.?**

	äldst	yngst	minst	längst	väger minst	väger mest
A (ynglingen):	☐	☐	☐	☐	☐	☐
B (jungfrun):	☐	☐	☐	☐	☐	☐
C (hanen):	☐	☐	☐	☐	☐	☐

ⓑ **Komplettera följande tabell och berätta sedan om personerna i övning 7a!**

gammal	äldre (än)	....	→	den / det äldsta
ung	yngre (än)	....	→	den / det ....
liten	mindre (än)	....	→	....

Mats Anders Patrik

☐ Mats är lång – en (meter) och sjuttiofem.
Är någon lika lång som han?
○ Anders är längre än Mats.
△ Men Patrik är längst.

ⓒ **Till vilken kontaktannons i 7a passar den följande annonsen? Diskutera!**

> D
> **Hej! Jag söker dig!**
> Du har humor och är trogen och gillar att resa men även att vara hemma och att ha myskvällar med levande ljus. Du tycker inte om rökning men friluftsliv och idrott. Du är ekonomiskt oberoende. Jag, en mycket positiv 1,75 lång tvilling med blåa ögon, är bildad och social och redo att våga något nytt!
> anropsnr: 4133 "Den bästa!"

Obs!
bra – bättre – bäst

Jag tycker annonsen D passar bra till annons ...

AB 9-11

9 En enkät.

Arbeta två och två. Fundera på två saker som ni vill ta reda på.
Formulera frågorna och använd superlativ. Intervjua sedan de andra i kursen!

Vem har den kortaste vägen? → Hur lång tid behöver du för att komma till kursen?

....

....

50

10

Han var den bästa guiden …

a **Lyssna!**

Borgholms slottsruin

Så, ni hade alltså en ansträngande cykelsemester på Öland i sommar? Har ni gått ner ett par kilo?

Ja det var bra motion ska jag tala om. Vi var ett litet gäng på 12 personer. Här ser du oss. Han i den gröna skjortan var vår Ölandsexpert och hon i den röda tröjan var hans fru.

Han var den bästa guiden jag någonsin har träffat. Han visste allt om Öland!

Långe Jan

De ser trevliga ut.

Vad sportig hon här ser ut på den gula mountainbikecykeln.

Och energisk var hon. Hon ville cykla flera mil per dag. Men vi andra vägrade …

Jag tycker ni är duktiga som cykelsemestrade.

Ön är ganska platt och det går mycket bra att cykla. Jag tror vi cyklade nästan 25 mil. Har ni varit där någon gång?

Nej, aldrig. Men man har ju sett bilder på Solliden.

Vem är den blonda smala tjejen här?

Hon läser biologi i Uppsala så hon visste mycket om Ölands flora och fauna.

Här ser ni Borgholms gamla slottsruiner. Den långa killen var förresten vår kock.

Solliden

Ja, och jag har aldrig ätit så bra under en cykelsemester. Han lagade den bästa maten!

Och det här mörkhåriga paret?

Det var ett par från Värmland. Han var ganska inåtvänd och tyst …

Men hon var nästan ännu tystare. Och där ser ni de här typiska väderkvarnarna.

Väderkvarnar

Är det här Långe Jan?

Ja, och visste ni att det inte bara är Sveriges högsta fyr utan även Sveriges äldsta?

Oj! Hur kom ni till Öland egentligen?

Man tar cykelbussen över Ölandsbron eftersom man inte får cykla över den. Bron är ju dessutom ganska lång.

Ganska lång? Skämtar du? Det är en av Europas längsta broar och …

en svensk mil = ………… kilometer

b Stryk under alla adjektiv i texten och fundera:
Står de i grundform, komparativform eller superlativform?
Står de i bestämd eller obestämd form?

c Arbeta fyra och fyra! Variera dialogen! Byt ut semesterort, hitta synonymer, beskriv även något som inte var så bra, förkorta eller ändra texten där ni tycker att det behövs och läs sedan dialogen med fördelade roller!

12-14

d Skriv upp fem frågor till er dialog! Ge frågorna till en annan grupp, spela upp er dialog för dem och låt dem svara på era frågor!

11

På bilden ser man en …

Testa era muntliga kunskaper två och två. En beskriver kort vad han / hon ser på bild nr 1 (Kläder). Hans / hennes partner ställer ytterligare frågor om bilden och använder sig även av stödorden. Samtala ca 5 minuter med varandra.
Sedan byter ni roller och talar om bild nr 2 (Semester).

Kläder
- kläder på jobbet / hemma
- favoritplagg
- favoritfärger
- att köpa kläder
- modetrender

1

2

Semester
- resa
- intressen
- sevärdheter
- nya människor
- cykla

Karamell: Stjärntecken

Läs här om de klassiska egenskaper som tillskrivs olika stjärntecken. Känner du igen dig? Vilka egenskaper tycker du passar på dig själv? Vilka inte? Skriv upp och berätta för de andra i gruppen om dig själv! Låt dem gissa vilket stjärntecken du är!

Stenbocken (22/12-19/1)

positiva karaktärsdrag:
ekonomisk, disciplinerad, humoristisk.
negativa karaktärsdrag:
envis, ovänlig.

Vattumannen (20/1-18/2)

positiva karaktärsdrag:
harmonisk, lojal, fantasifull.
negativa karaktärsdrag:
excentrisk, trotsig.

Fiskarna (19/2-20/3)

positiva karaktärsdrag:
vänlig, pålitlig, harmonisk.
negativa karaktärsdrag:
slarvig, hemlighetsfull.

Väduren (21/3-20/4)

positiva karaktärsdrag:
energisk, ärlig, utåtriktad.
negativa karaktärsdrag:
självisk, dominerande.

Oxen (21/4-20/5)

positiva karaktärsdrag:
pålitlig, praktisk, musikalisk.
negativa karaktärsdrag:
envis, dominerande.

Tvillingarna (21/5-20/6)

positiva karaktärsdrag:
utåtriktad, självständig, kommunikativ.
negativa karaktärsdrag:
temperamentsfull, osensibel.

AB 15-16

Kräftan (21/6-22/7)

positiva karaktärsdrag:
försiktig, familjekär, harmonisk
negativa karaktärsdrag:
översensibel, överaktiv.

Lejonet (23/7-22/8)

positiva karaktärsdrag:
energisk, generös, utåtriktad
negativa karaktärsdrag:
arrogant, dominerande.

Jungfrun (23/8-22/9)

positiva karaktärsdrag:
analytisk, rationell, logisk.
negativa karaktärsdrag:
pedantisk och överkritisk.

Vågen (23/9-22/10)

positiva karaktärsdrag:
romantisk, vänlig, diplomatisk.
negativa karaktärsdrag:
flirtig, hemlighetsfull.

Skorpionen (23/10-21/11)

positiva karaktärsdrag:
ambitiös, elegant, charmig.
negativa karaktärsdrag:
svartsjuk, inåtvänd.

Skytten (22/11-21/12)

positiva karaktärsdrag:
flexibel, vänlig, utåtriktad.
negativa karaktärsdrag:
osensibel, självisk.

Nu kan jag ...				Übung
... beskriva mig själv och andra.	☐	☐	☐	→ **1, 2**
... berätta vad vänskap betyder för mig.	☐	☐	☐	→ **3, 4**
... jämföra personer och saker.	☐	☐	☐	→ **6, 8, 9**
... berätta om en resa och smida semesterplaner.	☐	☐	☐	→ **10**
... prata om ett ämne med hjälp av en bild och stödord.	☐	☐	☐	→ **11**
... säga vilket stjärntecken jag är.	☐	☐	☐	→

Kort och gott - Grammatik

Adjektive: Komparativ und Superlativ

Grundform	Komparativ	Superlativ unbestimmte Form	bestimmte Form
trevlig	Han är trevligare än hon.	Han är trevligast.	den trevligaste mannen det trevligaste barnet
vacker (hübsch)	vackrare (än)	vackrast	den / det vackraste
enkel (einfach)	enklare (än)	enklast	den / det enklaste
mogen (reif)	mognare (än)	mognast	den / det mognaste

Unregelmäßige Adjektive müssen Sie auswendig lernen.

Grundform	Komparativ	Superlativ unbestimmte Form	bestimmte Form
bra	bättre (än)	bäst	den / det bästa
liten	mindre (än)	minst	den / det minsta
ung	yngre (än)	yngst	den / det yngsta

Bei einigen Adjektiven gibt es zwei Steigerungsformen.

Grundform	Komparativ	Superlativ unbestimmte Form	bestimmte Form
sympatisk	mer(a) sympatisk (än) / sympatiskare (än)	mest sympatisk / sympatiskast	den mest sympatiska / den sympatiskaste

AB 7, 9, 11

Adverbien

Verben, Adjektive oder ganze Sätze kann man mit Hilfe von Adverbien genauer bestimmen.
Es gibt verschiedene Arten von Adverbien: Satzadverbien wie *aldrig, alltid, alltså, inte, också, nog, ändå* und *ungefär* oder auch Adverbien, die von Adjektiven abgeleitet werden.
In diesem Fall wird an die Grundform des Adjektivs ein *-t* angehängt.

Adjektiv: Han är en riktig vän. ➜ Er ist ein richtiger Freund.
Adverb: Han är en riktigt god vän. ➜ Er ist ein richtig guter Freund.

Einige Adverbien haben dieselbe Form wie Adjektive (z. B. *bra*).

Adjektiv: En bra vän. ➜ Ein guter Freund.
Adverb: Det smakade bra. ➜ Es hat gut geschmeckt.

Nur wenige Adverbien (besonders Modaladverbien) können gesteigert werden.
Die Steigerungsformen sind ähnlich wie bei den Adjektiven, es gibt aber einige Ausnahmen.

Grundform	Komparativ	Superlativ
Han talar långsamt.	Hon talar långsammare.	Han talar långsammast.
Det passar bra.	Det passar bättre.	Det passar bäst.

Satzadverbien: *nog* und *alltså*

AB 14 Ja, det stämmer nog. Ni var alltså på cykelsemester?

Wortbildung: *bästis*

Aus manchen Adjektiven kann man Substantive bilden: *bäst + -is = bästis*

Perfekt

Man benutzt die Perfektform auch, wenn etwas in der Vergangenheit begonnen hat und sich bis in die Gegenwart fortsetzt. Wichtige Signalwörter: *någon gång* und *någonsin*.

Långe Jan har stått där sedan 1785.	Der „Lange Jan" steht schon seit 1785 dort.
Jag har bott i Kiruna i tre år.	Ich wohne seit drei Jahren in Kiruna.
AB 13 Har ni varit där någon gång?	Seid ihr schon einmal da gewesen?

Inversion

Statt des Subjekts können auch andere Satzglieder am Satzanfang stehen (Inversion).

En bra vän	borde	jag	kunna lita på i alla väder.
Därefter	duschar	hon.	
AB 5, 9 Honom	tycker	jag	inte om.

START

lat / student

komma

rolig / bok

vacker: Stockholm, Prag, Oslo

vänlig / expedit

dyr: bil, hus, semesterresa

stor / rum

bra / väg

sur / äpple

vara

modern / soffa

liten: elefant, mus, hund

liten / byxa

MÅL

Gespielt wird in Gruppen von 3 – 4 Personen. Sie brauchen dazu einen Würfel und Spielfiguren (als Spielfiguren kann man auch Münzen verwenden). Alle stellen sich auf *Start*. Es wird der Reihe nach gewürfelt. Jeder Spieler rückt so viele Felder vor, wie er gewürfelt hat und beantwortet die jeweilige Aufgabe seines Feldes.
Ist das Feld, auf das man kommt, besetzt, geht man einfach ein Feld weiter. Ist die Frage richtig beantwortet, erhält man einen Punkt. Um am Ende ins *Mål* zu gelangen, braucht man keine gerade Würfelzahl.
Wer am Schluss die meisten Punkte hat, ist Gewinner.

brun / fåtölj

liten / stuga

vårdad / kvinna

läsa

inåtvänd / chef

trevlig: min chef, min granne, min läkare

vit / bord

svart / bil

mogen / äpple

göra

röd / hus

sportig: jag, sambo, pappa

vacker / blus

grön / träd

pålitlig / man

ha

Grünes Feld: Bilden Sie die unbest. Form Singular.
Lila Feld: Bilden Sie die Formen Präsens, Präteritum und Perfekt.
Blaues Feld: Bilden Sie die unbest. Form Plural.
Gelbes Feld: Vergleichen Sie.
Oranges Feld: Bilden Sie die best. Form Singular.

Semester

testen, welcher Urlaubstyp man ist ◆ über Urlaub sprechen ◆ nach dem Wetter fragen ◆ Wettervorhersagen lesen und verstehen ◆ eine Absicht ausdrücken ◆ über Aktivitäten im Urlaub sprechen ◆ etwas empfehlen ◆ geografische Angaben machen

1

Vilken semestertyp är du?

a **Fråga varandra och kryssa för vad din partner svarar!**

1 Vad vill du helst göra på din nästa Sverigesemester?

- ☐ Jag bilar genom Sverige och bor på vandrarhem. A
- ☐ Jag skämmer bort mig med "wellness" i kurorten Sätra Brunn vid Stockholm. B
- ☐ Jag lastar mitt bagage på min hoj och cyklar på Gotland. Jag campar i naturen. D
- ☐ Jag gör en studieresa och besöker Stockholm för att lära mig mera om Sveriges historia. C

2 Vilken roll spelar en reseguidebok för dig?

- ☐ En guidebok spelar ingen roll för mig. Hotellet ger mig all information jag behöver. B
- ☐ Jag har alltid en reseguide med mig men behöver dessutom kartor över vandringsleder. D
- ☐ Jag behöver ingen guidebok. Turistinformationen talar om för mig vad som är sevärt. A
- ☐ Jätteviktig! Jag vill inte bara se sevärdheter utan även förstå deras kulturella bakgrund. C

3 Hur tillbringar du dina semesterdagar?

- ☐ Jag ser på alla sevärdheter. C
- ☐ Jag hyr en cykel och utforskar omgivningarna. D
- ☐ Jag sätter mig på ett kafé, tittar på folk och njuter. B
- ☐ Jag försöker komma i kontakt med den inhemska befolkningen. A

4 Var äter du?

- ☐ Jag prövar olika restauranger. A
- ☐ Jag äter bara sund mat och väljer restauranger därefter. D
- ☐ Jag har fullpension och äter på hotellet. Ibland går jag på restaurang. B
- ☐ Jag undviker turistlokaler och försöker hitta ställen där jag får mat från regionen. C

5 Semestern är snart slut. Vad tänker du?

- ☐ Synd att jag måste åka hem. Det finns så mycket mer som jag skulle vilja se. A
- ☐ Jag gläder mig åt att komma hem. Jag vill träffa mina vänner och berätta om resan. C
- ☐ Semester är visserligen jätteroligt men det finns mycket kul att göra även hemma. D
- ☐ Jag är tacksam över att jag har kunnat koppla av och ser fram emot att komma hem. B

b **Räkna ihop: Vilken bokstav förekommer mest? Se efter på sidan 186 vilken semestertyp din partner är och diskutera resultatet. Gör sedan en kursstatistik!**

Du är en blandning mellan typ A och C.
Du är dels typ B och dels typ C.

AB 1-3

2 Kulturresa eller strandsemester?

Vilka ord förbinder ni med vilken typ av semester? Ta ett papper och sortera. Skriv gärna upp fler ord och jämför sedan med ett annat par!

blommor • fjäll • fotografera • hav • kyrka • motion • museum • sjö • skärgård • snö • sol • vykort • å • åka skidor • älv • ö

kulturresa	strandsemester	sportsemester	natursemester

□ Jag tänker på sol och bad. Och du?
○ Jag tänker på värme och glass.

AB 4

3 Sol eller regn?

a Para ihop!

moln • regn • snö • sol • vind • åska •
Det är soligt • Det är molnigt • Det åskar • Det regnar • Det snöar • Det blåser

 .... / ....

 .... / ....

 .... / ....

 .... / ....

 .... / ....

 .... / ....

b Hur är vädret i ...? Fråga varandra!

Malmö  +9°
Karlstad  +4°
Stockholm  +5°
Göteborg  +10°
Linköping  +3°
Falun  +1°
Umeå  -3°
Kiruna  -5°

□ Hur är vädret i Umeå?
○ Det snöar och det är 3 grader kallt.
△ Det är soligt och 5 grader varmt.

c Beskriv på en lapp en semestersituation och hur vädret är (t. ex. "Jag är i Stockholms skärgård och det regnar.") och på en annan lapp vad du då gör. Samla in alla lappar och dela ut dem igen så att var och en får en situationslapp och en svarslapp! Den första läser upp sin lapp och den som har det passande svaret svarar.

AB 5-6

4

Väderleksrapport.

Läs väderleksrapporten och komplettera nedanstående meningar! Berätta sedan med egna ord för din partner, hur vädret blir i morgon.

Morgondagen: Mycket moln med nederbörd, lokalt sol
Ett lågtrycksområde täcker hela Skandinavien med växlande vind och molnighet. Det blir mestadels mulet och tidvis lätt regn eller snöfall. I södra Sverige förekommer en del regnskurar, och ett snöfallsområde rör sig sakta norrut över Norrland. I Norrlandsfjällen och även utmed Västkusten kan solen bryta igenom under dagen. Störst solchanser i sydost. Från 6 plusgrader i söder till 3 minusgrader i norr.

Obs!
nord, ost, syd, väst

1 Regn och snö är två exempel på ....
2 När regn närmar sig säger man också att ett .... närmar sig.
3 Motsatsen till "högtryck" är ....
4 När det ibland är sol och ibland molnighet talar man om .... väder.
5 Mestadels mulet betyder att det finns mycket .... på himlen.
AB 7 6 En .... är ett kort men intensivt regn.

□ I södra Sverige ...
○ I norra Sverige ...

5

Hur blir vädret på torsdag?

a **Titta i tabellen här. Din partner tittar på sida 186. Fråga varandra: Hur blir vädret på fredag och lördag? Gör sedan liknande frågor om vädret på de andra veckodagarna!**

fre			lör		
morg	em	kväll	morg	em	kväll

3°	6°		-2°		

Obs!
Det blir regn.
Det kommer att regna.

□ Hur blir vädret på torsdag eftermiddag?
○ Det blir 8 grader varmt och sol.

51 **b** **Lyssna på väderleksrapporten och kryssa för!**

	rätt	fel	vet man inte
1 Över norra Svealand: område med regn och sol.	☐	☐	☐
2 Området fortsätter vidare söderut.	☐	☐	☐
3 Över hela Norrland sol.	☐	☐	☐
4 Över fjälltrakterna snö.	☐	☐	☐
5 Över södra Sverige mindre regnområden.	☐	☐	☐

ⓒ **Skriv till Maria och svara på hennes frågor!**

> Hej! Äntligen sommarlov med bad, sol och strand. Jag njuter av min ledighet och bara kopplar av. Hur har du det? Och hur är vädret hos er? Tar du också ut lite semester eller jobbar du i sommar? När kommer du och hälsar på mig i Sverige? Hör av dig!
> Kram! Maria

AB 8

6 Dalsland.

ⓐ **Titta på bilderna och skriv under dem vad de visar!**

cykla dressin • förgätmigej • paddla kanot • akvedukten • hällristningar • sluss • vaska guld • åka med ångbåt

A

....

B

....

C

....

D

....

E

....

F

....

G

....

H

....

Förgätmigej **är Dalarnas landskapsblomma. Idén med landskapsblommor kommer från USA där varje stat har en "state flower". I början på 1900-talet beslöt man att även varje landskap i Sverige skulle få en egen växt som symbol. Växten skulle vara typisk för just den delen av Sverige.**

Obs!
1900-talet

52 ⓑ **Lyssna på dialogen! Vilka attraktioner och sevärdheter från 6a rekommenderas vid turistinformationen? Kryssa för vid bilderna och berätta sedan i gruppen!**

c **Läs dialogen tre och tre! Har ni kryssat rätt i 6a?**

- Hej!
- Hej!
- Vi är här på semester och ville få lite information om Dalsland.
- Vad bra! Dalsland har en mycket skiftande natur: Från slättland i söder till sjörika skogiga trakter i norr. "Kanotpaddlarnas Mekka" brukar man också säga. Är ni intresserade av något speciellt?
- Ja, vi ville gärna åka ner för slussarna i Håverud med en ångbåt. Måste man boka det?
- Ja, det är säkrast. Så många personer får ju inte plats på ångbåten. Men det kan jag gärna ordna åt er.
- Vad snällt!
- När tänkte ni åka?
- Det beror ju lite på vädret. Vi ville också vandra och klättra i berg. Men inte när det ösregnar som det gör precis nu.
- Nej, det är klart. Men väderprognosen låter lovande. Det blir sol och upp till 22 grader varmt från och med i morgon.
- Jaså, det låter ju bättre. Är det långt härifrån?
- Nja, det är kanske 14 mil härifrån. Ni kan få en karta … vänta … här.
- Tack! Vad kan man annars se på i Dalsland?
- Ja, sedan har du hällristningarna i Högsbyn i Tisselskogen. Det är också ett naturreservat och ett väldigt fint och naturskönt kulturlandskap. Man kan boka guidning ...
- Ja, jag vill gärna veta lite mer om svensk historia ...
- ... men jag tycker också om att röra mycket på mig.
- Då rekommenderar jag att uppleva Dalsland genom att cykla dressin.
- Cykla dressin?

- Ja, just det. Man kan ge sig iväg på nedlagda järnvägsspår rakt in i vildmarken. Ofta ser man då älgar, rådjur och mycket annat intressant. Fantastisk upplevelse!
- Vad kul! Var kan man hyra en sådan dressin?
- Dressinturerna startar från järnvägsstationerna i Bengtsfors och Årjäng. Dressinturen kan man också kombinera med guldvaskning, kanottur och övernattning i lappkåta.
- Det låter spännande. Men jag tycker vi börjar med att boka ångbåten i Håverud …

Obs!
vi tänkte
vi ville

d **Dela in er i grupper. Varje grupp väljer ett tema (*naturbeskrivning* eller *väder*). Skriv upp alla uttryck ifrån dialog 6c som passar till ert tema. Berätta sedan för de andra!**

AB 9 - 11

e **Du och din partner är på semester i Sverige. Ni går in på en turistbyrå för att be om informationer. Diskutera tre och tre och spela upp dialogen för gruppen!**

7

Sveriges landskap.

a) **Arbeta fyra i en grupp. Fråga varandra var Sveriges landskap ligger!**

Blekinge ◦ Bohuslän ◦ Dalarna ◦ Dalsland ◦ Gotland ◦ Gästrikland ◦ Halland ◦ Hälsingland ◦ Härjedalen ◦ Jämtland ◦ Lappland ◦ Medelpad ◦ Norrbotten ◦ Närke ◦ Skåne ◦ Småland ◦ Södermanland ◦ Uppland ◦ Värmland ◦ Västerbotten ◦ Västergötland ◦ Västmanland ◦ Ångermanland ◦ Öland ◦ Östergötland

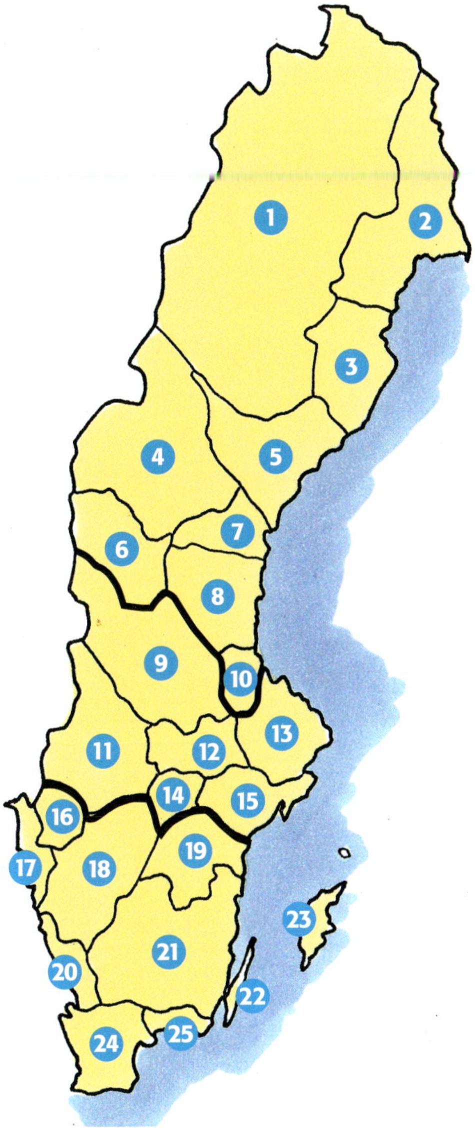

1 ....
2 ....
3 ....
4 ....
5 ....
6 ....
7 ....
8 ....
9 Dalarna
10 ....
11 ....
12 ....
13 ....
14 ....
15 ....
16 ....
17 ....
18 ....
19 ....
20 ....
21 ....
22 ....
23 ....
24 ....
25 ....

Vilket landskap ligger norr / söder / väster / öster om ...?
Vilket landskap ligger mellan Dalarna och Medelpad?
Vilket landskap ligger längst i söder / norr?
Ligger ... i södra eller västra Sverige?
I vilken del av Sverige ligger egentligen ...?
Om du åker norrut / österut / söderut från Göteborg vilket landskap är du då i?

b) **Vilka landskap ligger i Norrland / Svealand / Götaland?**

c) **Vet du något om de olika landskapen? Berätta!**

AB 12-13

Jag minns att ...

Karamell: Icehotel

a **Läs igenom texten om ishotellet i Lappland! Vilken överskrift passar till vilken textpassage?**

Icehotel restaurang • Icehotel, känt i hela världen • Hur bor man på Icehotel? • Hur bygger man Icehotel? • Upplev natur och kultur på safari • Icehotel för en gammal tradition vidare

....

Om man kan bygga ett hotell av is i en liten by 200 km norr om polcirkeln och därmed begeistra människor från hela världen – då är ingenting omöjligt. Berättelsen om ishotellet är sagan som blev sann. Den är känd i hela världen.

....

Ishotellets restaurang erbjuder ett gastronomiskt äventyr i en ljus och modern atmosfär. Njut av mat med smak av Lapplands klara sjöar och djupa skogar, serverad på is från Torne älv.

....

Ishotellet ligger vid Torneälven i Jukkasjärvi, en liten by 20 mil norr om polcirkeln. Namnet Jukkasjärvi betyder "mötesplats" på samiska och det är inte en slump. Ett halvt årtusende har platsen vid Torneälvens strand varit en samlingspunkt för människor – och den traditionen vill vi gärna föra vidare.

....

Ur älven hämtar man isen och bygger upp hotellet på hösten så snart kölden tillåter. Allt i hotellet är byggt av is. När det smälter på senvåren går allt på naturlig väg tillbaka till älven.

....

Utomhus kan temperaturen sjunka till minus 40° men inne i ishotellet blir det aldrig kallare än -5°C till -8°C. När det blir dags att krypa in i sovsäcken klär du dig varmt och tar på dig en mössa. Dela den surrealistiska isnatten med någon som står dig nära.

....

Vi erbjuder äventyr året om. Kombinera din vistelse på ishotellet med en safari. Upplev natur och kultur genom en färd med hundspann, snöskoter eller rensläde. Utforska det samiska kulturlandskapet i Lappland. Samernas vardag berättar om ett liv i samklang med djur och natur.

b **Diskutera frågorna *A* och *B* först två och två och sedan tillsammans med de andra!**

A Har du hört talas om Icehotel? Vad skiljer ishotellet från ett vanligt hotell? Skulle du vilja tillbringa ett par nätter på ishotellet? Hur tror du det är? Berätta vad du spontant känner!

B Vad skulle intressera dig mest om du vore i norra Lappland: samisk historia, renskötsel eller den vackra fjällnaturen? Vet du något om norra Lappland? Vad skulle du välja om du ville utforska omgivningen: hundspann, snöskoter eller rensläde? Varför?

AB 14-16

Nu kan jag ...

	:-)	:-|	:-(	Übung
... berätta vilken semestertyp jag är.	☐	☐	☐	→ **1**
... diskutera olika semesterformer.	☐	☐	☐	→ **2**
... fråga om vädret.	☐	☐	☐	→ **3, 5**
... förstå en väderprognos.	☐	☐	☐	→ **4, 5**
... uttrycka vad jag tänker göra.	☐	☐	☐	→ **6**
... prata om olika semesteraktiviteter.	☐	☐	☐	→ **6**
... rekommendera något.	☐	☐	☐	→ **6**
... ge upplysningar om väderstreck.	☐	☐	☐	→ **7**

Kort och gott – Grammatik

Zukunft

Es gibt mehrere Möglichkeiten auszudrücken, dass etwas in der Zukunft geschehen wird.

1. Präsens: Det regnar i morgon.
2. Umschreibung mit *kommer att* + Infinitiv: Det kommer att regna i morgon.
3. Hilfsverb *bli* + Substantiv: Det blir regn i morgon.
4. Hilfsverb *ska* + Infinitiv: Det ska regna / bli regn i morgon.

Eine Absicht ausdrücken

ska + Infinitiv: Jag ska åka på semester nästa vecka.
tänka + Infinitiv: Han tänker resa till Tyskland i morgon.
vilja + Infinitiv: Vi vill bila genom Dalsland.

Det

Im Schwedischen dient das unpersönliche Pronomen *det* häufig als Subjekt.

Det är soligt.	**Es** ist sonnig.
Det regnar.	**Es** regnet.
Det kommer att åska.	**Es** wird ein Gewitter geben.
Det var bra att du hade nyckeln.	**Es** war gut, dass du den Schlüssel hattest.

Angabe von Himmelsrichtungen

AB 13

Allgemein:	norr	ost	syd	väst
Ortsangabe:	i norr	i öster	i söder	i väster
	norr om	öster om	söder om	väster om
Adjektivischer Gebrauch:	i norra Sverige	i östra S.	i södra S.	i västra S.
Richtungsangabe:	mot norr	mot ost	mot syd	mot väst
	norrut	österut	söderut	västerut

Präpositionen: *utefter, längs, utmed* und *över* sowie *från och med*

Du fortsätter **utefter** (**längs** / **utmed**) …	Dann fahren Sie weiter **entlang** …
Över Norrland ligger ett lågtrycksområde.	**Über** Norrland liegt ein Tiefdruckgebiet.
Det blir sol **från och med** i morgon.	Es wird **ab** morgen sonnig sein.

Lokaladverbien: *här, där, härifrån, därifrån*

Vi är **här** på semester.	Wir sind **hier** im Urlaub.
Vad gör ni **där**?	Was macht ihr **dort**?
Härifrån är det 14 mil.	**Von hier** sind es 14 Meilen.
Därifrån är det inte långt.	**Von dort** ist es nicht weit.

Lokaladverbien: statische und dynamische Form

Einige Adverbien haben eine statische und eine dynamische Form (Position bzw. Richtung).

Han är **hemma**.	Er ist **zu Hause**. (statisch)
Han går **hem**.	Er geht **nach Hause**. (dynamisch)

Adverbien: *mestadels, tidvis* und *vidare*

Det blir **mestadels** mulet.	Es wird **meistens** bedeckt sein.
Det kommer **tidvis** lätt regn.	Es wird **zeitweise** leicht regnen.
Lågtrycksområdet fortsätter **vidare** mot norr.	Das Tiefdruckgebiet zieht **weiter** Richtung Norden.

Demonstrativpronomen: *sådan*

Sådan / sådant / sådana („solch“ bzw. „so ein“, umgangssprachlich *sån / sånt / såna*) kann alleine oder zusammen mit einem Bezugswort stehen, nach dem es sich in seiner Form richtet.

Var kan man hyra en **sådan** dressin?	Wo kann man **so** / **solch** eine Dressine mieten?
Var kan man hyra en **sådan**?	Wo kann man eine **solche** mieten?
Ett **sådant** väder!	So ein Wetter!

14 Stockholm

über Sehenswürdigkeiten in Stockholm und *stockholmskortet* sprechen ◆ Überlegungen anstellen, was man sehen möchte ◆ nach der U-Bahn-Haltestelle fragen ◆ ein Besuchsprogramm erstellen ◆ nach dem Weg fragen ◆ sagen, wo etwas liegt ◆ einen Text zu einem historischen Thema lesen

1 Välkommen till Nordens Venedig!

Fyll i orden i texten!

anses ● besöks ● bjuds ● flaneras ● omgives ● shoppas

Stockholm .... av många vara en av världens vackraste huvudstäder. Staden är byggd på 14 öar och .... av sjöar, skog och hav. Den är ca 750 år gammal. Den äldsta stadsdelen är Gamla Stan. Den ligger på en ö mitt i Stockholm med det Kungliga Slottet och Riddarholmen, som är Nordeuropas största och bäst bevarade medeltida stadskärna. Här .... och .... det året runt. Speciellt på sommaren .... Stockholm av ett stort antal turister. Turisterna .... på många sevärdheter och attraktioner och kan välja mellan ett hundratal museer och ett stort antal teatrar och olika evenemang.

AB 1-3

Obs!

shoppar → ~~r~~ + s = shoppas
anser → ~~r~~ + s = anses
bjuder → ~~er~~ + s = bjuds

2 Fri entré med Stockholmskortet!

a Läs igenom följande meningar och sätt dem i rätt följd!

Vi rekommenderar:
Köp Stockholmskortet!

- ☐ Nu är det bara att välja mellan allt staden har att bjuda på.
- ☐ När du förvärvar Stockholmskortet får du dessutom en reseguidebok med Stockholmskartor gratis där alla sevärdheter och attraktioner beskrivs samt en lista över öppettider och tidtabeller.
- ☐ Det ingår även två olika entimmesturer med båt där du kan uppleva staden från vattensidan.
- ☐ Med Stockholmskortet i handen blir din Stockholmsvistelse garanterat en oförglömlig upplevelse.
- ☐ I kortet ingår därutöver fria resor med lokaltrafiken, fri entré till 75 olika museer, sevärdheter och attraktioner samt bonus- och rabatterbjudanden.

b **Byt ut de understrukna orden i 2a mot följande uttryck!**

med säkerhet • endast • förutom detta • på köpet • också

AB 4 **c** **Vad är bra med Stockholmskortet? Försök att berätta med egna ord! Finns det liknande erbjudanden i er stad?**

3 Vad visas på Kungliga Slottet?

a **Läs texterna och fundera på vad sevärdheterna heter!**

Globen • Kungliga Slottet • Nationalmuseum • Katarinahissen • Stadshuset • Kungliga Dramatiska Teatern

....

Konungens officiella residens. Barockslottets representationsvåningar med interiörer från 1700- och 1800-talet samt Rikssalen med Drottning Kristinas silvertron och Ordenssalarna besöks året runt.

....

Med tornspirans Tre Kronor är den magnifika byggnaden en välbekant siluett i Stockholm sedan början av 1900-talet. Nobelbanketten ordnas i Blå Hallen och Gyllene Salen varje år.

....

Sveriges största konstmuseum. Här visas verk från medeltiden till sekelskiftet 1900 såväl av Sveriges största konstnärer (bl.a. Carl Larsson, Anders Zorn, Isaac Grünewald) som av internationella konstnärer som Rembrandt, Rubens, Renoir m.fl.

....

Sveriges nationalscen med flera olika scener: Stora scenen, Lilla scenen, Målarsalen, Fyran, Elverket och Lejonkulan.

....

Världens största sfäriska byggnad med plats för 16 000 åskådare.

....

38 METER UPP HAR DU EN FANTASTISK UTSIKT ÖVER STOCKHOLM.

Obs!
1700-talet → 18. Jahrhundert

b **Fråga varandra vad ni har lust att se!**

□ Vad visas på Kungliga Slottet?
○ Där visas ... Har ni lust att se det?
□ Ja, gärna.
△ Jag vet inte. Vad kan man se på Nationalmuseet?
○ Där kan man se ... Vill ni hellre gå dit?
△ Ja, jag tror det.
□ Nej, jag vill hellre gå till ... Och vad ska vi göra i kväll?

AB 5-6

53

4 ***Djurgården* eller *Kungsholmen runt*?**

a Lyssna på dialogen: Vilken beskrivning passar?

Tre väninnor …
- ☐ planerar en resa till Stockholm och diskuterar vad de vill se.
- ☐ besöker Stockholm och diskuterar vad de ska göra följande dag.
- ☐ pratar om en resa till Stockholm som de gjorde en gång tillsammans.

b Lyssna en gång till och kryssa för!

		rätt	fel	vet man inte
1	Väninnorna var på Kungliga Slottet idag.	☐	☐	☐
2	Deras guide hette Bo Bergkvist.	☐	☐	☐
3	En av dem är mycket trött.	☐	☐	☐
4	De känner varandra från skoltiden.	☐	☐	☐
5	Nästa dag vill de boka båtturen *Djurgården runt*.	☐	☐	☐
6	De ska även se på Stadshuset utifrån.	☐	☐	☐
7	Men först vill de fika på ett kafé.	☐	☐	☐

c Läs texten nu tillsammans tre och tre.
Stämmer era svar från övning 6b? Jämför med texten!

- ✚ Vilken häftig dag vi har haft idag, tjejer, men jobbig! Jag känner mig ganska trött. Men vilken magnifik utsikt man hade!
- ○ Ja, helt otroligt.
- ✚ Vad tycker ni, vad ska vi hitta på i morgon då?
- ▲ Jag vet inte om jag orkar se på fler museer i morgon.
- ✚ Men nu har vi i alla fall varit på Sveriges största konstmuseum. Guiden påminde mig lite om den där historieläraren vi hade en gång i plugget. Minns ni honom?
- ○ Jajamän! Typ "jag är ett lexikon"! Vad var det han hette … Äsch, strunt detsamma!
- ▲ Han hette Bo! Han hette Bo! Bo Bergkvist!
- ○ Javisst, det gjorde han. Vad ska vi göra i morgon? Jag kollar lite i vår kloka guidebok.
- ▲ Vi kan väl börja dagen med en suverän frukost på ett kafé …
- ○ Hör ni, jag är pigg på att se Stockholm från vattnet i morgon. Det ska ju bli kanonväder igen, så vi kommer att ha en strålande utsikt över stan.
- ✚ Ja! Det gör vi, det är jädrans kul!
- ○ Låt se … Det finns två olika turer. Om vi tar *Djurgården runt* ser vi Saltsjöns stränder, och om vi tar *Kungsholmen runt* så ser vi några av Stockholms kanaler och öar från Mälarsidan. Det låter väl mer spännande. Ska vi inte ta Kungsholmsturen?
- ▲ Ja, det låter bra, huvudsaken är att jag inte måste gå för mycket.
- ✚ Äsch, i morgon är du pigg igen, det lovar jag! Varifrån går turen?

- Från Stadshusbron. Då kan vi också se Stadshuset.
- Men jag går inte i några trappor mer.
- Nej, det behöver du inte heller. Vi kan se på Stadshuset utifrån.
- Ok. Hur kommer vi dit?
- Först tar vi tunnelbanan till T-centralen, där hoppar vi av och … går resten.
- Gå?
- Nej, nu får du ge dig! Du överlevde ju också vår sightseeingtur idag.
- Just det, skärp dig nu! Latmaskar vill vi inte ha!

d I texten förekommer mycket talspråk. Vad motsvarar följande uttryck?

1 mycket roligt ....
2 flickor ....
3 härlig ....
4 skolan ....
5 det gör detsamma ....
6 jag har lust ....
7 bra väder ....
8 ryck upp dig nu! ....

e Skriv singular och plural i obestämd och i bestämd form!

en dag	dagen	dagar	dagarna
ett museum	....	....	....
....	....	guideböcker	....
....	kanalen	....	....
en tur	....	....	....
....	....	....	öarna
....	....	stränder	....

f Arbeta tre och tre: Ni är vänner och besöker gemensamt Stockholm. Överlägg vilken sorts "sightseeingtyp" ni är. Bestäm sedan vad ni vill se. Spela upp er dialog för de andra!

Typ "vill se allt"
är full av energi
motto: idag 3 museer – i morgon 3 slott

Typ "latmask"
vill ta det lugnt
motto: vad vi inte orkar med idag kan vi *kanske* göra imorgon

Typ "lagom är bäst"
tycker för mycket fördärvar nöjet
motto: idag lite, i morgon lite – den måttfulle vinner i längden

B 7-8

5

Ursäkta mig, jag vill till …

Fråga varandra hur ni kommer till följande sevärdheter!
Ni befinner er vid *Medborgarplatsen* och har inte lust att gå till fots.

Globen
T-bana: Globen

Naturhistoriska Riksmuseet
T-bana: Universitetet

Millesgården
T-bana: Ropsten

Kungliga Slottet
T-bana: Gamla stan

Katarinahissen
T-bana: Slussen

Stadshuset
T-bana: Rådhuset

Strindbergsmuseet Blå Tornet
T-bana: Rådmansgatan

Kungliga Dramatiska Teatern
T-bana: Östermalmstorg

Historiska Museet
T-bana: Karlaplan

Nationalmuseum
T-bana: Kungsträdgården

- □ Ursäkta (mig), jag vill till … Hur kommer jag dit?
- ○ Du tar tunnelbanan / den röda linjen mot … Du går av vid … Där måste du byta till den gröna linjen mot … Sedan fortsätter du med den till …
- □ Tack för hjälpen!
- ○ Ingen orsak!

AB 9

6

Ett besöksprogram.

Sätt ihop er i en liten grupp. Ni får besök av vänner från Sverige över helgen. Gör planer och skriv upp vilka sevärdheter i er hemort ni vill visa dem och hur ni tar er dit: med buss, tunnelbana eller till fots? Presentera ert program för gruppen!

Obs!
Först på morgonen …
Sedan vid lunchtiden …
Till slut på kvällen …

- □ Jag tycker vi ska visa dem …
- ○ Kanske det. Eller så kan vi också besöka …
- △ Nej, det är ingen bra idé! Vad säger ni om att se på …

AB 10-11

7 Apoteket ligger bredvid bokhandeln.

a) Fyll i bokstäverna!

apotek ☐ ● bankomat ☐ ● brevlåda ☐ ● bro ☐ ● kiosk ☐ ● kyrka ☐ ● park ☐ ● polisstation ☐ ● post ☐ ● torg ☐ ● varuhus ☐ ● fontän ☐ ● sjukhus ☐ ● å ☐

b) Vilken preposition passar? Fyll i!

av ● bakom ● bredvid ● framför ● mellan ● mitt emot ● mitt i ● på ● under ● över

Mitt .... torget finns en fontän. Brevlådan är .... kiosken och *Café Chez Renée*. .... restaurangen står det bord på torget. Restaurangen ligger .... kiosken. .... polisstationen ser man ån.

En bro går .... den – man kan också säga att ån flyter .... bron.

.... ån ligger en park. .... parken står en bänk.

I hörnet .... Nybrogatan och Stenvägen finns en simhall.

trafikljus

c) Skriv upp imperativformen av följande meningar!

Du tar andra gatan till höger. ....

Du fortsätter vägen förbi posten. ....

Du följer vägen fram till banken. ....

Du svänger till höger vid nästa korsning. ....

d) Ställ frågor och beskriv vägen för varandra!

- ☐ Finns det en simhall här i närheten?
- ○ Ja, det gör det, den ligger på ...
- △ Förlåt, hur kommer man till ...?
- ○ Du går här till höger ...

- ◇ Ursäkta mig, var hittar jag en brevlåda?
- ○ En brevlåda? Det finns en här i närheten: ...
- ▽ Jag söker en / ett ... Är det långt härifrån?
- ☐ Nej, inte alls. ... och sedan är du framme.

12-15

14 Karamell: Gustav Vasa

ⓐ **Läs texten!**

Vasaloppet, Vasamuseet och Vasa knäckebröd – vem var egentligen Vasa?

Sverige regerades på 1500-talet av Gustav Vasa. Han föddes år 1496 i närheten av Stockholm och valdes till kung på riksdagen i Strängnäs den 6 juni 1523. Det är till minnet av det som nationaldagen firas i Sverige den 6 juni varje år.

Gustav Vasa är en central gestalt i Sveriges historia därför att Sverige under hans ledning befriades från danskt tyranni. Svenskarna ville upplösa unionen med Danmark. Då ställde den danske kungen Kristian II till med ett hemskt blodbad i Stockholm. Många svenska adelsmän hallshöggs. Även Gustav Vasas fader och svåger var bland offren.

Gustav Vasa tillfångatogs och sattes i fängelse i Danmark men lyckades fly tillbaka till Sverige. Där försökte han få de svenska bönderna att göra uppror mot Kristian II men de var rädda för krig. Gustav Vasa flydde till Dalarna för att där söka hjälp att störta den danske kungen från tronen.

Även dalkarlarna vägrade dock först att hjälpa honom. Gustav Vasa försökte då fly på skidor till Norge. Det är därför den stora internationella skidtävlingen som hålls i Dalarna varje vinter kallas för "Vasaloppet".

Men dalkarlarna ångrade sig och beslöt att ge Gustav Vasa sitt stöd. Danskarna besegrades. På en stor väggmålning i Nationalmuseum av den berömde målaren Carl Larsson skildras Gustav Vasas intåg i Stockholm år 1523.

Gustav Vasa regerade i nästan 40 år. Han hade tre fruar och elva barn. Under hans regeringstid infördes protestantismen i Sverige. Hans motto var: *Om Gud är med oss, vem är då emot oss?*

Gustav Vasa dog år 1560 och ligger begravd i Vasakoret i Uppsala Domkyrka.

ⓑ **Svara på frågorna och diskutera sedan i gruppen!**

1 När firas Sveriges nationaldag och varför?
2 Varför är Gustav Vasa en central gestalt i Sveriges historia?
3 Vem var Kristian II?
4 Vad var Stockholms blodbad?
5 Varför hjälpte bönderna inte Gustav Vasa?
6 Varifrån har Vasaloppet fått sitt namn?
7 Vad visar Carl Larssons väggmålning?
8 Hur länge regerade Gustav Vasa?
9 Hur många fruar och barn hade han?
10 Vad infördes under hans regeringstid?
11 Var ligger Gustav Vasa begravd?

AB 16-17

Nu kan jag ...	☺	😐	☹	Übung
... berätta om Stockholms historia och sevärdheter.	☐	☐	☐	→ **1, 3**
... skildra vilka fördelar Stockholmskortet har.	☐	☐	☐	→ **2**
... tala om vad jag vill se i Stockholm.	☐	☐	☐	→ **3, 4**
... fråga vilken tunnelbana jag måste ta.	☐	☐	☐	→ **5**
... planera ett besöksprogram.	☐	☐	☐	→ **6**
... informera mig om var något ligger.	☐	☐	☐	→ **7**
... berätta vem Gustav Vasa var.	☐	☐	☐	→

Kort och gott - Grammatik

Verben: Passiv

Das schwedische Passiv wird gebildet, indem man ein *-s* an das Verb anhängt.

Präsens

Bei Verben, die im Präsens auf *-ar* enden sowie bei den Kurzverben fällt das *-r* weg.
Bei Verben mit Präsensendung *-er* fällt diese Endung weg.
Bei den unregelmäßigen Verben variieren die Passivformen.

Präsens	Präsens Passiv	
öppna~~r~~	öppnas	I dag öppnas butiken klockan nio.
köpe~~r~~	köps	I sommar köps det mycket glass.
nå~~r~~	nås	Hur nås han per mejl?
gör	görs	Medicinen görs utan skadliga tillsatser.

Das Präsens Passiv steht häufig auf Schildern, in Gebrauchsanweisungen, Anzeigen und Rezepten. Im Deutschen wird in diesen Fällen nicht immer Passiv verwendet.

Utställningen öppnas klockan 10.00.	Die Ausstellung öffnet um 10.00 Uhr.
Bör förbrukas senast 22.3.	Haltbar bis zum 22.3.
Cykel söks.	Fahrrad (wird) gesucht.
Löken skalas, skärs och steks.	Die Zwiebel wird geschält, geschnitten und gebraten.

Präteritum

Die Endung *-s* wird an die Präteritumform angehängt.

Präsens	Präteritum	Präteritum Passiv	
öppnar	öppnade	öppnades	I går öppnades butiken klockan tio.
köper	köpte	köptes	I somras köptes det mycket glass.
når	nådde	näddes	Han nåddes per mejl.
gör	gjorde	gjordes	Medicinen gjordes utan skadliga tillsatser.

Achtung: Die *Deponentia* weisen immer eine *s*-Form auf (siehe Lektion 10).

B 2, 3, 6 Var finns banken? / Jag minns honom. / Jag hoppas du kommer i kväll.

Präpositionen: *av, bakom, bredvid, framför, mellan, mitt emot, mitt i, under* und *över*

I hörnet **av** Grännagatan och ...	An der Ecke **von** Grännagatan und ...
Bakom polisstationen ...	**Hinter** der Polizeistation ...
Bredvid ån ligger en park.	**Neben** dem Fluss liegt ein Park.
Framför restaurangen ...	**Vor** dem Restaurant ...
Brevlådan är **mellan** X **och** Y.	Der Briefkasten ist **zwischen** X **und** Y.
Apoteket ligger **mitt emot** ...	Die Apotheke liegt **gegenüber von** ...
Mitt i parken ...	**Mitten** im Park ...
Ån flyter **under** ...	Ein Fluss fließt **unter** ...
En bro går **över** ...	Eine Brücke geht **über** ...

Lokaladverbien: *där* und *dit*

Där finns en bankomat.	**Dort** gibt es einen Bankautomaten. (statische Form)
B 13, 15 Vill du hellre gå **dit**?	Möchtest du lieber **dorthin** gehen? (dynamische Form)

Höflich um etwas bitten und sich entschuldigen

Die folgenden zwei Möglichkeiten eine Bitte höflich einzuleiten sind in der Funktion gleichwertig.

Ursäkta (mig), var finns en bank? Förlåt (mig), kan jag få en servett?

Wenn man sich nach einem Streit o.ä. entschuldigen möchte,
muss man *förlåt* verwenden – *ursäkta* passt in diesem Zusammenhang nicht!

Förlåt att jag var så dum igår. Förlåt mig!

15 Konsert, teater och evenemang

Kenntnisse über Malmö testen ◆ Veranstaltungshinweise verstehen ◆ diskutieren, was man sich gern ansehen möchte ◆ eine Rezension lesen ◆ sich verabreden ◆ Richtung und Ort angeben ◆ seine Meinung zu einer Aufführung äußern

1 Frågesport.

a **Vem är gruppens Malmöspecialist? Var och en i gruppen läser upp en fråga och ni kryssar alla för vad ni tror är rätta svaret. Gå igenom frågorna med läraren och räkna sedan ihop hur många frågor ni besvarat rätt. Varje riktigt svar ger en poäng.**

1 Malmö hörde i …
A över 200 år till Norge.
B alla tider till Sverige.
C århundraden till Danmark.

2 Bron mellan Malmö och Köpenhamn heter …
A Köpenhamnsbron.
B Öresundsbron.
C Malmöbron.

3 I Malmö talar man …
A skånska.
B danska.
C svenska.

4 *Malmöfestivalen* lockar fler än …
A 1,4 milj besökare.
B 800 000 besökare.
C 100 000 besökare.

5 *Malmö Folkets Park* är …
A en djurpark.
B en botanisk trädgård.
C en nöjespark.

6 *Malmöhus Slott* är idag …
A en biograf.
B ett museum.
C ett konserthus.

7 *Far i hatten* är …
A en skulptur.
B ett kafé.
C en kyrka.

8 *Malmökortet* är …
A ett parkeringskort.
B ett busskort.
C ett turistkort.

9 *Turning Torso* är …
A en skulptur.
B en byggnad.
C en karusell.

10 *Wallmans* är …
A en författare.
B en teater.
C en musiker.

11 Anita Ekberg är
A skådespelerska.
B operasångerska.
C politiker.

12 Deckaren *Polis, polis, potatismos* skrevs av …
A Henning Mankell.
B Maj Sjöwall / Per Wahlöö.
C Liza Marklund.

AB 1

b **Arbeta två och två. Formulera 3 frågesportsfrågor om er stad som i 1a. Ställ sedan era frågor till gruppen!**

2

Vad händer i stan?

Ögna igenom följande texter och stryk under fem ord du inte förstår. Jämför sedan med din granne och försök gemensamt ta reda på vad orden betyder. Sätt er sedan ihop med ett annat par och fråga varandra om orden!

Malmö Opera: *Figaros bröllop*

Opera av Wolfgang Amadeus Mozart
Biljetter: Storans biljettkassa
Mån, ons, fre kl 18.00 / lörd, sön kl. 19.30

Boka biljetter nu på Ticket Online

Malmö Dramatiska Teater: *Sultanens hemlighet*

Gästspel av Tawfiq al Hakim. En av arabvärldens mest kända pjäser om sultanen som ställs inför det laddade mötet med en kvinna och en värld han aldrig tidigare upplevt.

vard 19.00, lörd – sönd 19.30
Föreställningens längd:
ca 1 tim och 45 min (ingen paus)

Biopalatset, Malmö: *Hemma bäst*

Romantisk komedi med Matthew McConaughey och Sarah Jessica Parker.
Alla dagar klockan 16.00, 20.00, 23.00

Denna fascinerande film är ett måste!

Mattssons Musikpub:

Konsert med Monday Night Big Band (jazz) och gäster. Monday Night Big Band är ett stående inslag i det malmöitiska jazzlivet men har också turnerat i Danmark, Norge, Frankrike, Italien och USA. Måndagar 21.00

Malmö SymfoniOrkester: Symfonikonsert

Beethoven Symfoni nr 9, Sibelius Symfoni nr 5
lördag, söndag klockan 19.30. Konsertlängd 100 min, med reservation för ändringar

Vi skickar säsongprogrammet gratis till dig

Wallmans Bar visar idag succéshowen *Alla tiders hits*

Alla tiders hits är en bejublad musikalisk resa genom tiden. Förutom vår stjärnglansiga show avnjuter du en kärleksfullt tillagad middag. Mycket nöje!

Slagthuset: Konsten att säga nej

Föredrag om konsten att säga nej med gott samvete till både barn och livskamrat utan att kränka eller såra. Föreläsare: Jesper Juul, familjeterapeut och författare.
Tid: 18.00 – 21.00 Biljetter: 040-711 11

Välkommen till *Malmö museer* – södra Sveriges största museum

Här finner du Nordens äldsta bevarade renässansslott (Malmöhus), akvarium och tropikarium såväl som utställningar om regionens historia, naturens mångfald och Skånes geologi.

Öppettider:
sept – maj alla dagar kl 12 – 16
juni – aug alla dagar kl 10 – 16
under sport-, påsk- och höstlov
kl 10 – 16 vardagar

AB 2

3

Vad går på Wallmans?

Fråga varandra vad ni har lust att se!

AB 3

- □ Vad går på Wallmans Bar?
- ○ Där går …
- □ Och vad visas på operan?
- ○ Där visas …
- □ Har du lust att se det?
- ○ Ja, varför inte? / Nej, jag vill hellre …

4

En alla tiders föreställning.

Vad syftar följande kommentarer på?
Stryk under alla positiva och negativa uttryck!

1: utställning ● 2: teaterpjäs ● 3: biograf ● 4: show ● 5: opera ● 6: föredrag ● 7: musikkonsert

☐ En katastrof. Dålig musik, tråkiga låtar och en trist stämning i publiken, helt kass ...

☐ Souverän iscensättning – toppen! Jättebra sångerskor med fantastiska röster ...

☐ Filmen var verkligen botten, aldrig igen!

☐ Vilka fula skulpturer! Och målningarna var också bara så där. Det var inte värt pengarna ...

☐ En alla tiders föreställning! Fantastiska skådespelare, den måste du se!

☐ Bottendålig entertainment. Långtråkigt och dessutom förskräcklig akustik!

☐ Professorn förde en monolog och vi fick ingen chans att ställa frågor. Det var inget vidare ...

AB 4

5

En recension.

ⓐ **Fyll i substantiven – bestämd eller obestämd form, singular eller plural?**

Sultanens hemlighet – en alla tiders föreställning! Detta fascinerande teaterstycke är ett måste. Redan .... (titel) lockar till en härlig och exotisk .... (upplevelse): mörka män i mäktiga .... (turban), färgstarka magdanserskor och .... (natt) där allt kan hända. Fantastiska .... (skådespelare) och en mycket färgglad scenbild bidrar till en rolig .... (kväll) för alla .... (åskådare). I .... (pjäs) blandas allvar med lek. Bara ibland är .... (handling) lite för långdragen, en riktig .... (konflikt) dyker aldrig upp. Men de entusiastiska .... (applåder) sedan .... (ridå) fallit bevisade: mycket sevärt!

ⓑ **Läser ni recensioner? Har ni varit på något spännande på sista tiden som ni kan rekommendera? En bra film, teaterpjäs eller konsert? Fråga varandra!**

uppseendeväckande ● skrattretande ● fängslande ● gripande ● skrämmande ● djupgående ● fascinerande ● medryckande ● levande

□ Har du hört talas om ...?
○ Nej, det har jag inte och jag läser sällan recensioner. Vad handlar den / det om?
□ Den / det handlar om ...

△ Vem spelar med i pjäsen / filmen? Vem dansar i baletten? Vem sjunger i operan? Vem är regissören / komponisten / författaren / musikern ...?
○ Tyckte du det var en bra föreställning?
□ Ja, den var verkligen underhållande.

AB 5-9

54

6

Jag fixar biljetter.

a Läs först, fyll i och lyssna sedan!

〉får du bestämma ● får vi se ● hinner du ● hör mig för ● låter bra ● ordnar jag ● är sugen på ●〈

- Du Johan, jag .... att göra något roligt i helgen, det var längesedan vi gjorde något kul. Har du hört talas om den där pjäsen *Sultanens hemlighet*?
- Äh, ja, jag har läst en recension om den. Den ...., och lite fräscha vindar på vår kulturella front kan ju aldrig skada.
- Precis.
- Men .... fixa biljetter då?
- Javisst, det .... Jag ringer nu direkt till biljettkassan och .... Var vill du sitta?
- Jag sitter gärna långt fram på parkett.
- Varför det? Där är biljetterna ju så dyra.
- Ja, men jag vill se ordentligt vad som händer på scenen. Det förstår du väl, eller hur?
- Okej, det .... Och så .... om vi överhuvudtaget kan få några biljetter.

b Hitta liknande uttryck i texten 6a!

ett tag sedan	....	det inser du väl	....
känner du till	....	genast	....
just det	....	se bra	....

c Vilka positiva och negativa svar passar till frågan? Dra ett streck och sätt in rätt bokstav!

1	Har du lust att gå på teater ?	Ja, det hinner jag. / ☐
2	Vill ni se *Hamlet*?	Ja, det kan jag. / ☐
3	Hinner du ordna biljetter?	Ja, det gör vi. / ☐
4	Ska vi gå och ta en öl efteråt?	Ja, det vill vi. / ☐
5	Kan du reservera ett bord?	Ja, det har jag! / ☐

〉**A** Tyvärr hinner jag inte, jag är mycket upptagen just nu. ● **B** Dumt nog har vi redan sett den där pjäsen. ● **C** Nej, tyvärr kan jag inte det, jag har inte numret. ● **D** Nej tack, jag är nog för trött. ● **E** Den här veckan kan jag inte, jag arbetar varje kväll.〈

d Titta på programmet i övning 2. Diskutera gemensamt vad ni har lust att se. Bestäm sedan när och var ni ska träffas. Spela upp dialogen för gruppen!

3 10-12

7 **På teatern.**

a **Samordna!**

balkong • nödutgång • orkesterdike • program • rad • ridå • scen • textmaskin

b **Titta på bilden i 7a och fyll i rätt lokaladverb!**

1 *Framme* på parkett sitter åskådarna.
2 Musikerna sitter .... i orkesterdiket.
3 Från balkongen kan man se .... i orkesterdiket.
4 På scenen ser man .... i ett öppet hus.
5 En flicka sitter .... i huset.
6 Fadern säger: "Du får inte gå ....! Du stannar ....!"
7 Hon svarar: "Men om jag får gå .... i fjällen kommer jag snart .... igen."
8 Fadern går .... ur rummet.
9 Flickan vet inte att hennes vän har kommit .... från fjällen för att träffa henne.

Obs!

Vart?	Var?
upp / ner	uppe / nere
ut / in	ute / inne
dit / hit	där / här
fram	framme
bort	borta
hem	hemma

c **Arbeta två och två: Formulera frågor till 7a. Rikta sedan era frågor till gruppen!**

□ Var står trädet?
○ Var tror hon att hennes vän är?

d **Testa era muntliga färdigheter två och två! En beskriver kort vad han ser på bilden i 7a. Den andra ställer frågor. Diskutera sedan kulturprogrammet där ni bor och vilka evenemang ni personligen är intresserade av! Allt som allt fem minuter.**

AB 13-14

55

8

Det var inte igår.

Lyssna på texten och kryssa för. Spela sedan en liknande dialog! Hur är fortsättningen?

	stämmer	stämmer inte	vet man inte
1 Anneli och Jonas är nära vänner.	☐	☐	☐
2 Jonas har en syster och en bror.	☐	☐	☐
3 Anneli känner inte Jonas syster.	☐	☐	☐
4 Jonas ska gå på *Sultanens hemlighet.*	☐	☐	☐
5 Anneli har sett pjäsen *En sommar i Paris.*	☐	☐	☐

AB 15-16

□ Kan jag byta de här biljetterna?
○ Javisst, inga problem!

9

Vi vill gärna bjuda er på ...

Svara på följande mejl tillsammans! Besvara frågorna som ställs i mejlet!

Hej Lena!

Hur mår du? Hoppas allt är väl med dig och din man. Vi ser fram emot resan. Peter och jag är så nyfikna på att se hur ni bor och spända på att lära känna er stad! Kan du berätta vad som är sevärt? Vi vill gärna bjuda er på en teater- eller operakväll när vi kommer. Välj själva vad ni vill se. Skulle du kunna fixa biljetter i förväg? Tack för det! Hör av dig! Många hälsningar

Linda

10

Bingo!

Vem har på sistone gjort en av följande saker? Res er och gå runt och fråga varandra! Den som först har fyra namn i en rad – lodrätt, vågrätt eller diagonal – har vunnit.

Har du under de senaste tre månaderna ...

varit på en musikal?	gått på teater?	läst en recension?	gått på bio?
....	....	....	....
köpt biljetter till ett evenemang?	lyssnat på ett föredrag?	varit på sight-seeingresa i en stad?	lyssnat till en symfonikonsert?
....	....	....	....
gått på museum?	gått på en opera?	varit på konsert?	sett en show?
....	....	....	....
sett en balett?	gått på en skulpturutställning?	varit på en popkonsert?	gjort en sightseeingbåttur?
....	....	....	....

AB 17

15 Karamell: Mamma Mia

a Arbeta igenom följande recension två och två. Fastna inte vid enskilda ord utan försök att förstå dem ur sammanhanget. Gå sedan igenom texten gemensamt i gruppen och diskutera vad texten handlar om!

Mamma Mia är ett enda stort lyckopiller

Gamla klassiska ABBA-låtar med svenska texter? Hjälp, det lät ungefär lika galet som julklappar på midsommarafton. De engelska texterna är ju en del av ens barndom och uppväxt, hur skulle de kunna göras om på svenska? ABBA är för musiken vad Astrid Lindgren är för böckernas värld.

Jag var nervös att jag bara skulle sitta och irritera mig på de nya texterna och istället sjunga originaltexterna tyst för mig själv. Men tjena, min oro var helt obefogad. Den svenska uppsättningen av Mamma Mia är ett stort härligt lyckopiller och en nostalgifest utan like. Det är bra skådisar, bra sångare och framför allt – underbara texter. Att lyckas behålla det "abbiga" från de engelska texterna trots att de förvandlats till det fattiga språket svenska är en bragd. Mamma Mia bjuder inte bara på bra musik – den bjuder dessutom på värme och en hel del gapskratt. Och när skrattade du senast när du gick på en musikal?

Mamma Mia handlar om 20-åriga Sofie som bor på en grekisk ö med sin mamma. Sofie ska gifta sig och vill att hennes pappa ska finnas där på bröllopet. Problemet är att hon aldrig fått veta vem hennes pappa är. Men efter att ha tjuvkikat i mammans 21 år gamla dagbok hittar hon tre starka kandidater till faderskapet. Hon bjuder in alla tre till bröllopet och hoppas att hon snabbt ska kunna se vem av dessa tre som är hennes far när de anländer till ön.

Storyn knyts samman av ABBA-låtar som alltså fått nytt svenskt liv. Publiken på premiärkvällen var i extas. Folk skrek, busvisslade, sjöng med och applåderade till de klassiska låtarna. Och fantastiskt var det – en musikal kan inte bli bättre än så här. Den har allt. Det enda man möjligtvis skulle kunna önska sig var bättre ljudkvalité för stundtals kunde det vara svårt att förstå texterna. Annars är det bara att gratulera alla som lyckats få tag på biljetter till Mamma Mia – ni har en underbar kväll framför er.

b Diskutera!

1. Vad menas med att ABBA är för musiken vad Astrid Lindgren är för böckernas värld?
2. Vad handlar Mamma Mia om?
3. Varför är ABBA-låtarna fortfarande så populära?
4. Tycker ni att engelska låtar överhuvudtaget ska översättas?
5. Har ni också någon gång varit i extas när ni sett en musikal eller hört en popkonsert?

AB 18-20

Nu kan jag ...				Übung
... berätta lite om Malmö.	☐	☐	☐	→ **1**
... fråga efter kulturella evenemang.	☐	☐	☐	→ **2, 3**
... tala om vad jag har lust att se.	☐	☐	☐	→ **3, 6**
... berätta vad jag tyckte om en föreställning.	☐	☐	☐	→ **4, 5**
... stämma träff.	☐	☐	☐	→ **6**
... ange ort och riktning.	☐	☐	☐	→ **7**
... byta teaterbiljetter.	☐	☐	☐	→ **8**
... läsa en recension.	☐	☐	☐	→ **5,**

Kort och gott – Grammatik

Lokaladverbien: dynamische und statische Form

Einige Lokaladverbien haben unterschiedliche Formen – je nachdem, ob sie dynamisch (Bezeichnung einer Richtung) oder statisch (Bezeichnung einer Position) sind (siehe Lektion 13). In Verbindung mit der Endung *-ifrån* wird die Herkunft ausgedrückt.

Wohin? (dynamisch – Richtung)	Wo? (statisch – Position)	Woher? (Herkunft)
upp	uppe	uppifrån
ner	nere	nerifrån
in	inne	inifrån
ut	ute	utifrån
fram	framme	framifrån
hem	hemma	hemifrån
bort	borta	bortifrån
dit	där	därifrån
hit	här	härifrån

Wohin?	Wo?	Woher?
Hon åker **upp** med hissen.	Nu är hon **uppe**.	Hon kom **uppifrån**.
De går **ner** för trappan.	Nu är de **nere**.	De kom **nerifrån**.
Sofi går **ut** i parken.	Nu är hon **ute** i parken.	Hon kommer **utifrån**.
Lasse går **hem**.	Nu är han **hemma**.	Han går **hemifrån**.
Lisa går **dit**.	Nu är hon **där**.	Lisa går **därifrån** kl. 11.

Wenn man von Orten und Städten auf einer Landkarte spricht, verwendet man *uppe* für alles, das nördlich von einem bestimmten Punkt und *nere* für alles, was südlich davon liegt.

De bor **nere** i Skåne. Därifrån åker de **upp** till Stockholm och sedan **ner** till Skåne igen.
AB 14 På vintern reser de **upp** till Norrland. De är ofta **uppe** i norra Sverige.

Partizip Präsens

Das Partizip Präsens bildet man im Schwedischen durch das Anhängen der Endungen *-ande* und *-ende* an den Imperativ (Befehlsform). Bei Verben, die auf einen langen, betonten Vokal enden, wird die Endung *-ende* angehängt – bei den anderen *-ande*. Endet die Imperativform auf ein unbetontes *-a*, dann entfällt dieses vor der Endung *-ande*. Mit dem Partizip Präsens werden viele Adjektive gebildet.

skratt~~a~~ + ande	skrattande	ett skrattande barn
drick + ande	drickande	en drickande hund
gå + ende	gående	en gående man

AB 5

Demonstrativpronomen

denna	den här / där	detta	det här / där
dessa	de här / där	dessa	de här / där

Nach *denna, detta, dessa* steht das Substantiv in der unbestimmten Form, nach *den / det / här / där* und *de här / där* dagegen in der bestimmten Form.

Denna bok är verkligen bra. **Dessa** böcker kan jag rekommendera.
Den här bok**en** är också toppenbra. **De här** böcker**na** måste du läsa.

Adjektive erhalten nach den Demonstrativpronomen die Endung *-a*.

Denna fantastisk**a** pjäs. **Dessa** fantastisk**a** pjäser.
Det där orientalisk**a** stycket. **De där** orientalisk**a** styckena.

Die Adjektive auf *-ande* und *-ende* erhalten jedoch keine Endung.

Denna underhållande pjäs. **Detta** gripande teaterstycke.
AB 10 **Dessa** spännande filmer. **Dessa** djupgående föredrag.

Bli vän med din kropp!

Körperteile benennen ◆ sich über seine Lebensgewohnheiten Gedanken machen und darüber diskutieren ◆ einen Rat in Bezug auf körperliche / psychische Beschwerden geben ◆ einen Dialog beim Arzt führen ◆ das schwedische Gesundheitssystem

1 Kroppen.

a Samordna!

huvud / ansikte: haka • hals • kind • mun • näsa • panna • strupe • tand • öga • öra

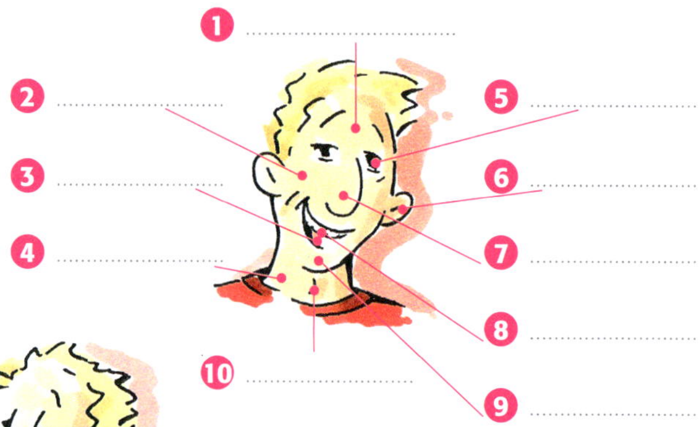

kropp: arm • armbåge • axel • ben • bröst • finger • fot • hand • höft • knä • mage • nacke • rygg • tå

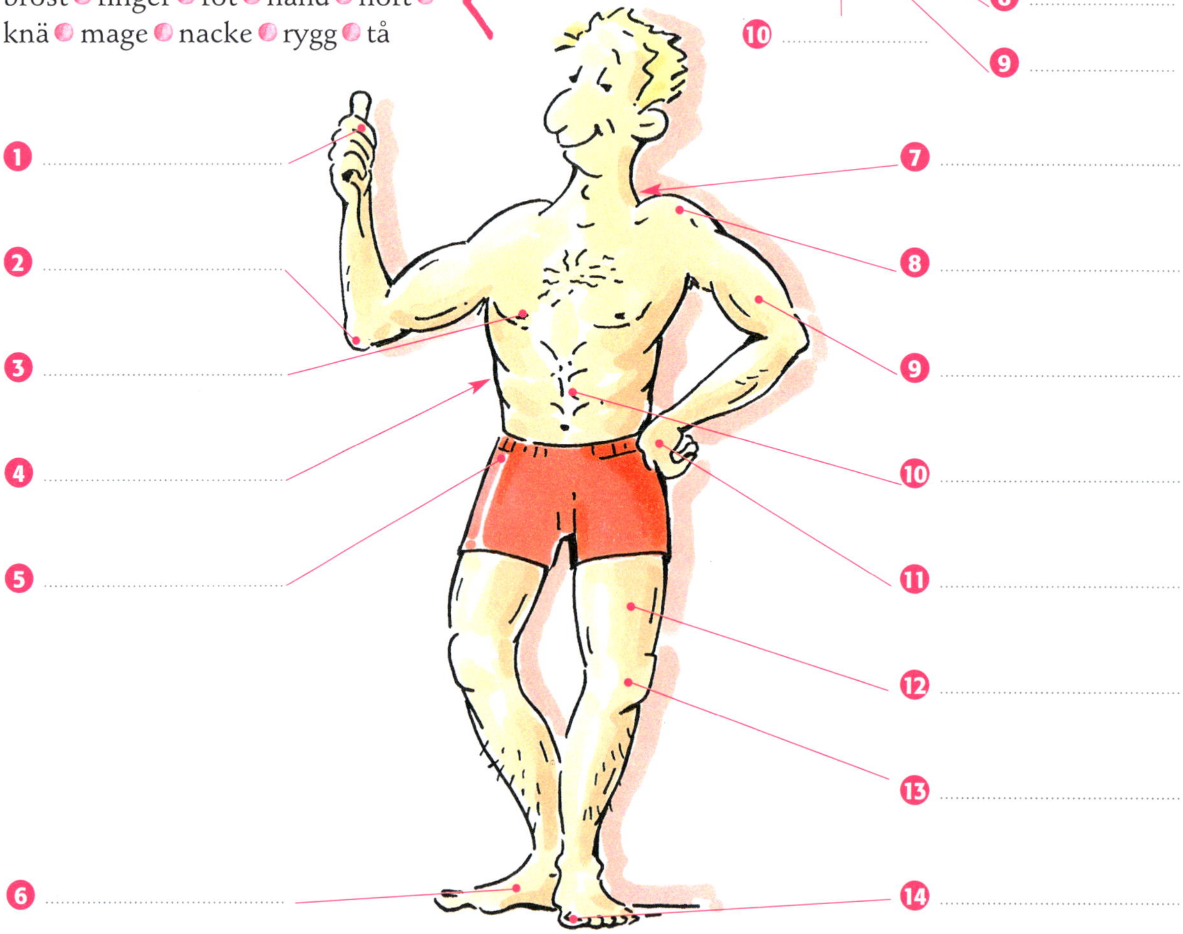

b Skriv på en lapp två frågor om vilka kroppsdelar man använder till vad! Lapparna samlas in och delas ut igen. Ställ frågorna på din lapp till någon i gruppen!

Obs!

vilken	Vilken hand skriver du brev med?
vilket	Vilket ben sparkar du boll med?
vilka	Vilka kroppsdelar använder man när man joggar?

AB 1-3

2 Motionera regelbundet!

a) Läs följande råd tillsammans! Fråga sedan varandra vad ni gör för att leva ett sunt liv. Ge varandra siffror från 1 – 3!
(1 = gör han / hon sällan; 2 = gör han / hon ibland; 3 = gör han / hon ofta)

Tio goda råd för ett sunt liv:

- Motionera regelbundet! ☐
- Undvik hissar, ta trappan i stället! ☐
- Ät en bra frukost, en nyttig lunch och en lätt middag! ☐
- Ät mycket frukt och grönsaker varje dag! ☐
- Drick minst 2 liter per dag! ☐
- Sov tillräckligt! ☐
- Skydda dig mot solen! ☐
- Drick alkohol måttfullt! ☐
- Avhåll dig från nikotin i alla former! ☐
- Gå regelbundet på hälsokontroll! ☐

Hur ofta …?

Resultat
21 – 30 poäng: Grattis! Du lever verkligen ett sunt liv!
11 – 20 poäng: Du lever inte direkt osunt – men finns det inte något du skulle kunna förbättra?
0 – 10 poäng: Hur vore det om du funderade lite på vad du kan ändra för att leva ett sundare liv?

b) Titta på bilderna! Lever personerna ett sunt liv? Vad skulle de må bättre av?

A
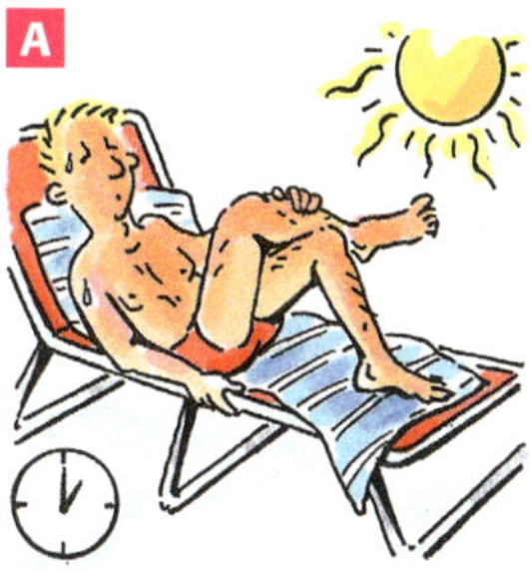

B

C

D

Person A skulle må bättre av att inte …
Han borde …

c) Vad gör du för att hålla dig fit? Vad skulle du kunna göra bättre? Fråga varandra!

☐ Hur är det med dig: Motionerar du regelbundet?
○ Ja, det gör jag. / Nej, det gör jag inte.
☐ Vad gör du då för att hålla dig fit?
○ Jag gör faktiskt inte mycket.
Jag vet att jag skulle må bättre av att t.ex. …

d) Vill vi inte alla leva ett sundare liv? Har inte de flesta av oss någon gång lovat att ändra sin livsstil? Men varför klarar vi då ofta inte av att hålla de löften vi avlagt? Gemensamt går det kanske lättare. Diskutera vad ni skulle vilja ändra i ert liv. Försök att göra det tills nästa gång ni ses. Fråga då varandra hur bra ni har lyckats!

AB 4

3 Har du en värktablett?

a Vad hör ihop? Skriv upp!

1 Jag har tandvärk.
2 Titta! Jag har fått utslag på armarna!
3 Emily mår illa och kräks hela tiden!
4 Jag har ont i huvudet.
5 Anton tror att han har feber.
6 Jag mår dåligt. Jag har sådan hosta.
7 Vad hjälper mot diarré?
8 Du har bränt dig i solen.
9 Anders har skurit sig.

a Jag har plåster och förband i mitt husapotek.
b Ja, har du kanske en salva som lindrar?
c Gå till apoteket och köp hostmedicin.
d Ska jag beställa tid hos tandläkaren?
e Har han redan tagit tempen?
f Är du allergisk mot något?
g Kan det hända att du har en baksmälla?
h Då hjälper koltabletter.
i Åka in till akuten med henne!

1 ……… 2 ……… 3 ……… 4 ……… 5 ……… 6 ……… 7 ……… 8 ……… 9 ………

b Vad hjälper? Fundera gemensamt. Skriv ytterligare exempel!

antiseptisk salva • getingstick • hosta • hostmedicin • huvudvärkstablett • illamående • kamomillte • ont i öronen • plåster • svalkande salva • sår • örondroppar

symptom	medicin
………	………
………	………
………	………
………	………
………	………

AB 5

4 På vårdcentralen.

a Stryk under alla pluskvamperfektformer i följande text.
Fyll i alla verbformer – skriv på ett papper. Svara sedan tillsammans på mejlet!

Hej Camilla!

Tack för ditt mejl! Jag hade tänkt svara genast men igår mådde jag så dåligt att jag måste gå till doktorn. Jag hade varit i skogen och trampat i ett getingbo och fått två getingstick i foten. Hela benet hade svullnat fast jag hade badat foten i kallt vatten och satt på en svalkande salva. Under natten hade jag fått feber och dessutom kräkts. På vårdcentralen fick jag en bra medicin och igår kväll var jag pigg igen. Jag ringer dig i morgon. Det vore kul att träffas snart igen. Hälsningar

Matilda

Präsens	Präteritum	Perfekt	Plusquamperfekt
tänker	tänkte	har tänkt	hade tänkt
………	………	………	………
… ………			

Obs!
hade varit
hade trampat

ⓑ **Svara på följande utdrag ur ett diskussionforum på nätet. Sätt verben i rätt tempus!**

Hej, vem kan hjälpa mig? Jag läser psykologi i Uppsala och arbetar på en uppsats om hur man bemöter utlänningar på våra vårdcentraler. Förra året intervjuade jag utländska turister som hade sökt hjälp under sin semester i Sverige. Nu söker jag kontakt med utländska studenter som haft erfarenheter av det svenska sjukvårdssystemet under en studievistelse i Sverige. Skriv sofia@tentakel.se eller ring mig gärna under 0171 54 54 321.

Hej Sofia, jag .... (heta) Anja och .... (vara) från Tyskland. Jag .... (vara) i Sverige i somras och .... (studera) svenska vid Lunds universitet. När jag .... (vara) där i tre veckor .... (få) jag hemskt ont i magen och .... (må) väldigt illa. Jag .... (gå) till vårdcentralen för att be om hjälp. Tyvärr .... (sitta) en massa patienter i väntrummet och de .... (råda) mig att åka in till akuten. Akutmottagningen .... (ligga) tack och lov alldeles i närheten. När jag .... (komma) dit .... (fråga) en sjuksköterska efter mitt personnummer men det .... (ha) jag naturligtvis inte, inte heller någon patientbricka, men däremot ett intyg som jag .... (få) från min försäkringskassa i Tyskland och som .... (gälla) inom EU. När jag .... (vänta) en stund .... (komma) en läkare och .... (undersöka) mig. Han .... (fråga) vad jag .... (äta) och .... (diagnostisera) en fiskförgiftning. Han .... (skriva) ut ett recept på en medicin som jag .... (hämta) på apoteket. Den .... (hjälpa) fort och på kvällen .... (känna) jag mig pigg igen. Alla på vårdcentralen .... (vara) mycket vänliga och tillmötesgående.

ⓒ **Har ni någon gång varit sjuka i Sverige och vad gjorde ni då?**
Berätta för gruppen om era erfarenheter!

AB 6

5 Vad är det?

Välj ett föremål och förklara vad det är! De andra ska gissa!

antiseptisk salva • bomull • förband • gasbinda • hudvänlig tejp • pincett • sax • sårrengöringsmedel • värktabletter • febertermometer

AB 7

□ Det är en sak som används för ...
Den behöver man för att ...
Den är liten och silverfärgad.
○ Är det en sax?

56

6 Vad är det för fel på dig?

ⓐ **Lyssna på dialogen och svara på frågorna!**

1 Vilka besvär har mannen? ....

2 Vad undersöker läkaren? ....

3 Vem tror han att han har smittats av? ....

b **Läs dialogen tillsammans. Diskutera ord ni inte förstår!**

- Hej, vad är det för fel på dig då?
- Igår fick jag feber – jag menar riktigt hög feber: 39,9°! I flera dagar hade jag då redan haft ont i halsen och ont i huvudet och hostat.
- Det låter ju inte så bra. Har du ont någonstans? Mår du illa?
- Nja, jag är lite yr men framför allt känner jag mig trött och hängig.
- Okej, då ska vi se. Kan du räcka ut tungan så får jag se hur det ser ut i din hals. Ja, den är ju verkligen ganska inflammerad.
  Jag vill gärna lyssna på dina lungor också ....
  Jaha, de är också angripna. Det är många som är sjuka just nu. Du har säkert blivit smittad.
- Ja, min sambo och hennes son blev sjuka i söndags. De hade varit ute i skogen och överraskats av ett åskväder och deras kläder hade blivit genomblöta. Min sambo hade lämnat sitt paraply i bilen.
- Ja, det är säkert deras infektion du har fått. Det är ju lätt hänt att man delar sina sjukdomar när man bor ihop. Jag ska skriva ut ett recept på hostmedicin och något febernedsättande.

Obs!
hans / hennes / deras
sin / sitt / sina

c **Stryk under alla possessivpronomen i ovanstående text!**
Stryk under satsens subjekt med en annan färg.
Jämför sedan med exemplen på sida 137.

d **Stryk först under subjekten i följande text. Sätt sedan i rätt possessivpronomen!**

Lisa hade fått utslag på .... armar och läkaren hade skrivit ut ett recept på en saft som hon skulle ta två gånger om dagen. Hon vägrade att ta .... medicin för hon tyckte att den smakade äckligt. Men .... mamma sa att hon måste ta den för annars skulle .... utslag inte gå bort. .... pappa rådde henne att bada armarna i saltvatten. Han sa att han hade haft liknande utslag på .... ben. Men sommaren innan hade de tillbringat .... semester vid Medelhavet och det var bra med saltvattnet: efter en vecka hade .... utslag försvunnit helt.

AB 8-9

7

AB 10

Hos läkaren.
Spela upp en dialog där en är läkare och den andra patient!

- *kände mig dålig redan i förrgår*
- *började med huvudvärk, halsont, feber*
- *har jag blivit smittad?*

8

Stress – mental avslappning är viktig.
Läs texten tillsammans och fundera om det ska vara bestämd eller obestämd form av substantiven! Diskutera även ord ni inte förstår!

Sjukvårdsrådgivningen

Eftersom .... (kropp) reagerar fysiskt vid stress så kan .... (motion) hjälpa den att göra sig av med .... (stress). Med motion får .... (kropp) syre och kan slappna av igen. Människans .... (kropp) är gjord för rörelse, men i dag när många arbeten är stillasittande får den inte röra sig tillräckligt på naturlig .... (väg). Därför är det ett stort steg mot bättre .... (hälsa) och mindre .... (stress) att till exempel ta ett par raska långpromenader i .... (vecka), cykla till och från .... (arbete) och att simma, dansa eller jogga regelbundet. Mjuk .... (gymnastik) som yoga och qi gong ger både fysisk aktivitet och mental avslappning.

AB 11

9

Sitt eller stå bekvämt!

ⓐ **Ordna meningarna logiskt!**

Avslappningsövning:

- ☐ Dra båda axlarna högt upp mot öronen och håll dem spända i 5 – 10 sekunder. Håll andan.
- ☐ Andas sedan ut genom näsborrarna och släpp ner axlarna. Låt dem slappna av i ett par sekunder, och gör sedan om övningen 5 – 6 gånger.
- ☐ Sitt eller stå bekvämt med rak rygg och sänkta axlar.
- ☐ Ta ett par djupa andetag genom näsborrarna och känn att axlarna sjunker ner lite mer.

ⓑ **Sätt ihop er minst fyra i en grupp. Diskutera: Hur hanterar du stress? Berätta för varandra!**

- ☐ När jag känner mig stressad … . Och du?
- ○ Jag brukar … för att återhämta mig.
- ☐ Vad gör du för att ladda dina batterier?
- ○ Jag mår bra av att …

3 12-13

16 Karamell: Sjukvårdssystemet i Sverige

a **Vilken överskrift passar till vilken textpassage?**

Akutvården ● Långa väntetider ● Primärvården ● Äldrevården

....

Grundprincipen är att den så kallade primärvården ska ta hand om alla fall som inte är akuta. Primärvården består av vårdcentraler som finns utspridda i landet. I storstäderna finns flera vårdcentraler. Dit kan man gå på öppen mottagning utan tidsbeställning och tala med en läkare eller en sjuksköterska. I vissa städer finns numera också akutmottagningar dit man kan ringa och få tid samma dag eller dagen efter. De har öppet även på kvällstid. Vid mindre besvär gör man klokt i att inte vända sig till akutmottagningarna på sjukhusen. Om ärendet inte bedöms som brådskande kan man få vänta i många timmar, då akuta fall alltid kommer före. Men även på vårdcentralerna kan man ibland få vänta länge.

....

Rör det sig om allvarliga hälsoproblem bör man däremot vända sig direkt till akutvården på sjukhusen. Smärtor i bröstet samt diffusa buksmärtor betraktas alltid som akuta fall och tas omedelbart hand om av akutpersonalen. Om man ringer efter ambulans kommer den mer eller mindre snabbt beroende på vilken prioritet alarmcentralen ger ärendet. Det är alltså viktigt att berätta mycket noggrant vad saken gäller när man ringer.

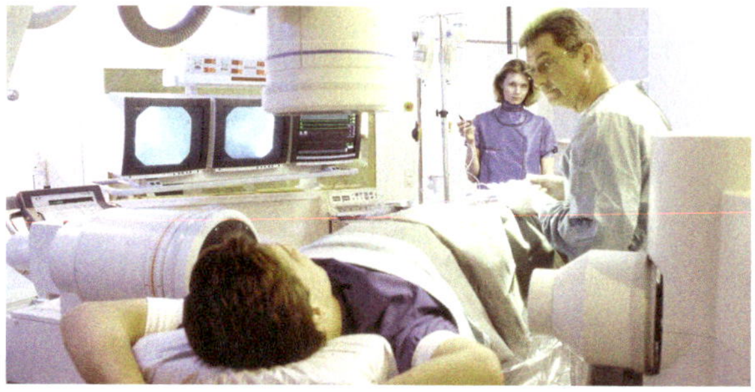

....

Vid icke akuta hälsoproblem som höft- eller knäsmärtor kan man få vänta i åratal på operation. Därför vänder sig en del svenskar till privata sjukhus där operationer måste betalas privat men därför också genomförs mycket snabbare. Alltfler svenskar reser numera även utomlands för att få sina operationer utförda.

....

Som alla västeuropeiska länder har även Sverige problem med äldrevården. Det finns för få äldreboenden och servicehus. Meningen är att så många som möjligt ska bo hemma så länge de kan och få hjälp av hemtjänsten. Men hjälpen är ofta inte tillräcklig och många gamla skulle hellre vilja bo på ett äldreboende. Där finns det dock ofta inte plats eftersom många hem läggs ner trots att den äldre befolkningen ständigt växer. De anhöriga får ställa upp och det innebär en stor belastning för många familjer. Gamla i Sverige har dock speciella förmåner som t.ex. färdtjänst, vilket innebär att de kan färdas billigt med taxi.

b **Diskutera följande frågor i små grupper!**

1 Hur fungerar primärvården i Sverige?
2 När bör man vända sig till sjukhusens akutvård?
3 Skiljer sig det svenska sjukvårdssystemet från det i ditt hemland? Diskutera!

AB 14-18

Nu kan jag ...	🙂	😐	🙁	Übung
... säga vad olika kroppsdelar heter.	☐	☐	☐	→ **1**
... fundera på om jag lever ett sunt liv.	☐	☐	☐	→ **2**
....diskutera med andra om min egen och deras livsstil.	☐	☐	☐	→ **2**
... tala om kroppsliga och psykiska besvär.	☐	☐	☐	→ **3, 4**
... ge råd om vad man kan göra när man inte mår bra.	☐	☐	☐	→ **3, 4, 9**
... beskriva något.	☐	☐	☐	→ **5**
... föra en dialog hos läkaren.	☐	☐	☐	→ **6**
... berätta om det svenska sjukvårdssystemet.	☐	☐	☐	→

Perfekt und Plusquamperfekt

Die beiden Zeitformen Perfekt und Plusquamperfekt bildet man im Schwedischen mit dem Hilfsverb *ha* und dem sogenannten *Supinum*. Dieses ist unveränderlich und endet immer auf *-t*.

Perfekt	Plusquamperfekt
Jag **har** tala**t** med honom.	Jag **hade** tala**t** med honom.
Jag **har** läs**t** boken.	Jag **hade** läs**t** boken.
Jag **har** bo**tt** i Paris.	Jag **hade** bo**tt** i Paris.
Jag **har** gjor**t** en resa.	Jag **hade** gjor**t** en resa.

Perfekt und Plusquamperfekt werden bei Zeitangaben in der Vergangenheit verwendet. Hierbei gilt meist Perfekt + Präsens / Plusquamperfekt + Präteritum.

Mia **är** inte hemma. Hon **har rest** till Karlstad.
AB 6 Mia **var** inte hemma förra veckan. Hon **hade rest** till Karlstad.

Possessivpronomen: *hans / hennes / deras* und *sin / sitt / sina*

Personal-pronomen	Possessivpronomen nicht reflexiv		Possessivpronomen reflexiv
jag		min / mitt / mina	
du		din / ditt / dina	
han	**hans**		**sin** / **sitt** / **sina**
hon	**hennes**		**sin** / **sitt** / **sina**
den / det	**(dess)**		**sin** / **sitt** / **sina**
vi		vår / vårt / våra	
ni		er / ert / era	
de	**deras**		**sin** / **sitt** / **sina**

1: Der Besitzer ist mit dem Subjekt des Satzes nicht identisch (nicht reflexiv).
2: Das Possessivpronomen bezieht sich auf das Subjekt des Satzes (reflexives Possessivpronomen).
3: Das Possessivpronomen ist selbst Teil des Subjekts.

(1) Emma cyklar på **hennes** cykel.	Emma fährt mit **ihrem** Rad. ➜ dem einer anderen Frau
(1) Emma äter **hans** äpple.	Emma isst **seinen** Apfel. ➜ den einer männlichen Person
(1) Emma leker med **deras** hundar.	Emma spielt mit **ihren** Hunden. ➜ z. B. denen der Nachbarn
(2) Emma cyklar på **sin** cykel.	Emma fährt mit **ihrem** Rad. ➜ ihrem eigenen
(2) Emma äter **sitt** äpple.	Emma isst **ihren** Apfel. ➜ ihren eigenen
(2) Emma leker med **sina** hundar.	Emma spielt mit **ihren** Hunden. ➜ ihren eigenen
(1) Oskar tar **hans** jacka.	Oskar nimmt **seine** Jacke. ➜ die eines anderen Mannes
(1) Oskar sitter i **hennes** rum.	Oskar sitzt in **ihrem** Zimmer. ➜ dem einer weiblichen Person
(1) Oskar matar **deras** kaniner.	Oskar füttert **ihre** Kaninchen. ➜ die von anderen Leuten
(2) Oskar tar **sin** jacka.	Oskar nimmt **seine** Jacke. ➜ seine eigene
(2) Oskar sitter i **sitt** rum.	Oskar sitzt in **seinem** Zimmer. ➜ seinem eigenen
(2) Oskar matar **sina** kaniner.	Oskar füttert **seine** Kaninchen. ➜ seine eigenen
(1) De hämtar **hans** mediciner.	Sie holen **seine** Medikamente ab. ➜ die für einen anderen Mann
(1) De hämtar **hennes** mediciner.	Sie holen **ihre** Medikamente ab. ➜ die für eine andere Frau.
(1) De hämtar **deras** mediciner.	Sie holen **ihre** Medikamente ab. ➜ die für andere Personen
(2) De hämtar **sina** mediciner.	Sie holen **ihre** Medikamente ab. ➜ ihre eigenen
(3) Oskar och **hans** bror reser bort.	Oskar und **sein** Bruder verreisen. ➜ Teil des Subjekts
(3) Gun och **hennes** bror är sjuka.	Gun und **ihr** Bruder sind krank. ➜ Teil des Subjekts
(3) **Deras** föräldrar är hemma.	**Ihre** Eltern sind zu Hause. ➜ Teil des Subjekts

AB 8, 10

Du
och din partner är
på semester i Sverige.
Det regnar. Väderprognosen:
Det kommer att bli dåligt
väder ett par dagar till. Ni kan
inte enas om vad ni ska göra
nu. Ni går in på en turistin-
formation för att fråga
om råd. ☐

Du är med din fru /
man och er 14-åriga dotter
i Dalsland. Ni diskuterar vilka
sevärdheter ni vill se. Er
dotter vill göra andra saker
än ni. Försök att enas!
☐

Du har ont i
halsen och feber och
går till vårdcentralen. Där
blir du omhändertagen först
av en sjuksköterska och
sedan av en läkare. Spela
upp samtalen!
☐

Du har varit på
en jättetråkig föreställ-
ning där du dessutom
hörde dåligt. Du träffar två
bekanta i stan som just tänkt
köpa biljetter till samma
föreställning. Vad ger du
dem för råd?
☐

Du och din part-
ner beslutar att börja
„ett nytt liv“. Ni vill skaffa
er bättre vanor vad gäller
mat och motion.
Ni diskuterar era planer
med en vän som kom-
mer med ytterligare
råd. ☐

Du och din sambo är
på ishotellet i norra Sverige.
Ni pratar med en ortsbo
som berättar för er om
Lappland!
Ni ställer många
frågor!

Ni är tre vänner
som planerar en
resa till Sverige. En är
äventyrstypen, den andra
den kulturella typen och
den tredje är väldigt sportig.
Finner ni en
kompromiss?

Gespielt wird in zwei bis vier Gruppen von je drei Personen. Jede Gruppe setzt einen Spielstein auf ein beliebiges Feld. Die erste Gruppe würfelt und rückt die entsprechende Zahl im Uhrzeigersinn vor.
Mit Hilfe der Informationen spielt die Gruppe nach kurzer Bedenkzeit einen entsprechenden Dialog vor.
Sind die Mitspieler mit dem Ergebnis zufrieden, erhält die Gruppe einen Punkt und die Aufgabe wird durch Eintragen eines Häkchens in das Feld „abgehakt". Dann ist die nächste Gruppe an der Reihe. Kommt man auf ein Feld, dessen Aufgabe schon bearbeitet ist, muss man eine Runde aussetzen. Das Spiel ist zu Ende, sobald alle Aufgaben bearbeitet sind.
Welche Gruppe konnte die meisten Punkte sammeln?

Ni är i Stockholm
och hälsar på en
svensk bekant. Ni vill gärna
få lite tips om vad som är
spännande att se och ber
honom hjälpa er. Ni gör
upp en sightseeingplan
tillsammans.

Ni är turister i
Stockholm och har gått
vilse. Ni frågar efter vägen.
Spela upp 3 situationer där
ni frågar en stockholmare om
olika turistmål och hur man
kommer dit.

Du och din partner
och hans / hennes mor
är i Malmö. Ni vill gå på
en konsert, teater eller
opera. Diskutera vilka
möjligheter det finns
och vad ni har lust
att se.

17 Att jobba för att leva eller att leva för att jobba?

Berufe ◆ über seinen Beruf erzählen ◆ nach jemandem am Telefon verlangen und Telefonansagen verstehen ◆ einen Lebenslauf lesen und diskutieren ◆ Stellenanzeigen beurteilen ◆ ein Vorstellungsgespräch führen ◆ seinen „Traumarbeitsplatz" beschreiben ◆ Work-life-balance

1 Är en webdesigner en konstnär?

a Diskutera med varandra och samordna sedan!

arkitekt ● bilmekaniker ● civilekonom ● dekoratör ● frisör ● dataexpert ● kypare ● webdesigner ● översättare ● reseledare

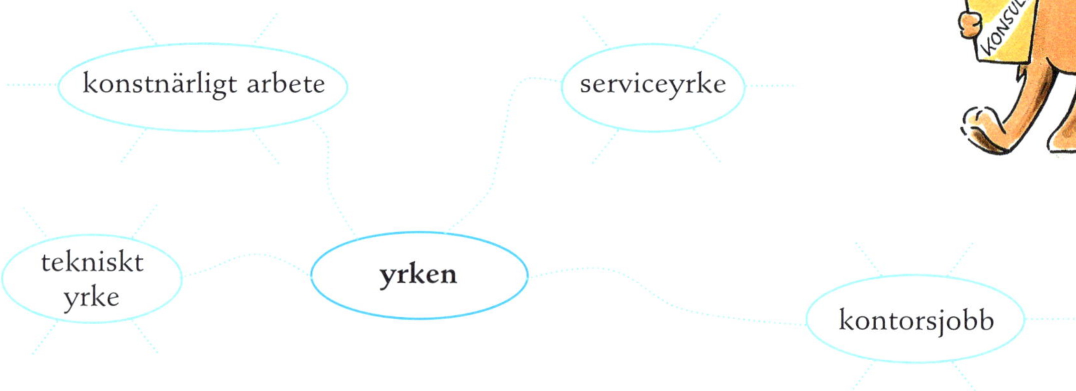

b Välj ett yrke från 1a och kryssa för vilka förutsättningar man måste ha för det. Skriv upp två ytterligare färdigheter!

Som .... måste man ...

- ○ ... kunna språk.
- ○ ... använda datorn.
- ○ ... tycka om att jobba i team.
- ○ ... skriva räkningar.
- ○ ... arbeta hårt fysiskt.
- ○ ... kunna hantera stress.
- ○ ... kunna handskas med maskiner.
- ○ ... ha bra kontakt med kunder.
- ○ ... delta i möten.
- ○ ... ta emot telefonsamtal.
- ○ ... hitta lösningar på problem.
- ○ ... klara av att ha oregelbundna arbetstider.
- ○ ... .
- ○ ... .

c Gissa nu vilket yrke din partner valt i övning 1b. Ställ ja-/nej-frågor!

□ Måste man ta emot telefonsamtal?
○ Ja, det måste man. / Nej, det behöver man inte.

AB 1-2

57

2 Skatten tar mycket av lönen.

a Lyssna på hörtexten och kryssa för. Jämför sedan med din granne!

	rätt	fel	vet man inte
Hon har sökt länge efter jobb.	☐	☐	☐
Hon är ansvarig för bokföring och rättigheter.	☐	☐	☐
Det förekommer mobbning i firman.	☐	☐	☐
Hon retar sig på att firman är underbemannad.	☐	☐	☐
Hon hade sparat filerna på ett USB-minne.	☐	☐	☐
Några kollegor får högre lön än hon.	☐	☐	☐
Skatten tar mycket av lönen.	☐	☐	☐

b Fundera och fyll i!

håller på • studenten • går sönder • lyckligtvis • lyckades • trivs

Pamela Johansson tog .... och studerade sedan matematik vid universitetet i Linköping. Efter sina studier .... hon få ett bra jobb i byggbranschen. Där är hon bl. a. ansvarig för alla inkommande räkningar. .... är samarbetet i firman bra och de anställda .... med varandra. Men där finns också problem: Kollegorna från it-avdelningen är alltid sysselsatta med något annat och har ofta inte tid att ställa upp. När man .... med ett viktigt dokument och hårddisken .... är det inte säkert att man kan få snabb hjälp. Men Pamela är glad över att hon överhuvudtaget har ett jobb.

AB 3-6

3 I vilken bransch jobbar du?

a Fyll i!

mitt yrke:	....	arbetstider:	....
utbildning:	....	mina arbetsuppgifter:	....
arbetsgivare:	....	kollegor:	....
bransch:	....	min chef:	....

**b Berätta nu för gruppen om ditt yrke.
De andra får gärna ställa frågor!**

Johan Ekberg
civilekonom

Konsulterna AB
Mäster Samuelsgatan 5, 11144 Stockholm, Sverige
Tel: 08 - 622 32 90 | Fax 08 - 622 32 92
Mobil: 070 - 151 22 39
E-post: jekberg@konsulterna.se

AB 7

58

4 **Det är bråttom.**

a **Lyssna först och fundera: Vilken dialog passar till vilken bild? Fyll i rätt nummer!**

b **Läs nu dialogerna och fyll i luckorna. Lyssna en gång till och kontrollera era svar!**

han är upptagen • jag söker • koppla dig till • lämna ett meddelande • ringde redan igår • ringa tillbaka • kan jag få tala med • meddela honom

Telefonsamtal 1

- Ericsson, Jonas Cornelius. Vad kan jag hjälpa dig med?
- Hej, det är Elin Andersson. .... Adam Söderquist.
- Jag är ledsen, det är upptaget på hans telefon just nu. Men vill du .... ?
- Ja, gärna. Kan du be honom .... ? Det är bråttom. Det handlar om beställningen av visitkort.
- Javisst – har han ditt nummer?
- Ja, det har han ...!
- Okej det ska jag .... Tack för att du ringde. Hej då!

Telefonsamtal 2

- Hej, du har ringt till Vattenfalls kundservice. För beställningar, tryck ett. För rådgivning, tryck två. För reklamationer, tryck tre.
- Vattenfall kundservice, Roland Dahl, god middag?
- Hej, det är Carina Ekberg.
- Hej, vad kan jag ...
- Jag .... ! Min elräkning är felskriven! Det är faktiskt otroligt att ...

Telefonsamtal 3

- Välkommen till Abba Seafood AB. Det är många som ringer just nu. Du är i telefonkön på plats 2 ... Var god och dröj ...
- Abba Seafood, mitt namn är Britta Falkengren.
- Hej, det är Pamela Lundmark. .... Roger Nyman?
- Ett ögonblick, jag ska se om .... Jag är ledsen, Roger är på tjänsteresa just nu. Han är inte tillbaka förrän på måndag.
- Vem är det som tar hand om skaldjurs-projektet då?
- Då ska jag kanske .... Magnus Widén?
- Ja tack.
- Hej, det är Magnus Widén.
- Hej, Magnus, det är Pamela. Mina utkast till skaldjurs-projektet är färdigställda nu och jag undrar ...
- Ja men det är ju goda nyheter! Vad bra!

Obs!
det är upptaget
han är upptagen
de är färdigställda

c) **Gör en dialog: En sitter i växeln, en ringer. Använd kortet här och kortet på sida 186.**

Du ringer till *Papper AB* och vill tala med:
Amelie Wulfsson
Daniel Tullgren
Pär Lindsten

Du jobbar i växeln på *Telia* och svarar:
Staffan Wahlberg: på tjänsteresa
Lydia Baldén: upptaget
Elisabeth Gellert: sitter i möte

AB 8-9

5 Curriculum vitae.

a) **Läs följande CV gemensamt i små grupper och diskutera: skiljer det sig från ett CV i ditt land? Om ja, vad är det som är annorlunda?**

CURRICULUM VITAE

Personuppgifter

För- och efternamn:	Anna Elin Lundäng
Yrke:	Leg. sjuksköterska
Födelsedatum:	1978-08-05
Civilstånd:	gift, två barn
Adress:	Grev Turegatan 18, S – 114 46 Stockholm
Telefon:	08 662 02 86
E-post:	annalundäng@hemma.se

Yrkeserfarenhet

Juni 2004 –	Sjuksköterska, SIVA – Stroke Intensivvårdsavdelning, Avd 32, S:t Görans sjukhus, Stockholm
Juli 2002 – Juni 2004	Sjuksköterska – Almas Äldreboende, Södra Sundby
Juni 1997 – Maj 2002	Undersköterska – Lindemans pensionärshem

Utbildning

2004	Hjärtmedicin 5p, Karolinska Institutet
2003	Allmän farmakologi, 10p, Lunds Universitet
1998 – 2002	Sjuksköterskeprogrammet, 120p, Lunds Universitet
1994 – 1997	Gymnasieutbildning – Omvårdnadsprogrammet, 3 år

Profil och personliga egenskaper
Jag är en positiv och engagerad person som älskar att arbeta med människor.
Jag är målinriktad och ambitiös och bemödar mig ständigt om att vidareutbilda mig, både i mitt yrke och i privatlivet. Av mina vänner beskrivs jag som energisk, utåtriktad och pålitlig.

Kunskaper och meriter
Engelska flytande i tal, bra i skrift
MS-officepaket

Referenser
Lämnas på begäran

10-11

b **Läs följande annonser och diskutera: Vilket jobb tror du Anna Lundäng skulle söka?**

A

Vårdcentralen Sollentuna söker sjuksköterska
Vi söker en engagerad och positiv sjuksköterska till ett stimulerande och intressant arbete på vår vårdcentral i Sollentuna. Anställningen är ett vikariat på heltid under ett år. Ansökan skickas till Vårdcentralen Sollentuna, Box 32 323, 19123 Sollentuna

B

Sjuksköterska söks till utlandsjobb
Läkare utan gränser söker leg. sjuksköterskor. Flexibilitet, självständighet, dynamik, förmåga både att leda och samarbeta i team, organisationskänsla och stresstålighet är önskvärda kvaliteter. Ansök via email. Bifoga CV eugenique.bushayija@mrf.org.

C

Sjuksköterskor / natt *Klinik Sandholm*
Två av våra nattsjuksköterskor ska vidareutbilda sig.
Som vikarie söker vi dig som är legitimerad sjuksköterska till vår vårdavdelning för smittsamma infektionssjukdomar.
Var vänlig kontakta vårdenhetschef Linda Löjdquist, tfn 016-10 35 61.

|59

6 Vilka är dina starka sidor?

a **Läs först igenom följande frågor. Lyssna sedan till intervjusamtalet och notera kort vad Amelie svarar!**

1 Kan du beskriva ditt nuvarande jobb? ....

2 Hur klarar du av pressande situationer? Ge exempel! ....

3 Vilka var dina största framgångar i ditt förra jobb? ....

4 Beskriv vad du tycker är en bra arbetsmiljö. ....

5 Vilka ambitioner har du för framtiden? ....

b **Vad skulle du svara på frågorna i 6a? Skriv upp ett par stödord och spela sedan upp en liknande intervju. En är intervjuare och en söker jobb. Byt sedan roller!**

AB 12-14 **c** **Beskriv för gruppen ditt drömjobb, din drömarbetsplats och dina drömkollegor!**

7 Vem hjälper?

a Vem är det du ringer när …?

elektriker • murare • målare • snickare • taktäckare • rörmokare

… taket läcker? ……………………

… vattenledningen spricker? ……………………

… skorstenen är trasig? ……………………

… dörren måste bytas ut? ……………………

… trappan måste muras om? ……………………

… fönstren är otäta? ……………………

… lampan inte brinner? ……………………

… färgen flagar? ……………………

Obs!

Obs!
Vem ringer du?
Vem är det du ringer?

b Läs följande brev!

Hej Karl!

Skulle du kunna ge oss ett råd. Vi har just köpt en stuga här i trakten som vi ska ha som sommarställe. Den har stått obebodd länge och vi skulle behöva hjälp att rusta upp den. Vi har en sprucken vattenledning, en trasig skorsten och otäta fönster. Vår ytterdörr är sliten och måste bytas ut, vår yttertrappa är osäker och måste muras om och lamporna är trasiga och måste repareras. Några takpannor är spruckna och måste bytas ut. Dessutom måste hela huset målas. Vet du en byggfirma som skulle kunna överta ansvaret för att dessa reparationer blir genomförda? Jag vore tacksam för ett snabbt svar och ber dig kontakta mig per mobil.

Många hälsningar

Mats

mobil: 070 543 32 32

Obs!

reparera → reparerad / reparerat / reparerade
spricka → sprucken / sprucket / spruckna

c Vilka reparationer vill Mats Johansson ha gjorda?

Han vill ha …

… den …………… vattenledningen *lagad.*

… den *trasiga* skorstenen …………… .

… de …………… fönstren *lagade.*

… den …………… ytterdörren *utbytt.*

… den …………… yttertrappan *ommurad.*

… de *trasiga* lamporna …………… .

… de …………… takpannorna *utbytta.*

… hela huset …………… .

d Improvisera ett telefonsamtal med en byggmästare. Du berättar för honom vilka reparationer du vill ha gjorda. Du ber honom besiktiga stugan och ge dig ett kostnadsförslag med momsen inräknad. Spela upp samtalet för gruppen!

AB 15

Work-life-balance – helhetssyn på arbete och fritid

a Vilken överskrift passar?

Fritiden värderas upp • Omsorg om de anställda lönar sig • Balans mellan arbetsliv och familjeliv

....

Ett allt intensivare arbetsliv med stress och utbrändhet som följd har ökat uppmärksamheten kring work-life-balance, "livspusslet" som det ibland kallas på svenska. I stället för att bara inrikta sig på *riskfaktorerna* på arbetsplatserna har man börjat se till *friskfaktorerna*, det vill säga vad som får oss att må bra i livet. Samtidigt håller inställningen till arbetet på att förändras. Allt fler vill ägna mer tid åt sig själva och sin familj i stället för att jobba livet ur sig för en framgångsrik karriär och hög lön. Work-life-balance blir allt viktigare för företag som vill tävla om den kvalificerade arbetskraften. Dagens ungdomar är inte beredda att enbart satsa på arbetet som deras föräldrar gjorde. De vill få en balans mellan arbetsliv och familjeliv.

....

Fritiden har länge betraktats som vars och ens ensak. Men vad vi gör på vår lediga tid påverkar också hur vi mår på jobbet. För att vi ska trivas med arbetslivet behöver vi både ha en meningsfull fritid och få möjlighet att klara av alla nödvändiga vardagsbestyr. Förr brydde sig arbetsgivaren bara om vad de anställda gjorde när de var på arbetsplatsen. Idag vet man att fritiden har en viktig funktion. Den fungerar bl. a. som en buffert mot stress och utbrändhet.

....

Tyvärr upptas en stor del av vår fritid av så kallad tvångstid. Hit hör uppgifter som måste utföras, till exempel hushållsarbete, ta hand om anhöriga, gå till tandläkaren, ringa myndigheter och betala räkningar. För att underlätta för de anställda att förena jobbet med alla vardagsbestyr har många arbetsgivare infört flextid eller möjligheten att arbeta hemma ibland. Det är ett sätt för arbetsgivaren att visa omsorg om de anställda. Studier i USA visar också att det är lönsamt. Får de anställda professionell hjälp med problem de har utanför arbetsplatsen blir de mer effektiva på jobbet.

b Diskutera!

Vad har förändrats i dagens samhälle? Hur var det förr?

AB 16-20

Vad menas med work-life-balance?

Nu kan jag ...	:)	:|	:(	Übung
… beskriva olika yrken.	☐	☐	☐	→ **1**
… berätta om mitt yrke.	☐	☐	☐	→ **1, 2, 3**
… fråga efter någon i telefon.	☐	☐	☐	→ **4**
… förstå telefonmeddelanden.	☐	☐	☐	→ **4**
… läsa en CV och förstå jobbannonser.	☐	☐	☐	→ **5**
… berätta lite om mig själv i en anställningsintervju.	☐	☐	☐	→ **6**
… beskriva min drömarbetsplats.	☐	☐	☐	→ **6**
… diskutera inställningen till arbetet förr och nu.	☐	☐	☐	→

Kort och gott - Grammatik

Partizip Perfekt als Adjektiv

Im Schwedischen unterscheidet man zwischen dem Supinum (siehe S. 95) und dem Partizip Perfekt. Das Supinum wird ausschließlich zur Bildung der Vergangenheitsformen benutzt (*har / hade* + Supinum). Es endet immer auf *-t*.
Das Partizip Perfekt dagegen gebraucht man adjektivisch. Man bildet es, indem man an den Wortstamm der Supinumform die Endungen *-d, -t, -dd, -tt* anhängt.
Bei den meisten starken Verben (mit Vokalwechsel) stehen die Endungen *-en, -et, -na.*
Die Form wird wie ein Adjektiv dekliniert.

Infinitiv	Supinum	Partizip Perfekt		
att måla	målat	måla**d**	måla**t**	måla**de**
att stänga	stängt	stäng**d**	stäng**t**	stäng**da**
att läsa	läst	läs**t**	läs**t**	läs**ta**
att bebo	bebott	bebo**dd**	bebo**tt**	bebo**dda**
att spricka	spruckit	spruck**en**	spruck**et**	spruck**na**

attributiv		prädikativ	
Singular	Plural	Singular	Plural
en **stängd** dörr	**stängda** dörrar	En dörr är **stängd**.	Dörrar är **stängda**.
den **stängda** dörren	de **stängda** dörrarna	Dörren är **stängd**.	Dörrarna är **stängda**.
ett **stängt** fönster	**stängda** fönster	Ett fönster är **stängt**.	Fönster är **stängda**.
det **stängda** fönstret	de **stängda** fönstren	Fönstret är **stängt**.	Fönstren är **stängda**.

Indirekte Frage

Um eine Frage nicht zu direkt zu stellen ist es im Schwedischen recht üblich, einen Relativsatz (mit oder ohne *som*) zu verwenden.

Vem ringer du? ➜ **Vem är det** du ringer?
Vem talade du med? ➜ **Vem var det** du talade med?
Vad ligger där? ➜ **Vad är det som** ligger där?

Reziprokes Pronomen *varandra*

Mit *varandra* (umgangssprachlich *varann*) drückt man eine Gegenseitigkeit aus.

Vi trivs med **varandra**.	Wir kommen gut **miteinander** klar.
Bor ni nära **varandra**?	Wohnt ihr nahe **beieinander**?
Kollegorna hjälper **varann**.	Die Kollegen helfen sich **gegenseitig**.
Fråga **varann**!	Fragt euch **gegenseitig**!

Pronomen *man*

Man ist ein sehr häufig verwendetes Pronomen, besonders in der Umgangssprache. Dadurch lassen sich die „direkteren" Personalpronomen *jag, du* etc. vermeiden. Als Subjekt ist *man* unveränderlich, die zugehörige Objektform heißt *en* (einem / einen). Bezieht sich das Objekt auf das Subjekt desselben Satzes, muss die reflexive Form *sig* benutzt werden.

Subjektform	**man** (man)	Det behöver **man** inte. **Man** måste kunna språk. Får **man** komma in?
Objektform	**en** (einem, einen)	Många ringer **en** när man just sitter i möte.
Reflexive Form	**sig** (sich)	**Man** frågar **sig**, varför det är så!

18 På resande fot genom Sverige

Reisevorbereitungen treffen ◆ den Grund einer Autopanne nennen ◆ an der Tankstelle zahlen und Wünsche äußern ◆ über schwedische Verkehrsvorschriften Bescheid wissen ◆ über *allemansrätten* und Schwedens Energiepolitik diskutieren

1

Packa din kappsäck! Vad är vad?

a **Samordna!**

fotoapparat ● tandborste ● ficklampa ● mobiltelefon ● plånbok ● strykjärn

2 ....

1 ....

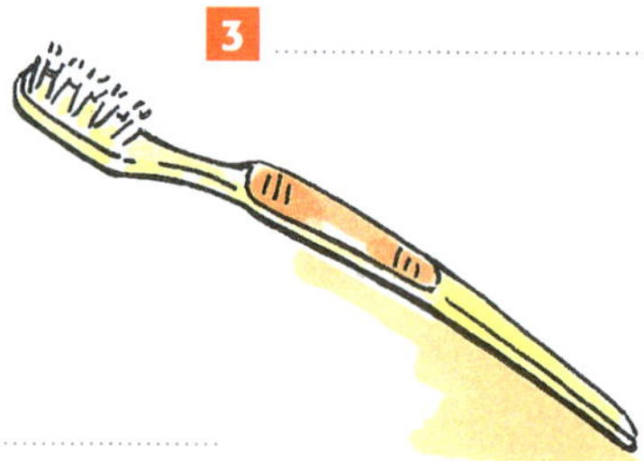

3 ....

4 ....

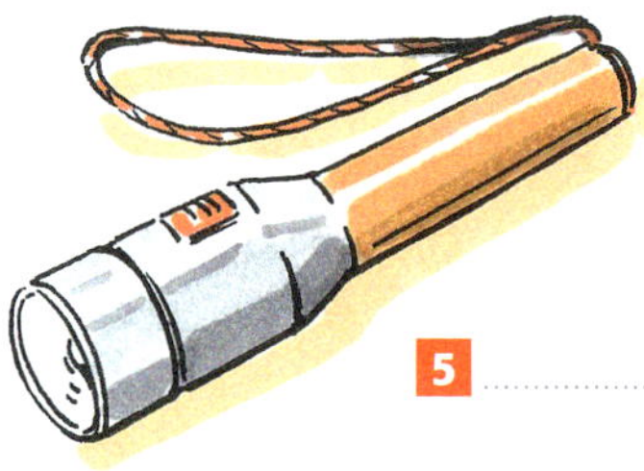

5 ....

6 ....

b **Du åker till Sverige på semester. Vad tar du med dig? Ge fler förslag!**

kreditkort ● golftillbehör ● körkort ● legitimation ● näsdukar ● paraply ● schackspel ● solglasögon ● solkräm ● veckotidning

....

....

....

....

....

c **Jämför din lista i 1b med din grannes lista.**

d **Spela spelet "Jag packar min kappsäck". En börjar med att säga: "Jag packar körkort". Nästa säger: "Jag packar körkort och solkräm". Nästa fortsätter "Jag packar körkort, solkräm och ...".**

AB 1-2

|60

2 Har du tänkt på …?

ⓐ **Lyssna och kryssa för!**

	stämmer	stämmer inte	vet man inte
Passen ligger i handväskan.	☐	☐	☐
Vattenkranen till diskmaskinen är avstängd.	☐	☐	☐
Hon ska kontrollera oljan i bilen.	☐	☐	☐
Hon vill gärna ha mackor med sig.	☐	☐	☐
De ska hälsa på vänner i Schweiz.	☐	☐	☐
De ska åka vid lunchtid nästa dag.	☐	☐	☐

Obs!
Var är min handväska **där** jag la dem.
Jag **går och kontrollerar** oljan.
Vi **går och lägger** oss nu.

ⓑ **Fråga varandra vad ni har kryssat för i 2a!**

ⓒ **Gör en liknande dialog som i 2a. Påminn varandra om vad ni måste göra innan resan och vad ni ska ta med er!**

Kom-ihåg-lista
- ringa om försäkringen
- kamera, filmer
- lämna nycklarna hos grannen

Kom-ihåg-lista
……
……
……

☐ Glöm inte …!
○ Har du tänkt på att …?

ⓓ **Spela bingo. Res er, gå omkring och intervjua varandra!**
Vid positivt svar skriver du upp namnet under frågan i rutan.
Den som först har tre namn lodrätt, diagonalt eller vågrätt har vunnit.

Sök någon i kursen som …

… har bilat genom Sverige.	… har prövat på svenskt lättöl.	… tvättar bilen själv.
……	……	……
… alltid sparar sina tankkvitton.	… gillar att klippa gräsmattan.	… har åkt skidor i Sverige.
……	……	……
… spelar dataspel på semestern.	… tycker om att bada bastu.	… alltid bäddar sin säng.
……	……	……

3-5

3

Jag har fått motorstopp.

a **Samordna!**

bensinmack • bensinpump • bildäck • motorhuven • olja • ratt • strålkastare • stötfångare • vindrutetorkare

1 .... 2 .... 3 .... 4 ....

A ☐ B ☐

5 .... 6 .... 7 .... 9 ....

8 ....

|61 b **Lyssna: Vilken dialog passar till vilken bild i 3a? Skriv in rätt nummer!**

c **Lyssna en gång till och skriv upp vad man säger!**

Din bil krånglar under resan. ....

Du ringer till en bilverkstad och ber om hjälp. ....

Du vill ange bensinpumpens nummer. ....

Din motor behöver ny olja. ....

Din vindruta är smutsig. ....

AB 6-7

d **Gör liknande dialoger!**

på motorvägen: punktering på ena bakdäcket

vid bensinmacken: tanka + tvätta bilen

4

Liten frågesport.

Känner du till följande viktiga regler i Sverige? Jämför sedan med din granne!

1 På motorvägar får man köra högst …
- a 110 km / timmen.
- b 120 km / timmen.
- c 130 km / timmen.

2 Bilister måste ha halvljus …
- a på somrarna klockan 23.00 – 3.00.
- b på vintrarna klockan 16.00 – 10.00.
- c hela året runt, sommar som vinter.

3 Promillehalten får inte överskrida …
- a 0,0.
- b 0,2.
- c 0,5.

4 Bilister får …
- a köra med dubbdäck.
- b prata i mobil under färden.
- c köra utan säkerhetsbälte.

AB 8

5 **Allemansrätten.**

a) Läs texten och fyll i luckorna!

› inte bara … utan även • så … att • såväl … som • varken … eller ‹

I Sverige finns en urgammal lag, den så kallade *allemansrätten*. Den ger alla människor rätt att fritt vistas ute i naturen .... på allmän mark .... på privata ägor. Grundprincipen i denna rättighet är „frihet under ansvar“. Ett självklart villkor är att man tar hänsyn .... till andra människor .... till naturen. Man måste förhålla sig .... försynt .... ingen störs. Man får .... förorsaka skada .... bryta mot oskrivna regler.

b) Sortera in följande regler och jämför sedan i gruppen!

› fiska i privata vattendrag utan licens • bada i sjöar och vattendrag • skada naturen • gå i land vid privat brygga eller tomt • tälta inom synhåll från boningshus • elda när fara för skogsbrand föreligger • plocka vilda blommor om de inte är fridlysta • fiska i allmänt vatten utan nät • resa upp tält i naturen • plocka bär och svamp • efterlämna skräp • gå över ängar och åkrar om inte grödan skadas ‹

Tillåtet är att …	*Förbjudet är att …*

c) Diskutera!

Vad innebär *allemansrätten*?
Vilka fördelar bjuder den?
Vilka regler anser du vara viktigast att respektera?
Varför tror du att en del svenskar vill avskaffa *allemansrätten*?
AB 9-10
Hur skiljer sig *allemansrätten* från föreskrifterna i ditt land?

62

6

Hos polisen.

a Läs texten och fyll i. Lyssna sedan och kontrollera era svar!

brukar slängas ● anmäla stölden ● kunde beskriva ● lite smågrejor ● måste spärra ● någon drog ● stackars dig

- Vet du vad som hände i dag? Jag har blivit bestulen.
- Blivit bestulen? Var då?
- På tunnelbanan! Jag har redan varit hos polisen för att ………………………… .
- Nej, det menar du inte. Berätta!
- Som vanligt var det proppfullt på tunnelbanan. Jag stod inklämd och läste en bok när jag plötsligt kände hur ………………………… i min handväska.
- Såg du vem det var?
- Nej, det var så mycket folk omkring mig. Polisen frågade mig samma sak och undrade om jag ………………………… personen.

- Vad gjorde du då? Skrek du till?
- Nej, allting gick så fort att jag inte riktigt hann fatta vad som hände.
- Nej, vad otäckt! …………………………! Hade du viktiga saker i väskan?
- Ja, det hade jag. Min legitimation, min plånbok med pengar och bankomatkort, mina nycklar ja och ………………………… …
- O nej! Usch så retligt! Vad sa polisen då?
- De sa att jag genast ………………………… mitt bankomatkort. De påpekade att tjuvar för det mesta bara vill ha pengar. Och att de inte trodde att jag skulle få tillbaka handväskan. Den ………………………… någonstans.
- Fy tusan vilken otursdag!

Obs!
Hon berättar att ...
Han undrar om ...
Polisen frågar om ...

b Fyll i tabellen vad personerna säger!

Hon berättar …	Han undrar …	Polisen frågar …

c Har du upplevt någon stöld? Hur gick det till? Berätta!

AB 11

7 Varannan helg och vart tredje år.

〉varannan ● varje ● vart tredje ● vartannat〈

a **Fyll i luckorna!**

Hej!

Så synd att ni inte kunde komma. Vilken fönsterruta vad det tjuvarna slog sönder? .... gång vi ska träffas är det alltid något som kommer i vägen. Har ni bilen i verkstaden nu? Hur länge kommer det att dröja? Just nu är vi .... helg på vårt lantställe där vi renoverar köket. Det är alltid så mycket att göra med huset. Våra gamla trädgårdsmöbler måste också målas nästan .... eller åtminstone .... år så det gör jag nästa helg. Men åtminstone är nätterna ljusa, det är så trevligt! Ska vi inte genast bestämma en helg? När passar det er nästa månad? Vi gläder oss! Lycka till med bilen!

Hälsningar
Lisa

b **Skriv ett svar på Lisas mejl i övning 7a och svara på alla frågor.**
Läs upp för gruppen vad du har skrivit!

c **Fyll i bestämd form singular och plural. Några av dem hittar du i texten!**

natt	natten	nätter	hand	....	....
bok	....	böcker	fot	....	....
stad	....	....	tand	....	....
land	....	....	bokstav	....	....
son	....	....	dotter	....	....

AB 12-13

8 Lika men ändå inte samma!

Vilken är den rätta översättningen? Para ihop men se upp!
Jämför med din granne. Känner du till även andra ord där man måste se upp?

Semester
Öl
Wange
springen
Bier
Kostüm
höflich
laufen
Kind
Moment
Termin
Anzug
Urlaub
Stunde

kind
stund
öl
timme
dräkt
termin
semester
tid
artig
kostym
olja
barn
hoppa
springa

AB 14

a **Läs texten! Stryk under ord ni inte förstår. Fråga varandra om dem!**

Oljan ska vara borta från Sverige år 2020

Den svenska regeringen har presenterat ett nationellt program mot oljeberoendet med följande huvudpunkter:

- Skattelättnader för konvertering från olja. Det är inte acceptabelt att många småhusägare är beroende av olja för uppvärmning och därmed drabbas hårt av höga oljepriser. Olja och kol är ändliga bränslen. Målet på sikt måste vara att vi baserar hela vår energiförsörjning på förnybar energi.
- För den enskilde ska det löna sig att välja en miljövänlig bil. Bilar som körs på miljövänligt bränsle ska få fortsatta skattelättnader. Staten ska prioritera att köpa in miljövänliga bilar.
- Forskning och ny kunskap för ett förnybart samhälle. Resurserna till energiforskningen ökas nu kraftigt, nivån uppgår genom beskedet i budgeten till cirka 815 miljoner kronor per år. Satsningen syftar till att få fram mer förnybar energiproduktion och en effektivare energianvändning.
- Fortsatt satsning på fjärrvärme. Här ska staten erbjuda tydliga ekonomiska incitament, där biobränslen och miljövänlig uppvärmning ska vara ekonomiskt fördelaktigt. Allt fler länder inser problemen med fossila bränslen, i takt med höga oljepriser och klimatförändringar. Sverige har chansen att bli en internationell förebild och en framgångsrik aktör på exportmarknaderna av alternativa lösningar. Men det kräver medvetna satsningar – inte en bakåtsträvande politik som motverkar energiomställning och investeringar i framtidens miljö. Att bryta oljeberoendet innehåller många möjligheter i stärkt konkurrenskraft, teknikutveckling och framsteg.

Målet är att beroendet av fossila bränslen ska brytas till 2020. Då ska ingen bostad behöva olja för sin uppvärmning. Då ska ingen bilist vara ensidigt hänvisad till bensin. Då ska det alltid finnas bättre alternativ till olja.

b **Diskutera i grupper!**

A Vilket mål har regeringen satt för landets energiförsörjning? Hur ska det målet nås?
B Tror ni att den svenska regeringens mål är realistiskt?
C Finns det liknande diskussioner inom miljöpolitiken i ert hemland? Jämför!
D Skulle ni kunna tänka er att avstå från era bilar eller bygga om era hus / våningar så att de blir mera miljövänliga?

AB 15-17

Nu kan jag ...	☺	😐	☹	Übung
... berätta vad jag tar med mig på en resa.	☐	☐	☐	→ **1, 2**
... be om hjälp när bilen krånglar.	☐	☐	☐	→ **3**
... uttrycka önskemål vid bensinmacken.	☐	☐	☐	→ **3**
... berätta om några trafikregler i Sverige.	☐	☐	☐	→ **4**
... diskutera *allemansrätten*.	☐	☐	☐	→ **5**
... beskriva en stöld.	☐	☐	☐	→ **6**
... diskutera svensk energipolitik.	☐	☐	☐	→

Kort och gott - Grammatik

Eine Absicht ausdrücken

Im Schwedischen lassen sich Verben der Fortbewegung (*gå, åka, springa* etc.) mit anderen Verben durch *och* verbinden, um eine Absicht auszudrücken (vgl. Lektion 7: *gå och lägga sig*).

Jag **åker och badar**.	Ich (fahre los und) gehe baden.
Hon **gick och kollade** oljan.	Sie (ging los und) kontrollierte den Ölstand.
Han har **sprungit och hämtat** väskan.	Er (ist losgelaufen und) hat die Tasche geholt.
Jag ska **springa och hämta** nyckeln.	Ich werde (laufen und) den Schlüssel holen.

AB 3

Relativadverb *där*

Mit dem Relativadverb *där* gibt man einen Ort an. Es leitet den Relativsatz ein und kann demzufolge beispielsweise statt „*som* + Präposition" stehen.

Handväskan **där** jag la legitimationerna ligger där borta.
Handväskan (**som**) jag la legitimationerna **i** ligger där borta.
→ Die Handtasche, in die ich die Ausweise gelegt habe, liegt dort

AD 4

Plural: Vokalwechsel

Den Vokalwechsel im Plural kennen Sie teilweise schon aus früheren Lektionen.

land → l**ä**nd**er**	man → m**ä**n	bok → b**ö**ck**er**
stad → st**ä**d**er**	son → s**ö**n**er**	fot → f**ö**tt**er**

AB 13

Konjunktionen: *så … att, såväl … som, varken … eller, inte bara … utan även*

Vi gör **så** många mackor **att** vi inte behöver stanna på vägen.
Jag tar med mig **såväl** tunna **som** varma kläder.
Du bör **varken** göra det ena **eller** det andra.
Att resa innebär **inte bara** nöje **utan även** stress.

AB 9

Indirekte Rede

Die indirekte Rede gibt wieder, was eine andere Person gesagt hat.
Die Wortfolge ist die gleiche wie in der direkten Rede.
In kurzen Nebensätzen wird häufig die Konjunktion *att* ausgelassen.

Polisen sade att jag ***måste spärra*** *mitt bankomatkort.*
Die Polizei sagte, dass ich meine EC Karte **sperren (lassen) müsse**.
Lena säger (att) hon är frisk igen.
Lena sagt, sie sei wieder gesund.

AB 11

Indefinite Pronomen: *varje / varenda, varannan / vartannat, var tredje / vart tredje*

Varje / Varenda gång du kommer gläder vi oss.	**Jedes Mal** wenn …
Varannan helg kommer mormor.	**Jedes zweite** Wochenende …
Vartannat år åker vi på skidsemester.	**Jedes zweite** Jahr …
Var tredje sommar målar jag ytterdörren.	**Jeden dritten** Sommer …
Vart tredje år klipper vi våra äppleträd.	**Jedes dritte** Jahr …

Satzadverb *ändå*

Lika men **ändå** inte samma!
Ja men **ändå**!

Förr och nu

berühmte Persönlichkeiten ◆ von der eigenen Kindheit erzählen ◆ früher und heute ◆ über Einwanderung und Minderheitssprachen reden ◆ Aspekte der Geschichte Schwedens

1 Vem är det?

a Fundera: Skriv under bilderna vem personerna är och vilka yrken de utövade!

Selma Lagerlöf 1858 – 1940 ● Jenny Lind 1820 – 1887 ● Anna Lindh 1957 – 2003 ● Alfred Nobel 1833 – 1896 ● Olof Palme 1927 – 1986 ● Raoul Wallenberg 1912 – ¿ ● diplomat ● författare ● operasångerska ● statsminister ● uppfinnare ● utrikesminister

A

B

C

D

E

F

b En väljer en person ur 1a, den andra ställer tre ja-/nej-frågor för att få veta vem det är. Vet ni något mera om ovanstående personer?

AB 1

Levde han **på** 1800-talet?
Var hon diplomat?
Dog han 1986?

2 Hon blev överfallen på NK.

ⓐ **Läs texterna turvis gemensamt. Gissa vem av personerna i övning 1 som beskrivs!**

A ....: Han skydde inga konflikter, demonstrerade mot kriget i Vietnam och fördömde den rasistiska regimen i Sydafrika. Han var känd långt utöver Sveriges gränser, beundrad av många, hatad av andra. En kväll blev han skjuten på en gata i centrala Stockholm. Gärningsmannen kunde inte gripas och mordet har ännu inte klarats upp. För svenskarna är det ett nationellt trauma, och olika teorier om motiv och bakgrund till mordet diskuteras intensivt än idag.

B ....: Han uppfann dynamiten och blev stenrik på det. Han testamenterade sin förmögenhet till en stiftelse som ger en stor summa pengar varje år till personer som har gjort en framstående insats inom forskning (kemi, fysik, medicin) och litteratur samt för freden. Priset delas ut varje år den 10 december i Stockholm. Fredspriset delas ut i Oslo.

C ....: Hon bröt sig ur sin arvsroll som hemmadotter på föräldrarnas herrgård i Värmland och tog lån för att kunna studera. Hon arbetade som lärarinna och blev hedersdoktor vid Uppsala universitet. Hon fick nobelpriset 1909 och var den första kvinnliga ledamoten av Svenska Akademin. Många av hennes verk bygger på folkliga sagor från hemtrakten.

D ....: Hon var en övertygad europé och starkt engagerad i kampanjen för införandet av euron som valuta i Sverige. Under ett besök på varuhuset NK i Stockholm blev hon överfallen och knivhuggen av en psykiskt sjuk man. Hennes liv kunde inte räddas. Om hon hade levat skulle hon antagligen ha efterträtt Göran Persson som statsminister redan före valet i september 2006. Då hon var oerhört populär skulle socialdemokraterna i så fall nog ha vunnit valet.

E ....: Tack vare hans insats under slutet av andra världskriget räddades tusentals ungerska judar undan Förintelsen. När sovjetiska styrkor intagit Budapest tillfångatogs han som spion och försvann därefter. Alla försök att finna honom har varit förgäves och gåtan om hans öde kommer antagligen aldrig att lösas.

F ....: Hon kom från enkla förhållanden och blev världsberömd. Hon reste runt i världen på turné vilket var ovanligt för en kvinna på den tiden. Hon glömde aldrig sin fattiga barndom och donerade stora summor till välgörande ändamål. Många inrättningar och gator i USA, England och Sverige är uppkallade efter henne. Hon är avbildad på femtiokronorssedeln.

ⓑ **Stryk under alla passivkonstruktioner i texterna i 2a.**
Sätt dessa verb i följande tidsformer. Skriv på ett papper!

presens	preteritum	perfekt	pluskvamperfekt	futur
			hade gripits	*ska gripas*

ⓒ **En i gruppen tänker på en berömd person från Sverige eller från sitt eget land. De andra i gruppen ska ställa frågor som endast får besvaras med ja eller nej.**

B 2-4

Är det en kvinnlig person?
Kommer hon / han från Sverige?
Fyller hon / han en politisk funktion?

63

3

De sov i pinnsoffan.

a Läs följande text gemensamt och fyll i prepositionerna. Lyssna sedan och kontrollera!

av från för i i om på på på åt

- Vilken fin våning du har här! Trivs du bra?
- Ja, det gör jag verkligen. Hemtjänsten kommer med mat en gång .... dagen, men resten sköter jag helt själv. Allt är så praktiskt. Det var verkligen annorlunda förr i tiden. När jag var liten bodde vi i en liten stuga ute .... landet i Värmland. Vi hade inte rinnande vatten utan bara en pump utanför huset. Och naturligtvis inte någon vattentoalett utan ett utedass i boden 50 meter .... huset.
- Usch, vad hemskt att gå ut .... ett iskallt dass i snöstorm och kyla!
- Ja, bekvämt var det inte. Och trångt bodde vi. Vi var ju nio syskon och vi sov alla i det stora rummet, tre i varje säng. I det lilla rummet bodde mormor och morfar. Mamma och pappa sov i köket .... pinnsoffan som de drog ut på natten.
- Hade ni djur?
- Ja, vi hade en ko och höns. Och ett par får också. Mormor stickade koftor .... oss barn .... ullen. Vi barn måste alla hjälpa till. Vi hade ansvaret .... djuren och lagade ofta maten. Pappa arbetade som snickare .... en stor gård och mamma tjänade lite extra som sömmerska, men hon fick ju knappast någon lön för det.
- Tänk vad kvinnorollen har förändrats! Idag har ju nästan alla kvinnor ett förvärvsarbete.
- Ja, och det är ju bara möjligt för att man kan köpa färdiglagad mat och har maskiner som sköter hushållsarbetet. I min barndom fanns det ingen dammsugare och naturligtvis varken tvätt- eller diskmaskin.
- Nej fy, vad hemskt. Jag är verkligen glad att jag lever .... ett modernt samhälle.

b Diskutera: Vad var annorlunda förr mot idag? Hur var det i er barndom? Dela upp er i små grupper. Tänk nu gemensamt ut tre frågor som ni vill ställa till de andra i plenum. Gör sedan en statistik på tavlan!

AB 5-6

Obs!
trångt / trängre / trängst
lång / längre / längst
låg / lägre / lägst

4 **Mormor berättar vidare.**

ⓐ **Läs texten och fyll i följande verb i rätt form och tempus!**

finnas • få • förändras • glädja sig • gå • ha • komma • känna • lukta • sitta • trivas • undervisas • vara

- Men vi barn hade mycket att .... över. När vi .... hem från skolan .... det nybakat bröd och vi .... i trängseln i vår lilla stuga.
- Ja, mormor, det kan jag verkligen förstå.
- Vi .... i en liten byskola där alla sex klasserna .... i ett rum och .... av en enda lärare, och det var mycket trivsamt för alla .... varandra. Vi .... visserligen gå fem kilometer till skolan för någon skolbuss .... det naturligtvis inte på min tid.
- Skolan har verkligen .... sen din barndom. I min klass på gymnasiet .... hälften av barnen invandrarbakgrund. Min bästis Leena är från Åbo – hon .... finlandsvenska.

ⓑ **Sammanfatta: Vad berättar mormor? Använd indirekt tal!** Hon berättar att barnen förr hade mycket att glädja sig över.

5 **Finlandsvenska.**

ⓐ **Bilda gemensamt passivkonstruktioner av följande verb. Sätt sedan in rätt form i texten!**

infinitiv	presens	preteritum	perfekt	pluskvamperfekt	futur
talas	*talas*	*talades*	*har talats*	*hade talats*	*ska talas*
erövras					
erkännas					
beslutas					
företrädas					

Det är inte bara i Sverige folk talar svenska. Även i Finland .... svenska av en svenskspråkig minoritet. Finland hörde till Sverige i 650 år. Svenska var det officiella nationalspråket och förblev det även sedan Finland .... av Ryssland år 1809. Först 1863 .... även finska som officiellt nationalspråk. När Finland blev en självständig stat den 6 december 1917 .... att såväl svenska som finska skulle vara landets officiella språk. Finlandsvenskarna utgör idag en svenskspråkig minoritet. De bor i västra delarna av Finland utefter Bottenviken och i Helsingfors. Deras intressen .... av ett "folkting" som försöker stärka finlandsvenskarnas inflytande inom kultur och politik.

ⓑ **Diskutera: Vilka minoritetsspråk finns det i ert hemland?**

B 7-9

6

Lär dig svenska som jag – samhället är mitt universitet!

a Läs och sortera texten!

Numera är det de som rättar mina fel." Tack vare sin sociala kompetens blev Mehrdad på så sätt nästan självlärd i svenska. Han säger att det är samhället som är hans universitet och att det är människorna som är hans outtömliga språkkällor. ☐

Mehrdad från Iran är utbildad tekniker, fotograf och grafisk designer. När han som ung man kom till Sverige tillsammans med sin fru kunde han inte ett ord svenska. ☐

Till exempel expediter i affärer, servitörer på restauranger, busschaufförer i bussen etc. Lär dig fem nya ord varje dag och sätt lappar på olika föremål hemma. Den metoden har i alla fall Mehrdad och hans fru använt och nu talar och förstår de svenska obehindrat. Men han säger att han också har lärt sig mycket via sina barn: "Deras läxor i skolan blev också mina läxor. ☐

Han läste svenska på sfi (= svenska för invandrare) men framför allt lärde han sig språket genom samhället. Hans språkråd lyder: Våga fråga! ☐

b Tror ni att Mehrdads metod att lära sig ett främmande språk är bra? Har ni gjort liknande erfarenheter? Diskutera!

c Läs Mehrdads uppgifter om sig själv och hans tankar kring språk. Gör en liknande uppställning om dig själv på ett papper men nämn inte ditt namn. Samla ihop alla papper, blanda dem och dela ut dem. Läs upp beskrivningen du fått och gissa gemensamt vem som har skrivit den!

Namn: *Mehrdad Modiri*
Mina språk: *persiska, svenska, engelska*
Om svenska språket: *nödvändigt, men inte så mjukt och poetiskt*
Om mitt modersmål: *rikt, poetiskt och mycket litterärt*
Vackraste ord på mitt modersmål: *Eshgh (kärlek)*
Vackraste ord på svenska: *älskling*
Om man jämför mitt modersmål och svenska: *det går inte*
Medier jag använder för att lära mig språk: *internet och google*
Språk och kultur: *nycklar till samhället och till det sociala livet*

AB 10-11

7 Samiska och svenska.

a) Läs mejlet! Vem tror ni Máre är? Vad har hon för yrke och varifrån kommer hon och hennes familj? Skriv ett svar på mejlet där ni är Ravna!

Hej Ravna!

Nu äntligen har vi etablerat oss här i Luleå och det känns skönt att skolan har börjat för både barnen och mig. Vuollá trivs också bra på sitt nya jobb där han samarbetar med många kollegor från Jokkmokk. På skolan har vi ett antal barn som är tvåspråkiga med både samiska och svenska och det känns fint att kunna integrera sin egen bakgrund i yrkeslivet. Just nu håller vi på med ett stort projektarbete om den samiska kulturen och språket. Alla barn är otroligt engagerade i det. Det är väldigt givande och det är så viktigt att den samiska kulturen uppmärksammas i Sverige. Hur går det för dig och Leinná med samiskan? Kommer hon också att bli tvåspråkig eller talar ni mest svenska hemma? Hon fyller väl två år snart? Jag har skickat en mycket fin samisk barnbok till er. Jag kan verkligen rekommendera den och jag hoppas att hon tycker om den.

Kram
Máre

b) Arbeta två och två: A berättar lite om bild A. B ställer frågor till A som anknyter till den bilden med hjälp av stödorden som hon / han hittar på sidan 187. Sedan pratar B om bild B och A ställer frågor till henne / honom med hjälp av stödorden på den här sidan.

A

B

Stödord bild B:

- barndom
- skola
- minoriteter
- tvåspråkighet
- mobbning

12-13

19 Karamell: Sveriges historia

Läs texten gemensamt och formulera en fråga till varje avsnitt. Ställ sedan dessa frågor i plenum!

Under medeltiden spelade Hansa-förbundet en stor roll i Sverige. Stockholm och Visby på Gotland var viktiga hansastäder. Sedan slutet av 1300-talet lydde Sverige under Danmark i en union mellan de tre skandinaviska länderna. Först 1523, när svenskarna under Gustav Vasas ledning fördrivit den danske kungen, blev Sverige en självständig nationalstat. På 1500-talet styrdes Sverige av Gustav Vasa och hans söner.

Under 1600-talet blev Sverige stormakt. Gustav II Adolf deltog med stor framgång i det 30-åriga kriget på protestanternas sida. Han dödades i slaget vid Lützen 1632. Hans dotter, drottning Kristina, abdikerade 1654 och överlät makten åt sin kusin, Karl X Gustav av Pfalz. Genom hans seger över Danmark blev Skåne, Halland och Bohuslän svenskt territorium.

År 1700 blev Sverige anfallet från tre håll samtidigt: Ryssland, Polen och Danmark. Karl XII besegrade danskarna och lyckades även slå ryssarna och polackerna. Men sedan vände lyckan. När Karl XII blev skjuten på gränsen mellan Sverige och Norge år 1718 var stormaktstiden förbi. Trots det firas Karl XII idag av svenska nynazister som Sveriges stora nationella hjälte.

År 1719 avskaffades det kungliga enväldet och makten gavs åt riksdagen. Landet var politiskt svagt men ekonomiskt starkt och det kulturella livet blomstrade. Rokokokungen Gustav III, som blev skjuten under en maskeradbal 1792, är internationellt känd genom Giuseppe Verdis opera om mordet (*Masceradbalen*, 1859).

I ett krig med Ryssland förlorade Sverige Finland år 1809. Svenskarna avsatte därpå kung Karl XIII. Som efterträdare valde de Napoleons marskalk Jean Baptiste Bernadotte, som övertog makten år 1818 och regerade Sverige som Karl XIV Johan till 1844. Han grundade Bernadotte-dynastin som sitter på Sveriges tron än idag.

År 1905 upplöstes unionen med Norge. Idag regeras Sverige av Carl XVI Gustaf. Han är gift med en tyska, den mycket populära drottning Silvia. Paret har tre barn: Victoria, Carl Philip och Madeleine. Victoria kommer att följa sin far på tronen.

AB 14-16

Nu kan jag ...	☺	☹︎ (neutral)	☹	Übung
... beskriva några kända personligheter i Sverige.	☐	☐	☐	→ 1, 2
... berätta om min barndom.	☐	☐	☐	→ 3
... diskutera hur det var förr.	☐	☐	☐	→ 3, 4
... tala om Sverige som invandrarland.	☐	☐	☐	→ 4, 6
... diskutera om minoritetsspråk.	☐	☐	☐	→ 4 – 7
... berätta lite om svensk historia.	☐	☐	☐	→

Kort och gott - Grammatik

Präpositionen *av, om* und *åt*

Han är den bästa **av** alla.	Er ist der beste **von** allen.
En gång **om** dagen.	Einmal **am** Tag.
Bilen svängde **om** hörnet.	Das Auto bog **um** die Ecke.
Om tio minuter är jag färdig.	**In** 10 Minuten bin ich fertig.
Boken handlar **om** invandrare.	Das Buch handelt **von** Einwanderern.
Hon spann garn **av** ull **åt** oss.	Sie spann Garn **aus** Wolle **für** uns.
Sväng **åt** höger!	Bieg **nach** rechts ab!
Han lade tidningen **åt** sidan.	Er legte die Zeitung **zur** Seite.

Zeitangaben: *-talet*

Die Angaben von Jahrzehnten und Jahrhunderten unterscheiden sich im Deutschen und Schwedischen (siehe auch S. 109 und S. 115).

På 70-talet fanns det ...	**In den siebziger Jahren** gab es ...
AB 15 Alfred Nobel levde **på 1800-talet**.	Alfred Nobel lebte **im 19. Jahrhundert**.

Passiv

Im Schwedischen gibt es zwei Möglichkeiten, das Passiv zu bilden.

1 Mit der Endung *-s*, die einfach an die Aktivform angehängt wird. Dabei fallen die Präsensendungen *-r* und *-er* weg: *talas, talades, har / hade talats, ska / kommer att talas* (siehe Lektion 14).

2 Mit dem Hilfsverb *bli* (werden) und dem Perfekt Partizip des Vollverbs.

Boken **blir översatt**.	Das Buch wird übersetzt.
Boken **blev översatt**.	Das Buch wurde übersetzt.
Boken **har blivit översatt**.	Das Buch ist übersetzt worden.
Boken **hade blivit översatt**.	Das Buch war übersetzt worden.
Boken **ska / kommer att bli översatt**.	Das Buch wird übersetzt werden.

Beide Passivformen können gleichwertig benutzt werden. Das *s*-Passiv wird jedoch in
B 3, 12 der Regel eher in der Schriftsprache, das *bli*-Passiv eher in der Umgangssprache verwendet.

Adverbien

Modale Satzadverbien geben die Einstellung des Sprechers zum Geschehen wieder.

Jag kommer **nog**.	Ich komme wohl / vermutlich.
Jag kommer **förmodligen**.	Ich komme vermutlich.
Jag kommer **antagligen**.	Ich komme voraussichtlich / wahrscheinlich.
Jag kommer **naturligtvis**.	Ich komme selbstverständlich.
Jag kommer **möjligtvis**.	Ich komme möglicherweise.
Jag kommer **knappast**.	Ich komme kaum. (= Ich werde wohl kaum kommen.)

Komparativformen

Einige Adjektive haben im Komparativ und Superlativ eine Umlautveränderung.

trång – trängre – trängst
Pelles tröja var **trång**, men hans jacka var ännu **trängre**. Allra **trängst** var hans byxa.

lång – längre – längst
I grundskolan var min skolväg **lång** och på mellanstadiet ännu **längre**. Allra **längst** var min skolväg när jag började på gymnasiet.

låg – lägre – lägst
Min hyra är fortfarande **låg** men den var **lägre** för två år sedan. Allra **lägst** var den när jag
AB 6 flyttade in för 10 år sedan.

20 Sverige idag

diskutieren, was typisch Schwedisch ist ◆ über das Thema Nationalstolz nachdenken ◆ über schwedische Parteien und die schwedische Monarchie sprechen ◆ Prozentangaben machen ◆ eine Grafik präsentieren und besprechen ◆ *das schwedische Modell*

1 Är detta typiskt svenskt?

a Samordna!

ishockey ● skärgård ● älg ● köttbullar ● viking ● fjällvandring

A

....

C

....

E

....

B

....

D

....

F

....

b Vad upplever du som typiskt svenskt? Diskutera med gruppen!

AB 1

2 Vad gör att man känner sig som del av en nation?

Kryssa för och diskutera sedan med din granne!

Man …

- ☐ är född i landet.
- ☐ är medborgare (pass).
- ☐ talar landets språk.
- ☐ känner till landets historia.
- ☐ har vetskap om landets viktigaste litterära verk.
- ☐ är förtrogen med landets seder och bruk.
- ☐ är insatt i hur samhället fungerar.
- ☐ kan landets nationalsång.
- ☐ hejar på nationens lag.
- ☐ känner sig trygg i landet.
- ☐ ....
- ☐ ....

AB 2

3 Vad är du som svensk mest stolt över?

a Läs texten och fyll i prepositionerna!

Obs!
om
ifall

〉i ● i ● för ● med ● på ● på ● till ● över ● över ● över 〈

Diskussionsforum

#1 Kommentar från Lina (22 december 18:40)

Jag är stolt .... att de flesta människor har någonstans att bo i Sverige och att ingen behöver svälta såvitt jag vet. Vi har en fantastisk barnomsorg, bra skolor och ett fint sjukvårdssystem. Även om allt inte funkar „prickfritt“ så funkar de i alla fall bättre än .... de flesta håll! **Olämpligt? Tipsa moderatorn!**

#2 Kommentar från vargen (22 december 18:41)

Jag är stolt .... vårt mod att kritisera regeringar och myndigheter som inte respekterar de mänskliga rättigheterna. Över att vi är ett världssamvete och kämpar .... människor som förföljs i sitt hemland och behöver komma .... Sverige för att få skydd.

Olämpligt? Tipsa moderatorn!

#3 Kommentar från volvo (22 december 18:49)

Vargen: Jag tycker ju att vi lägger oss i för mycket .... det internationella planet. Att lägga näsan i blöt – det är vår specialitet. Vi är moralister och tror att vi kan och vet allt!

Olämpligt? Tipsa moderatorn!

#4 Kommentar från ansjovis (22 december 18: 52)

Jag är stolt .... hur bra demokratin fungerar hos oss. Att vi alla kan tala fritt här .... landet! Och att våld och förtryck bekämpas .... alla medel. Om inte det är bra, så säg! Heja Sverige! **Olämpligt? Tipsa moderatorn!**

#5 Kommentar från sägdet! (22 december 18:59)

Jag tycker att vi svenskar är alltför konfliktskygga. Ifall problem uppstår försöker vi alltid kompromissa och allt diskuteras .... evigheter – jobbigt tycker jag!

Olämpligt? Tipsa moderatorn!

b Vilka kommentarer övertygar dig? Finns det liknande argument i ditt land? Diskutera!

4 Sådana är vi svenskar!

Läs och fyll i! Tror du att artikeln ger en sanningsenlig bild av Sverige idag?

〉nation ● angelägenheter ● invånare ● modellstaten ● åsikter 〈

...., världssamvetet, landet som beskyddar sina .... från vaggan till graven. De internationella benämningarna på Sverige är åtskilliga. Schablonbilden på svenskarna målar upp Sverige som en .... av dugliga och hyggliga men också av blyga, tillbakadragna och ganska anonyma människor. En aning tröga kanske och lite tråkiga men som är fräcka nog att ha .... om hur andra större och viktigare stater bör sköta sina .... En dos sanning ligger nog i den bilden.

B 3-5

5 **Partier i Sverige.**

ⓐ **Samordna!**

centern • folkpartiet • kristdemokraterna • miljöpartiet • moderaterna • socialdemokraterna • vänsterpartiet

V • S • M • C • FP • MP • KD

nya moderaterna .... ☐

Folkpartiet .... ☐

.... ☐ Kristdemokraterna

CENTERPARTIET .... ☐

Vänsterpartiet .... ☐

miljöpartiet de gröna

.... ☐

.... ☐

ⓑ **Titta på grafiken över valresultatet. Presentera den sedan för gruppen!**

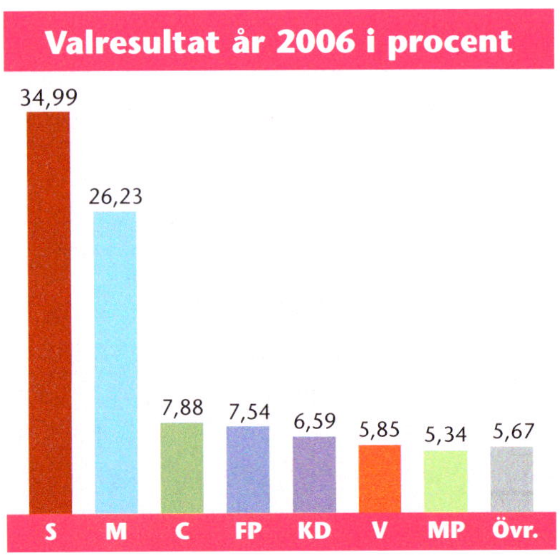

I den svenska riksdagen finns ... partier.
I valet blev ... med ... procent av rösterna det
största / minsta partiet.
... fick ca / ungefär ... procent av rösterna.
... kom på knappt ... procent.
... fick drygt / lite över ... procent.
Däremot kom ... endast på ... procent.
De övriga partier fick allt som allt ...

Vart fjärde år är det riksdagsval i Sverige. Svenska medborgare över 18 år har rätt att rösta i riksdagsvalen. Utländska medborgare som varit mantalsskrivna i Sverige i minst tre år har rösträtt i kommun- och landstingsvalen.

AB 6-8

◎ |64

6 Röstade du?

ⓐ **Lyssna! Vem säger vad? Notera kort!**

ⓑ **Vad anser ni? Vad skulle ni svara om ni blev tillfrågade? Ska alla gå och rösta?**

AB 9

Jag röstar alltid därför att ...
Jag röstar inte eftersom ...

7 Monarkins roll i dagens Sverige.

ⓐ **Läs texten och fundera: Vilka uttryck motsvarar orden under texten?**

Kungen sitter säkert på tronen

Det svenska kungahuset har sedan länge enbart representativa och ceremoniella funktioner. Det betyder emellertid inte att kungahuset saknar betydelse i det svenska samhället. Alltsomoftast har krav visserligen ställts att monarkin ska avskaffas men det folkliga stödet för kungahuset är så starkt att kungen sitter helt säkert på tronen. Sverige hade tidigare manlig tronföljd men denna lagstiftning moderniserades 1980 för att ge plats för kronprinsessan Victoria.

bara: .... många gånger: ....

dock: .... förr: ....

ⓑ **Vilka fördelar har en monarki? Vilka nackdelar? Bilda två grupper: Skriv upp era argument och diskutera sedan i plenum!**

AB 10

medier | stabilitet | demokrati | representation | kostnader | popularitet

8 Jämlikheten i Sverige.

ⓐ **Läs texten och stryk under ord som du anser vara viktiga för en diskussion om jämställdhet!**

Fastän Sverige inte tillhörde föregångsländerna i införandet av kvinnlig rösträtt – den infördes först 1921 – så är det idag ett av de länder i världen där jämställdheten mellan könen har kommit längst. Dock anser de svenska kvinnorna inte att de har nått sitt mål. Under valdebatten 2006 spelade krav på större jämlikhet en stor roll. En huvudprincip i det svenska jämställdhetsarbetet är att män och kvinnor ska dela jämlikt på ansvarstagandet för familjeförsörjning och omhändertagande av barnen. Sverige har världens mest generösa föräldraförsäkring vilken gör det möjligt för föräldrar att vara hemma med sina barn i 16 månader med föräldrapenning. Sverige var även först i världen med att göra minst en av dessa månader till obligatorisk pappamånad.

ⓑ **Fomulera 5 frågor om texten. Ställ dem i gruppen!**

AB 11

9 **Antal kvinnor i parlamentet.**

a **Studera följande grafikblad och fyll i texten!**

POLITISKT DELTAGANDE

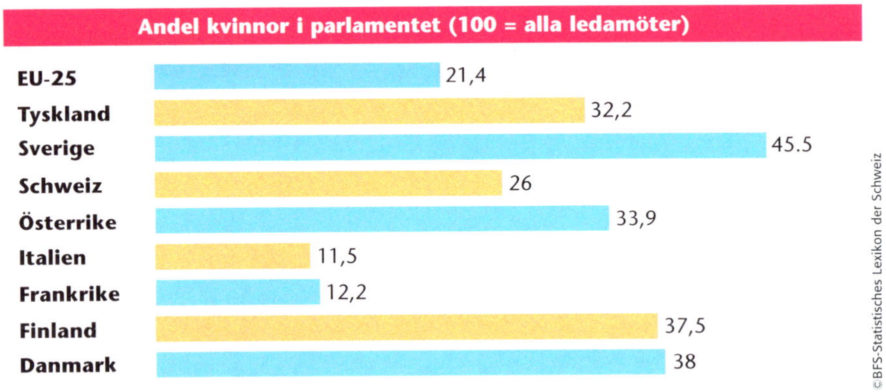

En ny undersökning visar att det i Europa finns stora skillnader vad gäller andelen kvinnor i parlamentet. Som grafiken visar har .... den högsta kvinnliga andelen. Av 100 parlamentsledamöter är där .... kvinnor. På andra plats följer .... med ....%, och sedan kommer .... med ....% kvinnliga ledamöter. .... däremot står på sista plats med bara ....% kvinnor. I .... ser det knappast bättre ut: ....%. Österrike har en andel av ....% följd av .... med ....%. I Schweiz ligger den kvinnliga andelen på ....%. Genomsnittet i EU är ....%.

b **Hur säger man på svenska när man vill ...**

a ... inleda en presentation? ....

b ... hänvisa till en tabell? ....

c ... förklara vem som står på första plats? ....

d ... ange ett procenttal? ....

....

....

....

e ... beskriva en ordningsföljd? ....

....

f ... uttrycka att andelen är minst? ....

g ... säga vad som är medelvärdet? ....

AB 12 **c** **Analysera grafikbladet för varandra. Använd er av uttrycken i 9b!**

10

Jämställdhet i Europa: högskoleutbildning, förvärvsarbete och lön.

ⓐ **Dela upp er i tre grupper. Varje grupp bearbetar ett grafikblad och presenterar det sedan för gruppen. Använd er av uttrycken i 9b!**

HÖGSKOLEUTBILDNING

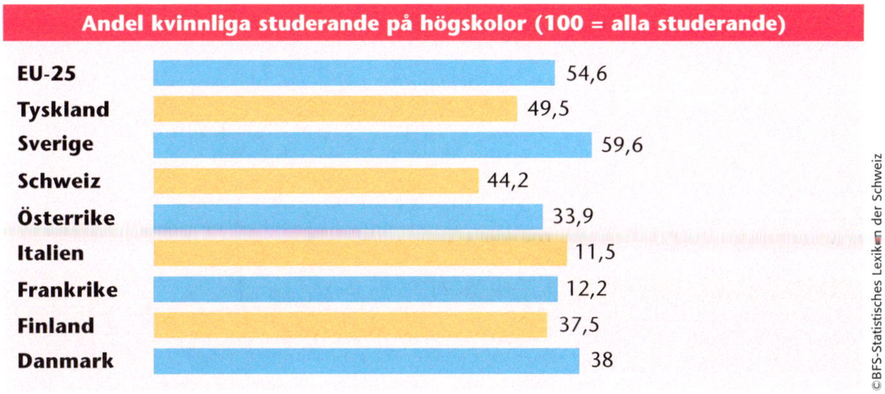

FÖRVÄRVSARBETE

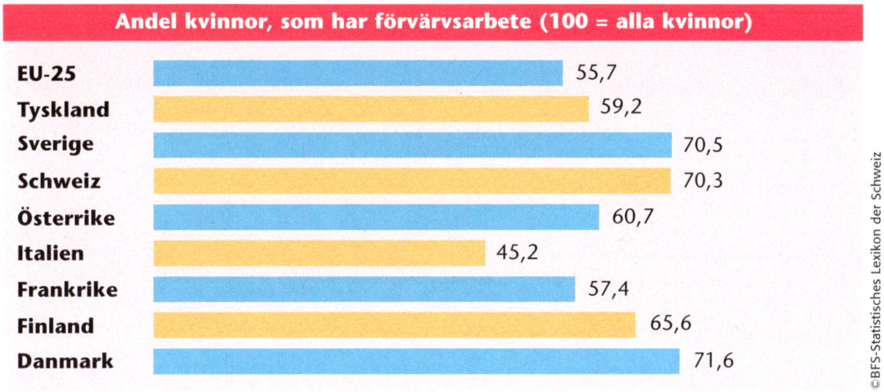

LÖN

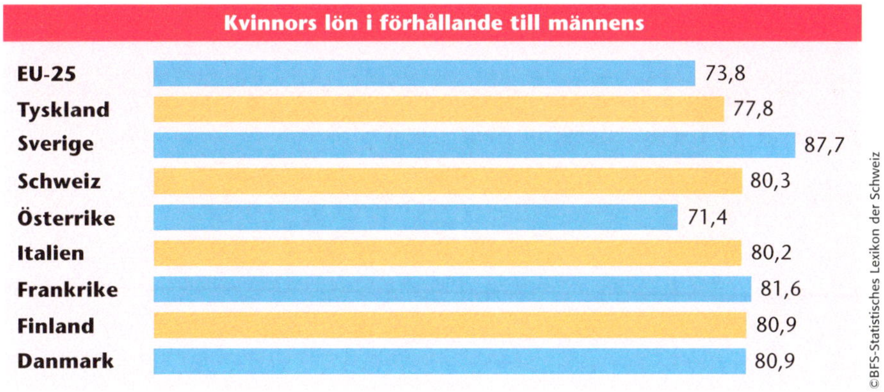

Vad gäller kvinnors lönenivå kommer ... på första plats.
... får ... kvinnor ...% av männens lön.
... uppnår ... kvinnor av ... männens lönenivå.

AB 13

ⓑ **Hur jämställd är den svenska kvinnan i förhållande till kvinnorna i Europa? Diskutera!**

20 Karamell: Den gyllene medelvägen.

a **Läs texten!**

Den gyllene medelvägen – så lyder ett svenskt talesätt som beskriver en nation där vi alltid hyllat kompromissen, samförståndet som det minst dåliga av två ofullkomliga alternativ. Det är denna gyllene medelväg som internationellt också har kallats för *den svenska modellen* – ett uttryck som betecknar samförståndspolitiken på den svenska arbetsmarknaden.

Med kännedom om svenskarnas nedärvda motvilja mot att sticka ut, bryta av och vår önskan att vara alla till lags så är det kanske inte förvånande att just Sverige lyckades hålla sig kvar i mitten när Europa under 1900-talet klövs upp mellan kapitalism och kommunism. Särskilt i amerikansk propaganda framställdes Sverige under 1950 till 1970-talen ofta som en halvkommunistisk nation där medborgarnas frihet var hårt beskuren.

Detta är en falsk mytbild. Sverige är en genomdemokratisk nation med en grundmurad marknadsekonomi. Sverige har säkert i högre utsträckning än något annat västland använt sig av socialistiska element i sin fördelningspolitik under ledning av det socialdemokratiska parti som med några få avbrott regerat landet alltsedan 1930-talet.

Det välstånd som byggdes upp under 1900-talet fördelades bland befolkningen i form av storskaliga skattefinansierade system för skola, sjukvård, barn- och äldreomsorg, föräldraförsäkring, pensioner och olika former av bidrag. Följden har blivit ett samhälle med mindre ekonomiska skillnader mellan olika samhällsklasser än i andra jämförbara länder.

AB 14-15

b **Formulera gemensamt två frågor till varje avsnitt. Ställ dem i plenum!**

Nu kan jag ...	☺	☹ neutral	☹	Übung
... diskutera vad som är typiskt svenskt.	☐	☐	☐	→ **1-4**
... reflektera över nationalstolthet.	☐	☐	☐	→ **2, 3**
... berätta vilka politiska partier som finns i Sverige.	☐	☐	☐	→ **5**
... resonera om monarkins för- och nackdelar.	☐	☐	☐	→ **7**
... presentera ett grafikblad.	☐	☐	☐	→ **5, 9, 10**
... ange procenttal.	☐	☐	☐	→ **5, 9, 10**
... förklara vad som menas med *den svenska modellen*.	☐	☐	☐	→

Konditionale Konjunktionen

In der Bedeutung *wenn / falls* wird im Schwedischen am häufigsten die Konjunktion *om* gebraucht, oft aber auch *ifall* und *bara*. Vorwiegend in der Schriftsprache kommen auch *såvitt* oder *såvida* (sofern) vor.

Jag kommer **om** det inte regnar.
Jag kommer **ifall** / **bara** det inte regnar.
Jag kommer **såvitt** / **såvida** det inte regnar.

AB 4

Adverbien zur Bezeichnung des Grades

De vann med **knappt** hälften av rösterna. (nicht ganz)
De vann med **drygt** hälften av rösterna. (gut / mehr als)
De var **ungefär** lika starka. (ungefähr)
De fick **cirka** 15%. (etwa)

Wortbildung

Wie im Deutschen lassen sich auch im Schwedischen aus Wörtern neue bilden. Dies geschieht meist entweder durch die Kombination von zwei Wörtern (Komposition) oder mithilfe von speziellen Endungen (Suffixen) bzw. Vorsilben (Präfixen).

Zusammengesetzte Wörter

is + hockey ➜ ishockey	arbete + marknad ➜ arbet**s**marknad
kött + bulle ➜ köttbulle	välfärd + samhälle ➜ välfärd**s**samhälle
fjäll + vandring ➜ fjällvandring	

Suffixe

a) Beispiele für die Bildung von Substantiven

-ande	införa	➜	inför**ande** / införand**et**
	ta ansvar	➜	ansvarstag**ande** / ansvarstagand**et**
-het	möjlig	➜	möjlig**het** / möjlighet**en**
	evig	➜	evig**het** / evighet**en**
	fri	➜	fri**het** / frihet**en**
-ing	vandra	➜	vandr**ing** / vandring**en**
	utbilda	➜	utbild**ning** / utbildning**en**
	försäkra	➜	försäkr**ing** / försäkring**en**
-is	känd	➜	känd**is** / kändis**en**
-ism	kapitalistisk	➜	kapital**ism** / kapitalism**en**
	kommunistisk	➜	kommun**ism** / kommunism**en**
-itet	special	➜	special**itet** / specialitet**en**
	stabil	➜	stabil**itet** / stabilitet**en**
-(s)sion	diskutera	➜	disku**ssion** / diskussion**en**

b) Beispiele für die Bildung von Adjektiven (siehe auch KB 15: Partizip Präsens)

-ande	likna ➜ likn**ande**	-lig	nord ➜ nord**lig**
	fungera ➜ funger**ande**		man ➜ man**lig**
-bar	jämföra ➜ jämför**bar**		kvinna ➜ kvinn**lig**

Präfixe

Beispiele

för-	följa ➜ **för**följa	o-	sympatisk ➜ **o**sympatisk
	ändra ➜ **för**ändra	sam-	ordna ➜ **sam**ordna
	del ➜ **för**del		
	tala ➜ **för**tala		

AB 14

Start

både ... och

eller

inte bara ... utan även

så att

innan

därför att

som

för

men

Spielregeln

Gespielt wird in Gruppen von 3 - 4 Personen. Sie brauchen dazu einen Würfel und Spielfiguren (als Spielfiguren kann man auch Münzen verwenden). Alle stellen sich auf *Start*. Würfeln Sie der Reihe nach und rücken Sie Ihren Spielstein die entsprechende Anzahl Felder vor. Kommen Sie mit einer geraden Zahl auf ein Feld, müssen Sie mit der angegebenen Konjunktion einen Satz im Präsens bilden, bei einer ungeraden Zahl im Präteritum.
Sind Ihre Mitspieler mit dem Satz einverstanden, erhalten Sie einen Punkt. Um am Ende ins *Mål* zu gelangen, braucht man keine gerade Würfelzahl. Gewinner ist, wer am Schluss die meisten Punkte gesammelt hat.

fastän
såväl … som
varken … eller
ifall
såvida
eftersom
att
än
ju … desto
och
när
Mål

God Jul och Gott Nytt År!

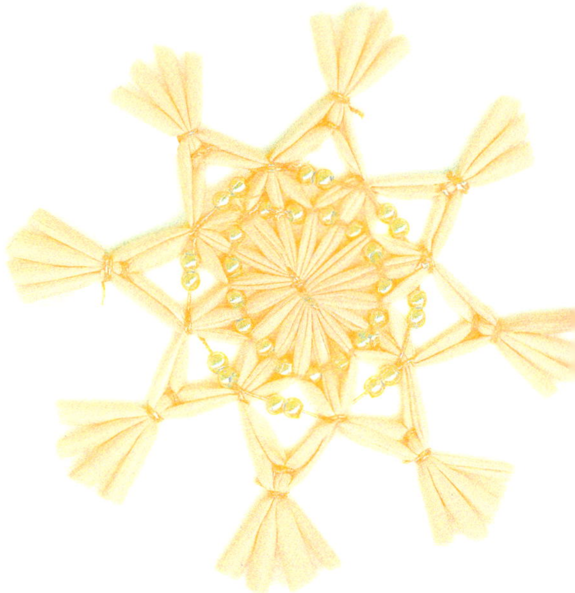

1 **Festdagar.**
Vilken dag hör till vilket datum? Samordna!

10 december	Julafton
13 december	Nyårsafton
24 december	fjärde advent
25 december	Juldagen
26 december	Nyårsdagen
31 december	Annandag jul
1 januari	Nobeldagen
sista söndagen före jul	Lucia

2 **Jul.**

(a) **Samordna!**

glögg • julskinka • knäck • lussekatter • lutfisk • pepparkakor • risgrynsgröt med mandel • sill

A .... B .... C .... D ....

E .... F .... G .... H ....

Mums!

ⓑ **Läs receptet! Har ni lust att pröva?**

Knäck

1 dl strösocker
1 dl sirap
1 dl tjock grädde
1 msk margarin
1/4 hg sötmandel

Skala och hacka sötmandeln grovt. Blanda alla andra ingredienserna i en tjockbottnad kastrull. Låt massan koka under omrörning tills den vid dropprov i kallt vatten känns lagom hård. Tillsätt mandeln. Klicka upp smeten i knäckformar med hjälp av två teskedar. Blir ca 35 knäckar!

ⓒ **Diskutera: Vilka julrätter är typiskt svenska? Vilka känner ni igen från era egna jultraditioner?**

3 **Julafton.**
Vad tänker du på när du tänker på jul? Samordna och diskutera!

1

....

2
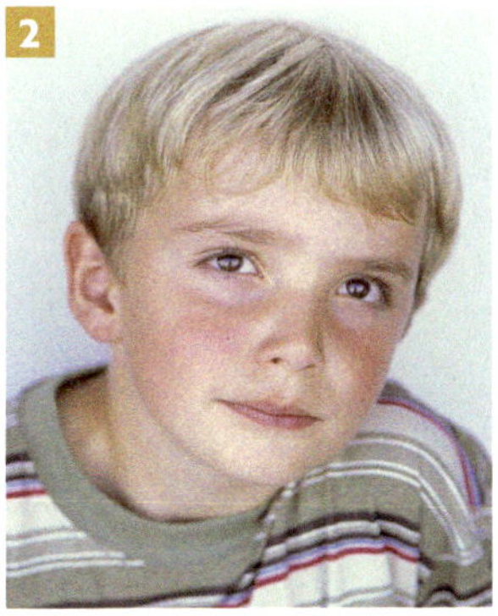
....

3

....

A Då tänker jag på att pynta, pyssla och baka. På julafton kommer alltid mina barn och barnbarn och då blir det julbord hos mig med sång och dans runt julgranen och sedan julklappsutdelning.

C Jag tänker på att spela filipin med farmor. Jag vinner alltid!

B Jag tänker på allt jag inte hinner och önskar jag vore på Hawaii.

4

Lucia.

Vem var Lucia och varför firas Luciafesten i Sverige idag? Ordna texten!

☐ Det första officiella Luciatåget var i Stockholm år 1927. Då anordnade tidningen *Stockholms Dagblad* en Luciatävling där läsarna fick utse en Lucia. Denna tradition har behållits fram till idag. Lucia firas även i privata hem.

☐ När Sverige blev protestantiskt på 1500-talet behöll man Sankta Lucia som nu emellertid firades annorlunda.

☐ Lucia levde på Sicilien och hedras som helgon av den romersk-katolska kyrkan den 13 december.

☐ Lucia blev nu ljusdrottningen som skulle lysa upp mörkret med sin ljuskrona och som fördrev alla onda andar som man då fortfarande trodde på. Senare gjorde man Luciafirandet till en stor nationell fest.

|65

5

Sången Sankta Lucia.

Lyssna till första strofen och läs sedan texten!

Natten går tunga fjät
runt gård och stuva.
Kring jord som sol'n förlät,
skuggorna ruva.
Då i vårt mörka hus
stiger med tända ljus
Sankta Lucia, Sankta Lucia.

Svenska flaggdagar

1 **Flaggdagar.**
Läs! När är det flaggdag i Sverige?

Nyårsdagen den 1 januari
Konungens namnsdag den 28 januari
Kronprinsessans namnsdag 12 mars
Påskdagen
Konungens födelsedag den 30 april
Första maj
Pingstdagen
Sveriges nationaldag den 6 juni
Midsommardagen
Kronprinsessans födelsedag den 14 juli
Drottningens namnsdag den 8 augusti
Dag för val till riksdagen
FN-dagen den 24 oktober
Gustav Adolfsdagen den 6 november
Nobeldagen den 10 december
Drottningens födelsedag den 23 december
Juldagen den 25 december

I Sverige hissas även flaggan privat vid familjehögtider: dop, födelsedag, bröllop, begravning etc.

2 **Jag tycker att ...**
Diskutera!

Tycker ni det är logiskt att det flaggas på dessa dagar?
Vilka av dessa flaggdagar förekommer även i ert land?
Skulle ni vilja hissa en flagga om ni hade en flaggstång i trädgården?

3 **Valborgsmässoafton och Första Maj.**

a **Vad hör ihop?**

demonstrera • hälsa våren välkommen • politiska tal • sjunga vid eld • sälja en majblomma • sätta på sig studentmössan • vara ledig • åka ut i naturen med picknick • 30 april

Valborgsmässoafton

Första Maj

b **Firas dessa dagar även där ni bor? Diskutera!**

Skål!

1 Sensommarfester i Sverige.

a) Samordna!

kräfta · surströmming · ål

A

....

B

....

C

....

b) När sommaren börjar ta slut i augusti och dagarna blir kortare och nätterna mörkare, då firar man fester i Sverige. Vad heter festerna? Sätt in följande uttryck i texterna!

ålfester · kräftskivor · surströmmingsfester

A

I Norrland firar man i augusti .... Surströmming är jäst sill, ett tillagningssätt som man använde förr för att kunna bevara sillen bättre. Idag har man surströmming i burkar. Däri jäser sillen och burkarna blir alldeles runda. Öppnar man burken luktar det ruttna ägg. Många anser att det luktar så vidrigt att man bara får öppna burkarna utomhus. Till surströmming äter man mandelpotatis, rå lök, sallader och tunnbröd och dricker mjölk, öl eller snaps.

B

När nätterna blir längre är ålar lätta att fånga eftersom de inte ser näten i mörkret. Från augusti ända till långt in på hösten firar man .... i Skåne. Ålen tillagas på många olika sätt: kokt, rökt, stekt eller med olika fyllningar. Till ålen serveras tunnbröd, bröd, sallader, ost, olika såser och öl och snaps.

c) Fyll i tabellen och fråga varandra!

	kräftskiva	surströmmingsfest	ålfest
När firar man ...?			
Var firar man ...?			
Vad äter man?			
Vad dricker man?			

C

Den 8 augusti är traditionellt den första dagen kräftor får fångas i Sverige. De kokas med en stor mängd dillkronor och mycket salt. Man bjuder in vänner och bekanta och äter mängder av kräftor med mjukt bröd, knäckebröd och ost till och dricker öl och snaps. Värden brukar hänga upp lyktor i form av fullmånar och lägga fram haklappar med kräftor på. Man sitter helst utomhus och har små roliga hattar på sig och sjunger nubbevisor tillsammans. I hela Sverige firas ....

|66

2 **Helan går.**

Lyssna ett par gånger och skriv upp de ord du förstår. Sjung sedan tillsammans!

3 **Fester.**

Diskutera två och två följande frågor och berätta sedan för gruppen vad ni har kommit fram till!

Thema 1: Har ni varit med om en av dessa fester i Sverige? Berätta!
Thema 2: Känner ni till liknande traditioner i den trakt ni kommer ifrån?
Thema 3: Kan man dela in ditt hemland i regioner med olika mattraditioner? Vilka?
Thema 4: Vilka traditionella fester i ditt land gillar du mest? Varför?
Thema 5: Sjunger man snapsvisor även hos er? Tycker ni att det är en rolig tradition?

Trevlig Midsommar!

1 **Midsommar.**
Samordna!

Midsommarnatten	är den första helgen efter den 19 juni.
Midsommardagen	är alltid en fredag.
Midsommarafton	är alltid en lördag.
Midsommar	är alltid natten till lördag.

2 **Midsommarstång och jordgubbar.**
Vilka av följande föremål ser du på bordet? Fyll i!

midsommarstång • färsk potatis • sill • gräddfil med gräslök • jordgubbar • krans • blomma • löv • groda

A .... B ....

C .... D

67
3 **Små grodorna.**
Lyssna ett par gånger och skriv upp de ord du förstår. Sjung sedan tillsammans!

68
4 **Vi firar ute på landet!**

a) **Lyssna och kryssa! Vilka aktiviteter beskrivs och vilken mat nämns?**

Aktiviteter		Mat	
resa midsommarstången	☐	färsk potatis och sill	☐
ta en promenad i skogen	☐	knäckebröd	☐
bada bastu	☐	köttbullar	☐
klä midsommarstången	☐	gräddfil	☐
förbereda mat	☐	gräslök	☐
sjunga och dansa	☐	jordgubbar	☐

b) **Vad önskar man varandra till midsommar?**

☐ ....!
○ Tack, detsamma!

5 **Vad är bäst med midsommar?**
Läs och fundera: Vem säger vad? Samordna!

Att vara ledig från jobbet

Att hoppa groda

Att träffa kompisarna

Färsk potatis, sill, gräddfil och jordgubbar.

Oskar, 17 år

Siv, 70 år

Lotta, 35 år

Pelle, 6 år

6 **Man äter ...**
Rätt eller fel? Diskutera och kryssa!

	rätt	fel
Midsommar är en högtid som firas i hela Sverige.	☐	☐
Alla har en egen midsommarstång.	☐	☐
Man äter färsk potatis, sill och jordgubbar.	☐	☐
Barn och vuxna deltar gemensamt i lekarna.	☐	☐
På midsommardagen har alla affärer öppet.	☐	☐
På midsommarafton arbetar alla.	☐	☐
På midsommar är det ljust hela natten i norra Sverige.	☐	☐
Polisen har mycket att göra under midsommarnatten.	☐	☐

7 **En gammal sed.**
Läs och diskutera i gruppen:
Känner du till liknande seder från ditt eget land?

Det finns en gammal svensk sed att unga flickor på midsommarnatten ska plocka en bukett med sju eller nio sorters blommor och sedan stoppa den under huvudkudden. Då drömmer de om sin blivande fästman.

Grattis!

1 **Gratulationer.**

Vilken gratulation passar? Samordna!

Grattis på bröllopsdagen! Grattis på dopdagen! Grattis på Fars dag! Grattis på födelsedagen! Grattis på Mors dag! Grattis på namnsdagen!

Du är världens bästa pappa!
Stor kram idag från din dotter
Sofi

Må ditt liv bli lyckligt.
Gud beskydde dig,
lille Hampus!
farmor och farfar

Tack älskade mamma för allt
du har gjort för oss!
Massor med pussar från dina barn
Linda, Jenny och Oskar

Vi tänker på er när ni byter
ringar uppe i Eiffeltornet!
Kram Lotta och Magnus

Har den äran på Emmadagen!
Allt gott önskar mormor

Äntligen 18!
Här kommer en slant till
myndighetsdagen från
faster Maja

2 **Inbjudan.**

Svara på följande inbjudan! Ringer ni, mejlar ni eller svarar ni i brevform? Vad säger ni, vad skriver ni? Fundera tillsammans!

Jag fyller 30!

Det vill jag fira med dig! Välkommen till en rolig kväll med goda vänner!
När? Lördagen den 24 maj klockan 19.00.
Var? Linneavägen 42.
Vi ska äta och dricka asiatiskt så klä dig därefter!

Mats

Tack för inbjudan.

Jag kommer gärna.

Vad önskar du dig?

Tyvärr, jag är upptagen.

3 Present.

Skriv meningarna i rätt följd! Gör sedan en liknande dialog!

- ☐ Hm, jag vet inte. Vad säger du om en spännande bok?
- ☐ Jag tycker en CD skiva är väl alltid rolig, eller?
- ☐ Ja! Det är en bra idé. Låt oss ge henne en flaska vin.
- ☐ Du, i morgon är vi ju bjudna på Lindas födelsedagsfest. Vad ska vi ge henne?
- ☐ Nej, det tycker jag inte är så bra. Men en fin flaska vin då?

4 Födelsedag.

a Läs följande berättelse om ett födelsedagsfirande!
Kryssa sedan för rätt eller fel!

Hos oss firade vi alltid födelsedag på samma sätt. Det var tradition i vår familj att den som fyllde år låg kvar i sängen tills hela familjen kom och sjöng "Ja, må hon leva". Mamma hade en bricka i handen med ett levande ljus, den svenska flaggan och födelsedagspresenter på. Pappa hade med sig en kopp varm choklad och en smörgås. Födelsedagsbarnet fick sedan alltid välja en älsklingsrätt som mamma skulle fixa till lunch. Senare på eftermiddagen kom familjen och vänner på födelsedagskalas och man åt tårta och bullar och drack saft och kaffe.

	rätt	fel
Födelsedagsbarnet ligger kvar i sängen.	☐	☐
Alla sjunger för födelsedagsbarnet.	☐	☐
Presenter får man på kvällen.	☐	☐
Födelsedagsbarnet äter tårta i sängen.	☐	☐
På eftermiddagen firar man bara med familjen.	☐	☐
Man serverar tårta, bullar, saft och kaffe.	☐	☐

69 **b Lyssna! Vad önskar man födelsedagsbarnet i den här sången?**

....

5 Födelsedagsfester.

Har du upplevt en födelsedagsfest i Sverige?
Hur firar man födelsedag hemma hos dig?
Berätta!

Partnerübungen

Zu Lektion 1, Aufgabe 10 (Seite 12)

Person A	Jan Erikson	Sverige	svenska, engelska
Person B	Selma Nyström	Norge	norska, svenska
Person C	Max Huttner	Tyska	tyska, franska, spanska
Person D	Antonella Capri	Italien	italienska, franska
Person E	Jill Stuart	England	engelska, finska

Zu Lektion 2, Aufgabe 7a (Seite 20)

Bastiani, Carlos	*28013 Madrid*	
van Borg, Marleen		*Hoofdweg 19*
Erikson, Jan		*Kungsgatan 17*
Huttner, Max	*81543 München*	*Untere Weidenstraße 2*
Nystrøm, Selma		*Munchsgate 5*
Schmidt, Gertrud	*60318 Frankfurt*	
Seller, Georg		
Stuart, Jill	*W23AN London*	*19, Leinster Gardens*
………………, **Paula**		

□ Vad är Jans postnummer?
○ Jans postnummer är ...

Zu Lektion 3, Aufgabe 1c (Seite 25)

□ Kan jag få ..., tack.
○ Ja! / Javisst!
□ Har du salt?
○ Nej, tyvärr, det har jag inte.

Zu Lektion 4, Aufgabe 3a (Seite 33)

Namn:	gillar ...	gillar inte ...
Helena	dricka kaffe, träffa vänner	gå på bio, läsa
Jesper	jogga, lyssna på musik	dricka kaffe, gå på gympa
du + dina kompisar (= ni)	laga mat, spela tennis	segla, simma
jag + mina kompisar (= vi)	gå på gympa, shoppa	cykla, ta en promenad
Markus och Anna	gå på restaurant, gå på bio	laga mat, spela tennis

□ Gillar ni att laga mat?
○ Ja, det gör vi. / Nej, det gör vi inte.
□ Vad gillar ni då?

Zu Lektion 6, Aufgabe 7 (Seite 51)

□ På *Stenbergs* kostar potatisen 6 kronor kilot. Vad kostar den på *Snabbtogott*?
○ Där kostar den 3,50 kronor kilot. Och hur är det med mjölken?
□ Den kostar ... litern.

Zu Lektion 13, Aufgabe 1b (Seite 106)

A: Äventyrstypen: Att kunna vara flexibel och obunden på semestern är mycket viktigt för dig. Du är impulsiv och nyfiken på det okända och tycker om att träffa nya människor. Du är öppen för främmande kulturer och planerar dina dagar spontant efter väder och vind.

B: Wellnesstypen: Semester betyder för dig framför allt att koppla av och leva lite lyxigt. Du vill njuta av din ledighet och göra precis vad du känner för, bara det inte betyder stress. Du gillar att äta gott och bestämmer spontant var du ska äta.

C: Kulturella typen: Du vill lära dig mera om främmande länder, kulturer och traditioner. Semester betyder för dig att fördjupa dina kunskaper. Gärna gör du en snabb intensivkurs innan resan börjar för att förbereda dig. Efter resan organiserar du en diakväll för dina vänner.

D: Sportiga typen: Du är mycket sportig och semester för dig betyder framförallt att cykla, vandra och röra sig. Du är gärna ute i naturen och njuter av vad omgivningen har att bjuda på oavsett hur vädret är. Du tycker om nyttig mat och kopplar bäst av om du på kvällen faller i säng som en sten utmattad av all motion.

Zu Lektion 13, Aufgabe 5a (Seite 108)

fre			lör		
morg	**em**	**kväll**	**morg**	**em**	**kväll**
		4° 		-1° 	3° 

Obs!
Det blir regn.
Det kommer att regna.

□ Hur blir vädret på torsdag eftermiddag?
○ Det blir 8 grader varmt och sol.

Zu Lektion 17, Aufgabe 4c (Seite 143)

Du jobbar i växeln hos *Papper AB* och svarar:
Amelie Wulfsson: sjuk
Daniel Tullgren: lunchrast
Pär Lindsten: ledig idag

Du ringer till *Telia* och vill tala med:
Staffan Wahlberg
Lydia Baldén
Elisabeth Gellert

Zu Lektion 19, Aufgabe 7b (Seite 161)

Stödord bild A:

- kontor
- dator
- mobiltelefon
- modern arbetsplats
- work-life-balance

Grammatikübersicht

1. Verben

a Formen

Im Schwedischen ist die Verbform in allen Personen gleich.

	Singular		Plural	
1. Person	jag		vi	
2. Person	du	har / är	ni	har / är
3. Person	han / hon den / det		de	

Konjugation	Infinitiv KB 4	Wortstamm KB 7, 8	Präsens KB 1, 2	Präteritum KB 7	Supinum KB 11	Perfekt KB 11, 12	Plusquamperfekt KB 16
1.	(att) tala	tala	talar	talade	talat	har talat	hade talat
2.	(att) läsa	läs	läser	läste	läst	har läst	hade läst
	(att) ringa	ring	ringer	ringde	ringt	har ringt	hade ringt
3.	(att) tro	tro	tror	trodde	trott	har trott	hade trott
4.	(att) se	se	ser	såg	sett	har sett	hade sett

Die meisten schwedischen Verben gehören zur 1. Konjugation.
Zur 2. Konjugation gehören neben schwachen Verben auch einige unregelmäßige Verben mit Umlaut, z. B. *(att) göra*: *gör*, *gjorde*, ***har** gjort*.
Der 3. Konjugation folgen viele einsilbige Verben mit betontem Stammvokal.
Zur 4. Konjugation gehören starke Verben, die ihren Stammvokal in der Vergangenheit ändern.

Partizip Präsens und Partizip Perfekt siehe Seite 195.
Übersicht über die wichtigsten starken und unregelmäßigen Verben siehe Seite 198.

b Zukunft / Futur

Zukünftige Handlungen oder Ereignisse kann man auf unterschiedliche Arten ausdrücken.

Präsens + Zeitangabe	Jag kommer snart.	→ *Ereignis wird eintreten*
***kommer att* + Infinitiv**	Det kommer att regna i morgon.	→ *nicht beeinflussbar*
***tänker (att)* + Infinitiv**	Hon tänker flytta när hon har slutat skolan.	→ *Plan oder Absicht*
***ska* + Infinitiv**	Ska du simma? Nej, jag ska jogga.	→ *Betonung des Willens*
***bli* + Substantiv**	Det blir regn i morgon.	→ *Voraussage*

KB 6 + 13

c Imperativ

Im Schwedischen gibt es nur eine Imperativform. Diese entspricht dem Wortstamm. Der Imperativ wird etwas öfter als im Deutschen verwendet und kann durch die Kombination mit den Ausdrücken *gärna* und *är du snäll* abgemildert werden.

	Person	Präsens	Imperativ (= Wortstamm)	Deutsche Entsprechung
Singular	jag du han / hon den / det	lyssnar	Lyssna!	*Höre!* *Hört!* *Hören Sie!*
Plural	vi ni de			

KB 7 + 8

d Passiv

	Aktiv	Passiv	
		s-Passiv	**bli-Passiv**
Infinitiv	(att) öppna	(att) öppnas	(att) bli öppnad (-t / -de)
Präsens	öppnar	öppnas	blir öppnad (-t / -de)
Präteritum	öppnade	öppnades	blev öppnad (-t / -de)
Perfekt	har öppnat	har öppnats	har blivit öppnad (-t / -de)
Plusquamperfekt	hade öppnat	hade öppnats	hade blivit öppnad (-t / -de)
Futur	ska öppna	ska öppnas	ska bli öppnad (-t / -de)

KB 6 + 13

e Deponentia (Verben auf -s)

Einige Verben enden immer auf *-s*, haben jedoch aktivische Bedeutung.

Infinitiv	(att) finnas *geben, vorhanden sein*	(att) hoppas *hoffen*	(att) fattas *fehlen*
Präsens	finns	hoppas	fattas
Präteritum	fanns	hoppades	fattades
Perfekt	har funnits	har hoppats	har fattats
Plusquamperfekt	hade funnits	hade hoppats	hade fattats
Futur	ska finnas	ska hoppas	ska fattas

KB 10 + 14

f Modalverben

Die Modalverben gehören zu den unregelmäßigen Verben. Von einigen gibt es nur einzelne Formen.

Infinitiv	Präsens	Präteritum	Perfekt	Plusquamperfekt
böra *sollen*	bör	borde	har bort	hade bort
få *dürfen, können*	får	fick	har fått	hade fått
kunna *können, dürfen*	kan	kunde	har kunnat	hade kunnat
sollen	lär	–	–	–
müssen	måste	måste	–	–
skola *sollen, wollen, müssen, werden*	ska	skulle	–	–
vilja *wollen, möchten, mögen*	vill	ville	har velat	hade velat

Das Hilfsverb *(att) bruka* (pflegen etwas zu tun, normalerweise etwas tun) ist einem Modalverb ähnlich (*Jag brukar / brukade dricka te varje morgon.*). Es kommt meist im Präsens und Präteritum vor.

KB 6 + 9 + 11

2. Substantive

a Artikel: *en* und *ett*

Im Schwedischen gibt es nur zwei Artikel: *en* und *ett*. Es gibt keine festen Regeln dafür, welches Substantiv ein *en*-Wort (Utrum) und welches ein *ett*-Wort (Neutrum) ist. Man kann sich aber an einigen Richtlinien orientieren:

- Ca. 80% aller Substantive sind *en*-Wörter.
- *En*-Wörter: Meistens Personen, Tiere, Bäume, Blumen, (Feier-) Tage und Jahreszeiten (z. B.: *en politiker, en hund, en ros, en tisdag, en sommar*).
- *Ett*-Wörter: Viele Materialien sowie weitere Substantive (z. B.: *ett papper, ett museum*).

b Deklination

	Singular		Plural	
	unbestimmt	**bestimmt**	**unbestimmt**	**bestimmt**
1.	en penna	pennan	pennor	pennorna
	en lampa	lampan	lampor	lamporna
	en ros	rosen	rosor	rosorna
2.	en stol	stolen	stolar	stolarna
	en cykel	cykeln	cyklar	cyklarna
	en tidning	tidningen	tidningar	tidningarna
	en handduk	handduken	handdukar	handdukarna
3.	en telefon	telefonen	telefoner	telefonerna
	en månad	månaden	månader	månaderna
	en bok	boken	böcker	böckerna
	ett museum	museet	museer	museerna
4.	ett frimärke	frimärket	frimärken	frimärkena
	ett äpple	äpplet	äpplen	äpplena
5.	ett brev	brevet	brev	breven
	ett hotell	hotellet	hotell	hotellen
	en lärare	läraren	lärare	lärarna
	en man	mannen	män	männen

Die meisten *en*-Wörter bildet man nach den Deklinationen 1 - 3. *Ett*-Wörter gehören meistens den Deklinationen 4 - 5 an. Es gibt aber viele Ausnahmen sowie einige unregelmäßige Formen.

Singular KB 3, 5
Plural KB 5, 8, 18

c Genitiv

Zur Bildung des Genitivs hängt man an das Substantiv, das den Besitzer bezeichnet, ein *-s* an.

Lenas mamma	mitt barns mamma	barnets mamma
alla barns mammor	barnens mamma	

Eigennamen, die auf *-s* enden, bleiben unverändert.
Markus ➜ Markus bil

KB 2

3. Pronomen

a Personal-, Reflexiv- und Possessivpronomen

			Personalpronomen		Reflexivpronomen	Possessivpronomen	
			Subjekt	Objekt		nicht reflexiv	reflexiv
Singular	1.		jag	mig	mig	min / mitt / mina	
	2.		du	dig	dig	din / ditt / dina	
	3.	Personen	han	honom	sig	hans	sin / sitt / sina
			hon	henne		hennes	
		Gegenstände, Tiere	den	den		dess	
			det	det			
Plural	1.		vi	oss	oss	vår / vårt / våra	
	2.		ni	er	er	er / ert / era	
	3.		de	dem	sig	deras	sin / sitt / sina

Personalpronomen KB 1, 2, 3, 6, 13 Reflexivpronomen KB 7 Possessivpronomen KB 10, 16

b Demonstrativpronomen

Singular		Plural		
en-Wörter	*ett*-Wörter	*en*-Wörter	*ett*-Wörter	
den här boken	det här äpplet	de här böckerna	de här äpplena	*dies(e/er/es) hier*
den där boken	det där äpplet	de där böckerna	de där äpplena	*jene(r/s)dort*
denna bok	detta äpple	dessa böcker	dessa äpplen	*dies(e/er/es)*
(en) sådan bok	(ett) sådant äpple	sådana böcker	sådana äpplen	*so ein(e) / solche*

Sådan kann auch in Ausrufen verwendet werden: *Ett sådant väder! Sådana goda äpplen!*
KB 9, 13, 15

c Relativpronomen und Relativadverb

Im Schwedischen ist das Relativpronomen (*som*) in allen Personen gleich und unveränderlich.
Im Gegensatz zum Deutschen kann man das Relativpronomen weglassen, wenn es als Objekt steht.

som als Subjekt	Mannen som har jackan på sig heter Fredrik. *Der Mann, der die Jacke anhat, heißt Fredrik.* Flickan som heter Inge är från Hamburg. *Das Mädchen, das Inge heißt, ist aus Hamburg.*
som als Objekt	Var är boken (som) jag gav dig igår? *Wo ist das Buch, das ich dir gestern gegeben habe?* Vem är det (som) du ringer till? *Wen rufst du an? (Wer ist es, den du anrufst?)*

KB 9

Bei lokaler Bedeutung kann *som* durch die Relativadverbien *där* und *dit* ersetzt werden.

Handväskan (som) jag la legitimationerna i ligger där borta.
= Handväskan där jag la legitimationerna ligger där borta.
Die Handtasche, in die ich die Ausweise gelegt habe, liegt dort drüben.

KB 18

d Indefinitpronomen

Indefinitpronomen beziehen sich auf etwas, das nicht näher bezeichnet wird.

all / allt / alla	*all(e), alles*	Allt under kontroll!
annan / annat / andra	*andere/r/s*	Har du en annan bok?
få	*wenig/e*	Det finns bara få hotell i stan.
flera	*mehrere*	Jag har jobbat i flera timmar.
ingen (inte någon) /		Vi har ingen TV på rummen.
inget (inte något) /	*kein / keine / keiner*	Vi har inget garage.
inga (inte några)		Tyvärr - vi har inga rum lediga.
inte någonting / ingenting	*nichts*	Vi har ingenting i kylskåpet.
lite	*wenig / ein bisschen*	Lite lyx i vardagslivet!
man	*man*	Man måste kunna språk.
mycket	*viel*	Jag köper mycket mjölk.
många	*viele*	Jag köper många äpplen.
någon / något / några	*(irgend)ein / (irgend-)*	Har hotellet någon hiss?
	etwas / einige	Jag tar några av de där tomaterna.
var / vart	*jeder / jede / jedes*	Vart tredje år målar jag huset.
varandra	*einander*	De tycker mycket om varandra.
varannan / vartannat	*jede / jeder / jedes zweite*	Hon kommer varannan helg.
varje / varenda	*jeder / jede / jedes*	Varje rum har TV.

4. Fragewörter

hur (hurdan)	*wie*	Hur stavar man det? (KB 1)
hur dags	*zu welcher Zeit*	Hur dags äter du frukost? (KB 3)
hur länge	*wie lange*	Hur länge stannar du?
hur mycket	*wie viel*	Hur mycket kaffe dricker du?
		Hur mycket är klockan? (KB 3)
hur ofta	*wie oft*	Hur ofta går du på bio?
när	*wann*	När går filmen?
		När kommer du? (KB 4)
vad	*was, wie*	Vad talar du för språk?
		Vad heter du? (KB 1)
vad för (slags)	*was für (eine Art)*	Vad för slags restaurang gillar du?
var	*wo*	Var bor du? (KB 2, KB 10)
varför	*warum*	Varför frågar du?
varifrån	*woher*	Varifrån kommer du? (KB 1, KB 2)
vart	*wohin (worauf)*	Vart skulle du helst vilja flytta? (KB 10)
vem	*wer*	... och vem är du? (KB 2)
		Vem ringer du till?
vilken /		Vilken film ska vi se i kväll?
vilket /	*welche / welcher / welches*	Vilket museum var det han pratade om?
vilka		Vilka byxor ska jag ta? (KB 4)

Um eine Frage indirekter zu formulieren, kann man sie mit einem Relativsatz kombinieren.
Vem ringer du? = Vem är det (som) du ringer? Vad ligger där? = Vad är det som ligger där?

5. Adjektive

a Grundform: Positiv

Adjektive richten sich in der Form nach dem zugehörigen Substantiv. Anders als im Deutschen gilt dies auch dann, wenn das Adjektiv nachgestellt ist (prädikative Form).

Vorangestellte Form (attributiv)

		Singular	Plural
en-Wörter	unbestimmt	en grön blus en mönstrad blus	gröna blusar mönstrade blusar
	bestimmt	den gröna blusen den mönstrade blusen	de gröna blusarna de mönstrade blusarna
ett-Wörter	unbestimmt	ett grönt skärp ett mönstrat skärp	gröna skärp mönstrade skärp
	bestimmt	det gröna skärpet det mönstrade skärpet	de gröna skärpen de mönstrade skärpen

KB 9

Nachgestellte Form (prädikativ)

		Singular	Plural
en-Wörter	unbestimmt	En banan är gul.	Bananer är gula.
	bestimmt	Bananen är gul.	Bananerna är gula.
ett-Wörter	unbestimmt	Ett äpple är grönt.	Äpplen är gröna.
	bestimmt	Äpplet är grönt.	Äpplena är gröna.

KB 9

Unregelmäßige Adjektive und Sonderformen

Die beiden Adjektive *liten* (klein) und *gammal* (alt) haben spezielle Formen.

	liten / gammal	Singular	Plural
en-Wörter	unbestimmt	en liten / gammal stuga	små / gamla stugor
	bestimmt	den lilla / gamla stugan stugan är liten / gammal	de små / gamla stugorna stugorna är små / gamla
ett-Wörter	unbestimmt	ett litet / gammalt hus	små /gamla hus
	bestimmt	det lilla / gamla huset huset är litet / gammalt	de små / gamla husen husen är små / gamla

KB 10

Einige Adjektive sind unveränderlich, bei anderen gibt es Sonderformen.
Die wichtigsten sind dabei die folgenden.

bra	bra	bra	ny	nytt	nya
blå	blått	blåa	rund	runt	runda
enkel	enkelt	enkla	röd	rött	röda
god	gott	goda	svart	svart	svarta
hård	hårt	hårda	vacker	vackert	vackra
mogen	moget	mogna	vit	vitt	vita

b Steigerung: Komparativ und Superlativ

Positiv	Komparativ	Superlativ unbestimmte Form	Superlativ bestimmte Form
trevlig	trevligare (än)	trevligast	den / det /de trevligaste
vacker	vackrare (än)	vackrast	den / det /de vackraste
enkel	enklare (än)	enklast	den / det /de enklaste
sympatisk	mer(a) sympatisk (än) sympatiskare (än)	mest sympatisk sympatiskast	den / det / de mest sympatiska den / det / de sympatiskaste

Unregelmäßige Formen

Positiv	Komparativ		Superlativ
liten	mindre (än)	minst	den / det /de minsta
stor	större (än)	störst	den / det / de största
ung	yngre (än)	yngst	den / det /de yngsta
gammal	äldre (än)	äldst	den / det / de äldsta
bra	bättre (än)	bäst	den / det / de bästa
dålig	sämre (än)	sämst	den / det /de sämsta
lång	längre (än)	längst	den / det / de längsta
hög	högre (än)	högst	den / det / de högsta
låg	lägre (än)	lägst	den / det / de lägsta

KB 12, 19

c Partizip Präsens als Adjektiv

Im Schwedischen ist das Partizip Präsens als Adjektiv unveränderlich.

~~skratta~~ + ande	ett skrattande barn / det skrattande barnet / de skrattande barnen
~~arbeta~~ + ande	en arbetande kvinna / den arbetande kvinnan / de arbetande kvinnorna
drick + ande	en drickande hund / den drickande hunden / de drickande hundarna
gå + ende	en gående man / den gående mannen / de gående männen

KB 15

d Partizip Perfekt als Adjektiv

Das Partizip Perfekt drückt aus, dass ein Zustand erreicht bzw. ein Geschehen vollendet ist.

Attributiver Gebrauch		Prädikativer Gebrauch	
unbestimmt	**bestimmt**	**unbestimmt**	**bestimmt**
öppna – öppnar – öppnade – öppnat			
en öppnad flaska	den öppnade flaskan	en flaska är öppnad	flaskan är öppnad
öppnade flaskor	de öppnade flaskorna	flaskor är öppnade	flaskorna är öppnade
ett öppnat paket	det öppnade paketet	ett paket är öppnat	paketet är öppnat
öppnade paket	de öppnade paketen	paket är öppnade	paketen är öppnade
stänga – stänger – stängde – stängt			
en stängd dörr	den stängda dörren	en dörr är stängd	dörren är stängd
stängda dörrar	de stängda dörrarna	dörrar är stängda	dörrarna är stängda
ett stängt fönster	det stängda fönstret	ett fönster är stängt	fönstret är stängt
stängda fönster	de stängda fönstren	fönster är stängda	fönstren är stängda
bebo – bebor – bebodde – bebott			
en bebodd stuga	den bebodda stugan	en stuga är bebodd	stugan är bebodd
bebodda stugor	de bebodda stugorna	stugor är bebodda	stugorna är bebodda
ett bebott hus	det bebodda huset	ett hus är bebott	huset är bebott
bebodda hus	de bebodda husen	hus är bebodda	husen är bebodda
skriva – skriver – skrev – skrivit			
en skriven bok	den skrivna boken	en bok är skriven	boken är skriven
skrivna böcker	de skrivna böckerna	böcker är skrivna	böckerna är skrivna
ett skrivet brev	det skrivna brevet	ett brev är skrivet	brevet är skrivet
skrivna brev	de skrivna breven	brev är skrivna	breven är skrivna

KB 17

6. Adverbien

Mithilfe von Adverbien kann man andere Wörter im Satz oder den Satz insgesamt näher bestimmen.

a Bildung

Viele Adverbien werden von Adjektiven abgeleitet (*t*-Form).
Bei den unveränderlichen Adjektiven (siehe Seite 194) hat das Adverb die gleiche Form wie das Adjektiv.

Adjektiv	Adverb
Han är en *riktig* vän.	Han är en *riktigt* god vän.
Det är en *god* människa.	Han gör bara *gott*.
Där finns *bra* mat.	Det smakade *bra*.

KB 12

b Steigerung

Nur wenige Adverbien können gesteigert werden. Die Formen ähneln der Steigerung der Adjektive.

Positiv (Grundform)	Komparativ	Superlativ
långsamt	långsammare (än)	långsammast
bra	bättre (än)	bäst
mycket	mera (än)	mest
många	fler(a) (än)	flest
gärna	hellre (än)	helst

KB 9, 12

c Satzadverbien

aldrig	*niemals*	kanske	*vielleicht*
alltså	*also*	knappt / knappast	*knapp, kaum*
alltid	*immer*	mestadels	*meistens*
antagligen	*wahrscheinlich*	möjligtvis	*möglich*
ej	*nicht*	naturligtvis	*natürlich*
faktiskt	*tatsächlich*	nog	*genug, wohl, wahrscheinlich*
förmodligen	*vermutlich*	också / heller inte	*auch / auch nicht*
förresten	*übrigens*	tidvis	*zeitweise*
inte	*nicht*	vidare	*weiter*
ju	*doch*	ändå	*doch, trotzdem*

Stellung der Satzadverbien im Satz KB 3 und Seite 197.

d Lokaladverbien

Einige Lokaladverbien haben zwei Formen: eine dynamische (wohin?) und eine statische (wo?).
Darüber hinaus kann man durch Anhängen der Endung *-ifrån* auch die Herkunft (woher?) angeben.

Wohin?	Wo?	Woher?	Wohin?	Wo?	Woher?
hit	här	härifrån	ner	nere	nerifrån
dit	där	därifrån	in	inne	inifrån
hem	hemma	hemifrån	ut	ut	utifrån
bort	borta	bortifrån	fram	framme	framifrån
upp	uppe	uppifrån	hem	hemma	hemifrån

KB 13, 14

7. Konjunktionen

Zwei Sätze oder Satzteile werden durch Konjunktionen miteinander verbunden. Man unterscheidet dabei generell, ob eine Konjunktion einen Hauptsatz einleitet (nebenordnend) oder einen Nebensatz (unterordnend).

a Nebenordnend

både ... och	*sowohl ... als auch*	men	*aber*
eller	*oder*	och	*und*
fast	*aber*	så	*und deshalb*
för	*denn*	såväl ... som	*sowohl ... als auch*
inte bara ... utan även	*nicht nur ... sondern auch*	varken ... eller	*weder ... noch*

b Unterordnend

att	*dass*	medan	*während*
bara	*wenn nur*	när / då	*wenn / als / da*
därför att	*weil*	om	*ob, wenn / falls*
eftersom	*weil*	sedan	*seitdem, nachdem*
fastän	*obwohl*	som	*als, wie*
för att	*um zu / damit*	så att	*sodass, damit*
genom att	*dadurch, dass*	såvida / såvitt	*sofern*
ifall	*wenn / falls*	tills	*bis*
innan	*bevor*	trots att	*obwohl*
ju ... desto	*je ... desto*	utan att	*ohne dass*
		än	*als*

8. Wortstellung und indirekte Rede

a Hauptsatz

Subjekt: Position 1 oder 3, finites Verb: Position 2.

1	finites Verb	3	Satzadverb	infinites Verb	Objekte	Adverb
Jag	kommer		(inte)			i morgon.
I morgon	kommer	jag	(inte).			
Jag	kan		tyvärr inte	komma		i kväll.
Tyvärr	kan	jag	inte	komma		i kväll.
I kväll	kan	jag	tyvärr inte	komma.		
Jag	ska			ge	dig boken	i morgon.
Vad	kan	jag		hjälpa	dig med?	

Da Subjekt und Objekt im Schwedischen im Gegensatz zum Deutschen nur selten an der Endung zu erkennen sind, muss man sich in der Regel strikt an die Wortfolge *Subjekt - Verb - Objekt* halten, um Missverständnissen vorzubeugen.

KB 1, 3, 4, 10, 12

b Nebensatz

Konjunktion	Subjekt	Satzadverb	finites Verb	infinites Verb	Adverb
..., att	han	inte	kan	komma	i kväll.
..., att	han	kanske	ska ge	dig boken	i morgon.
..., som	jag	faktiskt	gav	dig	i går.

Im Nebensatz steht das Satzadverb **vor** dem finiten Verb.

c Indirekte Rede

Im Gegensatz zum Deutschen wird bei indirekter Rede die Wortstellung im Nebensatz **nicht** verändert. In kurzen Nebensätzen lässt man die Konjunktion *att* häufig aus.

Polisen sade att jag måste spärra mitt bankomatkort.
Die Polizei sagte, dass ich meine EC Karte sperren müsse.
Die Polizei sagte, ich müsse meine EC-Karte sperren.

Lena säger (att) hon är frisk igen.
Lena sagt, dass sie wieder gesund sei.
Lena sagt, sie sei wieder gesund.

KB 18

9. Verzeichnis starker und unregelmäßiger Verben

Als starke Verben bezeichnet man die Verben, die bei der Bildung der Vergangenheitsformen ihren Stammvokal ändern.

Infinitiv	Bedeutung	Imperativ	Präsens	Präteritum	Supinum
be	*bitten*	be!	ber	bad	bett
bita	*beißen*	bit!	biter	bet	bitit
bjuda	*einladen*	bjud!	bjuder	bjöd	bjudit
bli	*bleiben, werden*	bli!	blir	blev	blivit
brinna	*brennen*	brinn!	brinner	brann	brunnit
bryta	*brechen*	bryt!	bryter	bröt	brutit
bära	*tragen*	bär!	bär	bar	burit
böra	*sollen*	-	bör	borde	bort
dra	*ziehen*	dra!	drar	drog	dragit
dricka	*trinken*	drick!	dricker	drack	druckit
driva	*treiben*	driv!	driver	drev	drivit
dö	*sterben*	dö!	dör	dog	dött
falla	*fallen*	fall!	faller	föll	fallit
fara	*fahren*	far!	far	for	farit
finna	*finden*	finn!	finner	fann	funnit
finnas	*vorhanden sein, geben*	-	finns	fanns	funnits
flyga	*fliegen*	flyg!	flyger	flög	flugit
frysa	*frieren*	frys!	fryser	frös	frusit
få	*bekommen*	-	får	fick	fått
förbjuda	*verbieten*	förbjud!	förbjuder	förbjöd	förbjudit
förlåta	*vergeben*	förlåt!	förlåter	förlät	förlåtit
förstå	*verstehen*	förstå!	förstår	förstod	förstått
försvinna	*verschwinden*	försvinn!	försvinner	försvann	försvunnit
ge (giva)	*geben*	ge!	ger	gav	gett / givit
glädja	*freuen*	gläd!	gläder	gladde	glatt
gripa	*greifen*	grip!	griper	grep	gripit
gråta	*weinen*	gråt!	gråter	grät	gråtit
gå	*gehen*	gå!	går	gick	gått
göra	*machen, tun*	gör!	gör	gjorde	gjort
ha	*haben*	ha!	har	hade	haft
heta	*heißen*	-	heter	hette	hetat
hinna	*Zeit haben, etwas schaffen*	hinn!	hinner	hann	hunnit
hålla	*halten*	håll!	håller	höll	hållit
knyta	*knüpfen*	knyt!	knyter	knöt	knutit
komma	*kommen*	kom!	kommer	kom	kommit

Infinitiv	Bedeutung	Imperativ	Präsens	Präteritum	Supinum
kunna	*können*	-	kan	kunde	kunnat
le	*lächeln*	le!	ler	log	lett
lida	*leiden*	lid!	lider	led	lidit
ligga	*liegen*	ligg!	ligger	låg	legat
ljuga	*lügen*	ljug!	ljuger	ljög	ljugit
låta	*lassen, klingen*	låt!	låter	lät	låtit
lägga	*legen*	lägg!	lägger	la (lade)	lagt
njuta	*genießen*	njut!	njuter	njöt	njutit
rida	*reiten*	rid!	rider	red	ridit
rinna	*rinnen*	rinn!	rinner	rann	runnit
riva	*reißen*	riv!	river	rev	rivit
se	*sehen*	se!	ser	såg	sett
sitta	*sitzen*	sitt!	sitter	satt	suttit
sjunga	*singen*	sjung!	sjunger	sjöng	sjungit
sjunka	*sinken*	sjunk!	sjunker	sjönk	sjunkit
skilja	*trennen*	skilj!	skiljer	skilde	skilt
skola	*sollen, wollen, müssen, werden*	-	ska	skulle	-
skrika	*schreien*	skrik!	skriker	skrek	skrikit
skriva	*schreiben*	skriv!	skriver	skrev	skrivit
skära	*schneiden*	skär!	skär	skar	skurit
slå	*schlagen*	slå!	slår	slog	slagit
smörja	*schmieren*	smörj!	smörjer	smorde	smort
sova	*schlafen*	sov!	sover	sov	sovit
spricka	*zerspringen*	sprick!	spricker	sprack	spruckit
springa	*laufen*	spring!	springer	sprang	sprungit
sticka	*stechen, stecken*	stick!	sticker	stack	stuckit
stiga	*steigen*	stig!	stiger	steg	stigit
stjäla	*stehlen*	stjäl!	stjäl	stal	stulit
stryka	*streichen*	stryk!	stryker	strök	strukit
stå	*stehen*	stå!	står	stod	stått
svälja	*schlucken*	svälj!	sväljer	svalde	svalt
säga	*sagen*	säg!	säger	sa (sade)	sagt
sälja	*verkaufen*	sälj!	säljer	sålde	sålt
sätta	*setzen*	sätt!	sätter	satte	satt
ta	*nehmen*	ta!	tar	tog	tagit
umgås	*verkehren mit, zusammen sein*	umgås!	umgås	umgicks	umgåtts
undvika	*vermeiden*	undvik!	undviker	undvek	undvikit
vara	*sein*	var!	är	var	varit
veta	*wissen*	-	vet	visste	vetat
vilja	*wollen*	-	vill	ville	velat
vinna	*gewinnen*	vinn!	vinner	vann	vunnit
välja	*(aus)wählen*	välj!	väljer	valde	valt
vända	*wenden*	vänd!	vänder	vände	vänt
äta	*essen*	ät!	äter	åt	ätit

Lektionswortschatz

Erläuterung siehe S. 237

Lektion 1

	Hej!	Hallo! Guten Tag!
1	Tjänare!	Hallo, Hi!
	God morgon!	Guten Morgen!
	god gott goda	gut, lecker
	morg/on -onen -nar (morg)	Morgen
	Hejsan!	Hallo, Hi!
2a	Vad heter du?	Wie heißt du?
	vad	was
	het/a -er -te -at	heißen
	jag	ich
	du	du / Sie
	och	und
3	Hej, jag är Stefan.	Hallo, ich bin Stefan.
	är ➜ vara	siehe *vara*
	vara är var varit	sein
4a	uttal -et –	Aussprache
4c	till exempel	zum Beispiel
	till	zu, zum
	exemp/el -let -el	Beispiel
	bland annnat	unter anderem
	bland	unter
	annan, annat, andra	ein anderer, eine andere, ein anderes, andere
	och så vidare	und so weiter
	så	so
	vidare	weiter
	eller	oder
	det vill säga	das heißt
	den / det	es; hier: der, die, das
	vilja vill ville velat	wollen
	säga säger sa sagt	sagen
	till och med	sogar
	med	mit
	Hur stavar man det?	Wie buchstabiert man das?
	hur	wie
	stava -r -de -t	buchstabieren
	man	man
5a	Jag kommer från ...	Ich komme aus ...
	komma kommer kom kommit	kommen
	från	aus, von
6	Varifrån kommer du?	Woher kommst du?
	varifrån	woher, von wo
	också	auch
7a	presentation -en -er	Präsentation, Vorstellung
	Det här är ...	Das hier ist ...
	här	hier
	hon	sie
	han	er
	Danmark	Dänemark
8	Vad talar du för språk?	Welche Sprachen sprichst du?
	tala -r -de -t	sprechen
	för	für, denn
	språk -et –	Sprache
	tysk -t -a	deutsch
	engelsk -t -a	englisch
	svensk -t -a	schwedisch
	spansk -t -a	spanisch
	javisst	selbstverständlich, na klar
	lite	wenig, etwas, ein bisschen
	på svenska	auf Schwedisch
	på	auf
	fransk -t -a	französisch
9	... och lite svenska	... und ein wenig Schwedisch
10	frågespel -et –	Fragespiel
	person -en -er	Person
	Sverige	Schweden
	Tyskland	Deutschland
	italiensk -t -a	italienisch
	England	England
	Norge	Norwegen
	norsk -t -a	norwegisch
	Italien	Italien
	finsk -t -a	finnisch
11	svenska förnamn	schwedische Vornamen
	förnamn -et –	Vorname
	namn -et –	Name
	Jaså, nu förstår jag.	Ach so, jetzt verstehe ich.
	jaså	ach so, ach ja
	nu	jetzt
	förstå förstår förstod förstått	verstehen
12	Hej då!	Tschüs!

Karamell

Belgien	Belgien
Estland	Estland
Finland	Finnland
Frankrike	Frankreich
Irland	Irland
Island	Island
Lettland	Lettland
Litauen	Litauen
Luxemburg	Luxemburg
Nederländerna	die Niederlande
Holland	Holland
Polen	Polen
Ryssland	Russland
Schweiz	Schweiz

	Skottland	Schottland
	Slovakien	Slowakei
	Slovenien	Slowenien
	Spanien	Spanien
	Tjeckien	Tschechien
	Ungern	Ungarn
	Österrike	Österreich
	land -et länder	Land

Lektion 2

	Hur mår du?	Wie geht es dir?
	må mår mådde mått	sich fühlen
1a	tack	danke, bitte
	bra bra bra	gut
	inte	nicht
	Hur står det till?	Wie steht's?
	stå står stod stått	stehen
	ja	ja, jawohl
	där	dort, wo
	Hur är läget?	Wie ist die Lage?
	läge -t -n	Lage
	Allt under kontroll!	Alles unter Kontrolle!
	all, allt, alla	alle/r/s
	under	unter, während
	kontroll -en -er	Kontrolle
1c	bety/da -der -dde -tt	bedeuten
2a	Själv då?	Und selbst?
	själv	selbst
	då	da, dann
3a	var?	wo?
	ha har hade haft	haben
	bara	nur
	mamm/a -an -or	Mama
	dansk -t -a	dänisch
4	siffr/a -an -or	Ziffer
	ett	eins
5a	telefonnum/mer -ret -mer	Telefonnummer
	num/mer -ret -mer	Nummer
	vänta -r -de -t	warten
	sedan	seit
	fråga -r -de -t	fragen
	Hej hej!	Tschüs!
	Oh så bra!	Oh super!
	för det	dafür
	Vi hörs!	Wir hören voneinander!
	vi	wir
	höra hör hörde hört	hören
6	Var bor du?	Wo wohnst du?
	bo bor bodde bott	wohnen
	men	aber
	varför	warum
7a	postnum/mer -ret -mer	Postleitzahl
7c	din, ditt, dina	dein
8	min, mitt, mina	mein
	kompis -en -ar	Kumpel, Kamerad/in
	fråg/a -an -or	Frage
	Ursäkta!	Entschuldigung!
	kan → kunna	siehe *kunna*
	kunna kan kunde kunnat	können
	långsammare	langsamer
	tyvärr	leider
	ni	ihr
	i	in, im, an
	egentligen	eigentlich
	välkom/men -met -na	willkommen
	de	sie
9	fest -en -er	Feier, Fest
	vem	wer
	Vi ses!	Wir sehen uns!
	se ser såg sett	sehen
	nästa	nächste/r/s
	veck/a -an -or	Woche
	nej	nein

Karamell

	plus	plus
	minus	minus

Lektion 3

	frukost -en -ar	Frühstück
1a	en / ett	ein, einer, eine, eines
	kopp -en -ar	Tasse
	kaffe -t	Kaffee
	sked -en -ar	Löffel
	servett -en -er	Serviette
	tallrik -en -ar	Teller
	fat -et –	größerer Teller
	skål -en -ar	Schale
	ägg -et –	Ei
	kniv -en -ar	Messer
	paket -et –	Packung, Paket
	müsli -n	Müsli
	smör -et	Butter
	stol -en -ar	Stuhl
	glas -et –	Glas
	juice -n -r	Saft
	skiv/a -an -or	Scheibe
	skink/a -an -or	Schinken
	gaff/el -eln -lar	Gabel
	smörgås -en -ar	Butterbrot
	mjölk -en	Milch
	ost -en -ar	Käse
	bord -et –	Tisch
1b	möb/el -eln -ler	Möbel
	mat -en	Essen
	dryck -en -er	Getränk
	bestick -et –	Besteck

Lektionswortschatz

1c	få får fick fått	bekommen, dürfen
	salt -et	Salz
2a	äta äter åt ätit	essen
	dricka dricker drack druckit	trinken
	te -et -er	Tee
	ibland	manchmal, ab und zu
	ostsmörgås -en -ar	Butterbrot mit Käse
	skinksmörgås -en -ar	Butterbrot mit Schinken
	alltid	immer
	aldrig	niemals, nie
3a	gymnasi/um -et -er	Gymnasium
	köttbull/e -en -ar	Fleischbällchen
	skol/a -an -or	Schule
	kultur -en -er	Kultur
	källare -n –	Keller
	gärna	gerne
	gat/a -an -or	Straße
4	kompisar på frukost	Freunde zum Frühstück
	åt	für
	handla -r -de -t	einkaufen
5	matsed/el -eln -lar	Speisekarte
	läsk -en – (läskedrycker)	Limonade
	mineralvatt/en -net	Mineralwasser
	räksmörgås -en -ar	Butterbrot mit Krabben
	bull/e -an -ar	Zimtschnecke
	bakelse -n -r	Gebäck
	wienerbröd -et –	Kopenhagener
	glass -en -ar	Eis
	mynt -et –	Münze
	sed/el -eln -lar	Schein
	öre -t -n (aber: fem öre)	Öre
	kron/a -an -or	Krone
	lapp -en -ar	Schein, Zettel
6	Vad blir det?	Wie viel macht das?
	bli blir blev blivit	werden
7a	kosta -r -de -t	kosten
	ta tar tog tagit	nehmen
	specialerbjudande -t -n	Spezialangebot
	idag	heute
	tillsammans	zusammen
	låta låter lät låtit	klingen, anhören, lassen
	ju	ja
	varsågod	bitte
	tillbaka	zurück
	tack så mycket	vielen Dank
	mycket	viel, sehr
8	kaffekonsumtion -en	Kaffeekonsum
	per	pro
	kg	kg
	år -et –	Jahr
	ca. = cirka	ungefähr
	dag -en -ar	Tag
	Storbritannien	Großbritannien
9a	Är kaffet med påtår?	Gibt es die zweite Tasse Kaffee umsonst?
	påtår (med påtår)	eine zweite Tasse Kaffee umsonst
	utmärkt	ausgezeichnet
	kaffesug/en -et -na	Lust auf Kaffee haben
	ska ➜ skola	hier: wollen
	fika -r -de -t	Kaffee trinken
	ut	raus, heraus; hier: aus
	hellre	lieber
	Javisst, det är det.	Ja, sicher.
	Var det bra så?	Wäre das alles?
10	Ska vi gå och fika?	Wollen wir Kaffee trinken gehen?
	gå går gick gått	gehen

Karamell

kvart -en -er (aber: tre kvart)	Viertel
över	hier: nach
halv	halb
Vad är klockan?	Wie viel Uhr ist es?
klock/a -an -or	Uhr
strax	gleich
prick	genau
Hur dags?	Wann (um wie viel Uhr)?
lunch -en -er	Mittagessen
middag -en -ar	Abendessen

Lektion 4

	fritid -en (-er)	Freizeit
1a	De tycker om att gå på restaurang.	Sie gehen gerne ins Restaurant.
	tyck/a -er -te -t (om)	etwas mögen, gerne tun
	restaurang -en -er	Restaurant
	laga mat	Essen kochen
	laga -r -de -t	reparieren, hier: kochen
	simma -r -de -t	schwimmen
	bio -n biografer	Kino
	cykla -r -de -t	Rad fahren
	jogga -r -de- t	joggen
	lyssna på musik	Musik hören
	lyssna -r -de -t	hören
	musik -en	Musik
	ta en promenad	spazieren gehen
	promenad -en -er	Spaziergang
	gå på gympa	Sport treiben
	gympa -n	Sport, Gymnastik
1b	göra gör gjorde gjort	machen
	bild -en -er	Bild
	tro tror trodde trott	glauben
2	Vad tycker du om?	Was magst du?
	shoppa -r -de -t	einkaufen, shoppen
	träffa -r -de -t	treffen
	vän -nen -ner	Freund

	läs/a -er -te -t	lesen
	segla -r -de -t	segeln
	spela -r -de -t	spielen
	tennis -en	Tennis
	fotboll -en -ar	Fußball
3a	gilla -r -de -t	mögen
	mina kompisar	meine Freunde/-innen
4	djur -et –	Tier
	hjälp/a -er -te -t	helfen
	ljus -et –	Licht
	berg -et –	Berg
	helg -en -er	Wochenende, Feiertag
5a	Vad tycker du om att göra på din fritid?	Was machst du gerne in deiner Freizeit?
	tidning -en -ar	Zeitung
	Lycka till!	Viel Glück!
	lycka -n	Glück
5b	älska -r -de -t	lieben
	sporta -r -de -t	Sport treiben
	andra	der, die, das andere/ zweite
	t.ex. = till exempel	zum Beispiel
	mobil = mobiltelefon	Handy
	ny nytt nya	neu
	stan (ugs. für staden) → stad	Stadt
	stad -en städer	Stadt
	sök/a -er -te -t	suchen
	för att	um zu
	lust -en	Lust
	student -en -er	Student/in
	kamrat -en -er	Kamerad/in
	prata -r -de -t (om)	sprechen, sich unterhalten über
	ring/a -er -de -t (till)	anrufen
5c	stäm/ma -mer -de -t	stimmen
6a	Har du tid på lördag kväll?	Hast du Samstagabend Zeit?
	tid -en -er	Zeit
	lördag -en -ar (lör)	Samstag
	kväll -en -ar	Abend
	fredag -en -ar	Freitag
	jättebra	sehr gut
	när	wann
	efter	nach
	film -en -er	Film
	jättekul	super, cool
	Då ses vi!	Dann sehen wir uns!
	vid	beim, bei, an
	bioentré -n -er	Kinoeingang
6b	tisdag -en -ar	Dienstag
	vilken / vilket / vilka	welche/r/s
7a	måndag -en -ar	Montag
	onsdag -en -ar	Mittwoch
	söndag -en -ar	Sonntag
	okej	okay, in Ordnung
	städa -r -de -t	putzen
	Nej tack!	Nein danke!
	jättetråkigt (ugs.)	superlangweilig
7b	torsdag -en -ar	Donnerstag
	kinesisk -t -a	chinesisch
8a	mejl -et –	E-Mail
	arbeta -r -de -t	arbeiten
	Mejla gärna!	Schick bitte eine E-Mail!
	mejla -r -de -t	E-Mail schreiben / mailen
	om	ob, wenn, falls
	många	viele
	hälsning -en -ar	Gruß
8b	Tack för mejlet!	Danke für die E-Mail!
	Tack för inbjudan!	Danke für die Einladung!
	inbjuda inbjuder inbjöd inbjudit	einladen
9a	skog -en -ar	Wald
	natur -en	Natur
	gå går gick gått (ut)	rausgehen
	promenera med hunden	mit dem Hund spazieren gehen
	hund -en -ar	Hund
	utan	ohne
	enda	einzig
	människ/a -an -or	Menschen
	ensamhet -en	Einsamkeit
	älg -en -ar	Elch
	rådjur -et –	Reh
	som/mar -maren -rar	Sommer
	höst -en -ar	Herbst
	vår -en -ar	Frühling
	vint/er -ern -rar	Winter
	veta vet visste vetat	wissen
	årstid -en -er	Jahreszeit
	mest	am meisten
	lika underbar	genauso schön
10	Vad gör vi till helgen?	Was machen wir am Wochenende?

Lektion 5

	yrke -t -n	Beruf
1a	banktjänste/man -mannen -män	Bankangestellte/r
	lärare -n –	Lehrer/in
	ingenjör -en -er	Ingenieur/in
	assistent -en -er	Assistent/in
	kock -en -ar	Koch
	sjukskötare -n – / sjukskötersk/a -an -or	Krankenpfleger/-schwester

	journalist -en -er	Journalist/in
	läkare -n, –	Arzt / Ärztin
	flygvärdinn/a -an -or	Flugbegleiterin
	expedit -en -er	Verkäufer/in
1c	som	als; der, die, das, was (Relativpron.)
2	bank -en -er	Bank (Geld)
	förlag -et –	Verlag
	sjukhus -et –	Krankenhaus
	varuhus -et –	Kaufhaus
	flyplan -et –	Flugzeug
	kontor -et –	Büro
	bygge -t -n	Bau
	läkarmottagning -en -ar	Arztpraxis
3a	jobba -r -de -t	arbeiten, jobben
	presentera -r -de -t	vorstellen, präsentieren
	jurist -en -er	Jurist/in
	advokat -en -er	Rechtsanwalt/in
	syssla -r -de -t (med)	beschäftigt sein mit
	revisor -n -er	Wirtschaftsprüfer/in
	anställ/d -t -da	angestellt
	revision -en -er	Revision
	sann sant sanna	wahr, richtig
	vår -t -a	unser
	kund -en -er	Kunde
	firm/a -an -or	Firma
	väl	gut, wohl
5a	ordna -r -de -t	organisieren, erledigen
	kort -et –	Karte
	härlig -t -a	herrlich, toll
7a	kontorstillbehör -et -en	Bürozubehör
	beställning -en -ar	Bestellung, Reservierung
	av	von, aus, vor
	material -et –	Material
	offert -en -er	Angebot
	härmed	hiermit
	beställ/a -er -de -t	bestellen
	följande	folgenden
	produkt -en -er	Produkt
	leverans -en -er	Lieferung
	nedanstående	untenstehend
	adress -en -er	Adresse
	enligt	entsprechend
	leveransvillkor -et –	Lieferbedingungen
	betalningsvillkor -et –	Zahlungsbedingungen
	telefon -en -er	Telefon
	Hör av dig!	Lass von dir hören!
	katalognum/mer -ret -mer	Katalognummer
	lärk/a -an -or	Lerche
	datorbord -et –	Computertisch
	ordentlig -t -a	ordentlich
	skrivbord -et –	Schreibtisch
	lamp/a -an -or	Lampe
	kuvert -et –	Briefumschlag
	linjal -en -er	Lineal
	penn/a -an -or	Stift
	suddgummi -t -n	Radiergummi
	vänlig -t -a	freundlich
	marknadsavdelning -en -ar	Marketingabteilung
	dator -n -er	Computer
	mus -en möss	Maus
	tangentbord	Tastatur
	bildskärm	Bildschirm
7b	medarbetare -n –	Mitarbeiter/in
	arbetsplats -en -er	Arbeitsplatz
	arbete -t -n	Arbeit
	därför	deshalb, weil, darum
	chef -en -er	Chef/in
	anställ/a -er -de -t	anstellen
	måste	müssen
	minst	mindestens
	främmande språk	Fremdsprachen
7c	frimärke -t -n	Briefmarke
8	Vem behöver vad?	Wer benötigt was?
	behöv/a -er -de -t	benötigen, brauchen, müssen
9a	porträtt -et –	Porträt
9c	skådespelare -n – / skådespelersk/a -an -or	Schauspieler/in
10a	Jag lever på min penna.	Ich lebe von meiner Feder.
	lev/a -er -de -t	leben
	papp/er -ret -er	Papier
	radio -n	Radio
11	enkätundersökning -en -ar	Umfrage
	arbetsliv -et –	Arbeitsleben
	använ/da -der -de -t	benutzen, anwenden
	skriva skriver skrev skrivit	schreiben
	brev -et –	Brief
	jobb -et –	Job, Arbeit

Karamell a

ordningstal -et –	Ordnungszahl
månad -en -er	Monat
januari	Januar
februari	Februar
mars	März
april	April
maj	Mai
juni	Juni
juli	Juli
augusti	August
september	September
oktober	Oktober
november	November
december	Dezember

Karamell b

grundare -n –	Gründer
regissör -en -er	Regisseur/in

	politiker -n –	Politiker/in
	tennisspelare -n –	Tennisspieler/in
	författare -n –	Autor/in, Schriftsteller/in
	sångare -n –	Sänger
	sångersk/a -an -or	Sängerin
	fotbollsspelare -n –	Fußballspieler/in
	golfspelare -n –	Golfspieler/in
	medlem -men -mar	Mitglied
	När fyller han år?	Wann hat er Geburtstag?
	födelsedag -en -ar	Geburtstag
	fylla år	Geburtstag haben
	kung -en -ar	König
	kronprinsess/a -an -or	Kronprinzessin
	drottning -en -ar	Königin

Lektion 6

1a	matpyramid -en -er	Nahrungsmittel-pyramide
	godis -et –	Süßigkeiten
	korv -en -ar	Wurst
	potatis -en -ar	Kartoffel, (Koll.) Kartoffeln
	kött -et	Fleisch
	yoghurt -en -er	Joghurt
	apelsin -en -er	Orange
	sill -en -ar	Hering
	mjöl -et	Mehl
	sallad -en -er	Salat
	tomat -en -er	Tomate
	tårt/a -an -or	Torte
	frall/a -an -or	Brötchen
	bär -et –	Beere
	äpple -t -n	Apfel
	ris -et	Reis
	fett -et	Fett
	sock/er -ret	Zucker
	mejerivar/a -an -or	Milchprodukt
	charkuterivar/a -an -or	Fleischprodukt
	fisk -en -ar	Fisch
	grönsaker	Gemüse
	frukt -en -er	Obst
	basmat -en	Grundnahrungsmittel
	bröd -et –	Brot
1c	jag mår bra av ...	... bekommt mir gut
	grupp -en -er	Gruppe
2a	Vad ska vi äta ikväll?	Was sollen wir heute Abend essen?
	ikväll (i kväll)	heute Abend
	riktig -t -a	richtig
	gottegris -en -ar	„Schleckermäulchen"
	passa -r -de -t (till)	zu etwas passen
	pizz/a -n -or	Pizza
	framför allt	vor allem
	kanske	vielleicht
2c	ärtsopp/a -an -or	Erbsensuppe
	pannkak/a -an -or	Pfannkuchen
	pyttipann/a -an -or	schwed. Bauernfrühstück
	falukorv -en -ar	schwed. Fleischwurst
	potatismos -et	Kartoffelbrei
	past/a -an -or	Nudeln, Pasta
3a	kjol -en -ar	Rock
	skjort/a -an -or	Hemd
	stjäla stjäl stal stulit	stehlen
4	mataffär -en -er	Lebensmittelgeschäft
	systembolag -et –	staatliches Alkoholgeschäft
	bageri -et -er	Bäckerei
	fruktaffär -en -er	Obstgeschäft
	grönsaksaffär -en -er	Gemüsegeschäft
	post -en	Post
5a	kyckling -en -ar	Hühnchen
	svamp -en -ar	Pilz
	rödvin -et -er	Rotwein
	baguette -n -r	Baguette
	finnas finns fanns funnits	es gibt
	Något mera?	Sonst noch etwas?
5b	förrätt -en -er	Vorspeise
	huvudrätt -en -er	Hauptspeise
	efterrätt -en -er	Nachspeise
6	Vad har man i paket?	Was hat man in einer Packung?
	flask/a -an -or	Flasche
	plastburk -en -ar	Plastikdose
	tetrapak	Tetrapak
	pås/e -en -ar	Tüte
	back -en -ar	Kasten
7	kilo -t -n	Kilo
	liter -n –	Liter
8a	Jag skulle gärna vilja ha ...	Ich hätte gerne ...
	Vad får det lov att vara?	Was darf es sein?
	back öl	Kasten Bier
	specialpris -et -er	Spezialpreis
	lätt lätt lätta	leicht
	Hur mycket blir det?	Wie viel macht das?
10a	ställ/a -er -de -t (in)	hineinstellen
	kylskåp -et –	Kühlschrank
	trevlig -t -a	schön, nett, angenehm
	hem -met –	(das) Zuhause
	självklart	selbstverständlich
10c	er	euer, euch
	dem	sie (Pl. Akk. / Dat.)
11a	välkän/d -t -da	wohlbekannt
	miljömärke -t -n	Umweltzeichen
	stå står stod stått (för)	für etwas stehen

miljö -n -er	Umgebung, Umwelt, Milieu
hälsa -n	Gesundheit
social -t -a	sozial
ansvar -et –	Verantwortung
visa -r -de -t (sig)	(sich) zeigen
produktion -en -er	Produktion
ske sker skedde skett	geschehen
kemisk -t -a	chemisch
bekämpningsmed/el -let -len	Bekämpfungsmittel
konstgöds/el -eln -lar	Kunstdünger
ingen, inget, inga	kein/e/er/es
genmodifiera/d -t -de	genetisch verändert
organism -en -er	Organismus
före/komma -kommer -kom -kommit	vorkommen

Karamell

öpp/en -et -na	geöffnet, offen
vardag -en -ar (vard)	Werktag, Alltag
bokhand/el -eln -lar	Buchgeschäft
midsom/mar -maren -rar	Mittsommer
Mids.aft. = midsommar-aft/on -onen -nar	Mittsommerabend
önska -r -de -t (sig)	(sich) wünschen
på	hier: bei
arbetsförmedling -en -ar	Arbeitsvermittlung
självservice -n	Selbstbedienung
frisör -en -er	Friseur
stäng/d -t -da	geschlossen
apotek -et –	Apotheke
lejon -et –	Löwe
jourapotek -et –	diensthabende Apotheke, Notfallapotheke
läkemedelsupplysningen	Auskunft zu Medikamenten
bil/verkstad -verkstaden -verkstäder	Autowerkstatt
lunchstäng/d -t -da	Mittagspause
öppna -r -de -t	öffnen
på	hier: an
stäng/a -er -de -t	schließen

Lektion 7

1a	sova sover sov sovit	schlafen
	duscha -r -de -t	duschen
	kamma -r -de -t (sig)	(sich) kämmen
	sig	sich
	träna -r -de -t	trainieren
	skynda sig -r -de -t (sig)	(sich) beeilen
	stiga stiger steg stigit (upp)	aufstehen
	koppla -r -de -t (av)	entspannen
	lägga lägger lade lagt (gå och lägga sig)	ins Bett gehen
	klä (kläda) klär klädde klätt (på sig)	(sich) anziehen
	åka åker åkte åkt (hem)	nach Hause gehen, fahren
2a	ekonomiassistent -en -er	Wirtschaftsassistent/in
	paus -en -er	Pause
	ungefär	ungefähr
	vid tretiden	um drei
	se ser såg sett (ut)	aussehen
	vanlig -t -a	gewöhnlich
	raka -r -de -t (sig)	(sich) rasieren
	exakt	exakt
	hand -en händer (ta hand om)	sich kümmern um
	räkning -en -ar	Rechnung
	kundförfrågning -en -ar	Kundenanfrage
	surfa -r -de -t	surfen
	nät -et –	Internet, Netz
	förstås	natürlich
	titta -r -de -t (på)	(an)schauen
	TV (tv)	Fernseher
	spännande	spannend
	deckare -n –	Krimi
2c	mig	mich
2d	företag -et –	Firma, Unternehmen
	varje	jeden
	efter det	danach
	ofta	oft
	på kvällen	am Abend
3	först	zuerst, erst
	och så efter det	und dann, danach
	därefter	danach
4a	hus -et –	Haus
	kul	lustig, prima, klasse
	buss -en -ar	Bus
	hundra	hundert
	sjuk -t -a	krank
	ful -t -a	hässlich
	ljus -t -a	hell
4c	tusen	tausend
	upp	auf, hoch
	inbjudan – inbjudningar	Einladung
5a	istället (i stället)	anstatt
	surfa på internet	im Internet surfen
	internet -et	Internet
	mer[a]	mehr
	populär -t -a	beliebt
	än	als
	undersökning -en -ar	Untersuchung
	förra	vorherig
	intervjua -r -de -t	interviewen
	nästan	fast, beinahe
	procent -en –	Prozent
	berätta -r -de -t	erzählen, berichten
	hellre ... än	lieber ... als
	när	wenn, als
	regna -r -de -t	regnen
	ange (angiva) anger angav angivit	angeben

	spela spel	ein Spiel spielen
	före/dra -drar (-drager) -drog -dragit	vorziehen
	medan	während
	kvinn/a -an -or	Frau
	över	über, darüber
	man -nen män	Mann
	bäst	am besten
	barn -et –	Kind
	bok -en böcker	Buch
5b	vara ledig	frei haben
6	igår (i går)	gestern
7a	tänk/a -er -te -t (på)	an etw. denken / etw. bedenken
	hälsa -r -de -t (på)	besuchen
	Tack för senast!	Etwa: Danke für neulich!
	verkligen	wirklich
	ledsen	traurig
	broder (bror) -n bröder	Bruder
	rolig -t -a	lustig
	ett tag sedan	eine Weile
	förresten	übrigens
	singel -n –	Singel
	precis	genau
	passa -r -de -t (ihop)	zusammen passen
	bjuda bjuder bjöd bjudit (till)	einladen zu
	ta tar tog tagit (med sig något)	mitnehmen
7c	hälsa -r -de -t	grüßen
7d	i förrgår	vorgestern
	för tio minuter sedan	vor zehn Minuten
	i morse	heute morgen
	i tisdags	dienstags
	förra veckan	letzte Woche
8	gott humör	gute Laune
9	Skulle jag kunna få prata med …?	Kann ich bitte mit … sprechen?
	ögonblick -et –	Augenblick
	hämta -r -de -t	holen
	inle/da -der -dde -tt	einführen, beginnen
	avsluta -r -de -t	beenden
	samtal -et –	Gespräch
	ihop	zusammen
10	i somras	im Sommer
	i våras	im Frühling
	i höstas	im Herbst
	i vintras	im Winter

Karamell

familj -en -er	Familie

Karamell a

moder (ugs. mor) -n mödrar	Mutter
fader (ugs. far) -n fäder	Vater
son -en söner	Sohn
svägersk/a -an -or	Schwägerin
moster -n mostrar	Tante (mütterlicherseits)
farbroder (farbror) -n farbröder	Onkel (väterlicherseits)
svärmoder (svärmor) -n svärmödrar	Schwiegermutter
svärfader (svärfar) -n svärfäder	Schwiegervater
dotter -n döttrar	Tochter
brorsdotter -n brorsdöttrar	Nichte
mans systerson	Neffe

Karamell c

gift – -a	verheiratet
skil/d -t -da	geschieden
ensamstående	alleinstehend
partner -n –	Partner
sambo -n	Lebenspartner

Karamell d

föräldrar	Eltern
farföräldrar	Großeltern (väterlicherseits)
morföräldrar	Großeltern (mütterlicherseits)
mormoder (mormor) -n mormödrar	Oma (mütterlicherseits)
morfader (morfar) -n morfäder	Opa (mütterlicherseits)
farmoder (farmor) -n farmödrar	Oma (väterlicherseits)
farfader (farfar) -n farfäder	Opa (väterlicherseits)
barnbarn -et –	Enkelkinder
faster -n fastrar	Tante (väterlicherseits)
morbroder (morbror) -n morbröder	Onkel (mütterlicherseits)
fru -n fruar	Frau, Ehefrau
kusin -en -er	Cousin/e, Vetter / Base
svåg/er -ern -rar	Schwager

Lektion 8

	res/a -an -or	Reise, Fahrt
1a	alla rum inklusive frukost	alle Zimmer mit Frühstück
	rum -met –	Zimmer, Raum
	inklusive	inklusiv
	lyx	Luxus
	enkelrum -met –	Einzelzimmer
	dubbelrum -met –	Doppelzimmer
	kabel tv	Kabelfernsehen
	fast koppling till internet	feste Internetverbindung
	koppling -en -ar	Verbindung, Anschluss
	bubbelpool -en -er	Whirlpool
	bastu -n -er	Sauna
	bar -en -er	Bar, Kneipe
	hiss -en -ar	Lift, Aufzug
	garage -t –	Garage
	utsikt -en	Aussicht
	fråga -r -de -t (efter)	fragen nach

	Välkomna till …	Willkommen auf / in / bei …
	hitta -r -de -t	finden
	affär -en -er	Geschäft
	shoppingmöjlighet -en -er	Einkaufsmöglichkeit
	runtomkring	rundherum
	bjuda bjuder bjöd bjudit (på)	anbieten / einladen zu
	europeisk -t -a	europäisch
	ligga ligger låg legat	liegen
	nära	in der Nähe (von)
	tunnelban/a -an -or	U-Bahn (in Stockholm)
	tunnelbanestation -en -er	U-Bahnhaltestelle
	busstation -en -er	Bushaltestelle
	varm -t -a	warm
	trestjärnig -t -a	mit drei Sternen
	hotell -et –	Hotel
	centralt beläget	zentral gelegen
	även	sogar, auch
	separat – -a	separat
	bädd -en -ar	Bett
	barnsäng -en -ar	Kinderbett
	dusch -en -ar	Dusche
	toalett -en -er	Toilette
	minibar -en -er	Minibar
	mitt i stan	mitten in der Stadt
	mitt i	mitten in, inmitten
	möjlighet -en -er	Möglichkeiten
	sightseeingtur -en -er	Sightseeingtour
	oss	uns
	fråga -r -de -t (om)	nach etwas fragen
	turistkort -et –	Touristenkarte
	stor -t -a	groß
	frukostbuffé -n -er	Frühstücksbüfett
	lekhörn/a -an -or	Spielecke
	från och med	von, ab
	vistelse -n -r	Aufenthalt, Besuch
	någon något några	irgendein
1b	barnfamilj -en -er	Familie mit Kind(ern)
	resegrupp -en -er	Reisegruppe
	turist -en -er	Tourist
	affärs/man -mannen -män	Geschäftsmann
	passa -r -de -t (bra för)	gut für … passen
	tyck/a -er -te -t	denken, meinen
	passa -r -de -t (bättre)	besser passen
2a	boka -r -de -t	buchen
	båda	beide
	fördel -en -ar	Vorteil
	nackdel -en -ar	Nachteil
	bättre → god	besser
	viktig -t -a	wichtig
	i närheten av	in der Nähe von
	det går fort	es geht schnell
	ta sig in till centrum	ins Zentrum kommen, gelangen
	centrum -et –	Zentrum
	bastu -n -r (bada bastu)	in die Sauna gehen
	inte heller dåligt	auch nicht schlecht
	dessutom	außerdem
	uppenbarligen	offenbar
2c	åk/a -er -te -t	gehen, fahren
	testa -r -de -t	testen
	köp/a -er -te -t	kaufen
	hel -t -a	ganz, alles, das Ganze
	turistguid/e -en -er	Touristenführer
	alkoholfri -tt -a	alkoholfrei
	hälsococktail -en -ar	Gesundheitscocktail
2d	För mig är det viktigt att …	Mir ist wichtig, dass …
3a	tak -et –	Decke, Dach
	bada -r -de -t	baden
	kall -t -a	kalt
	jakt -en -er	Jagd
	dansa -r -de -t	tanzen
	ragga -r -de -t	aufreißen, aufgabeln
4a	fönst/er -ret -er	Fenster
	nyck/el -eln -lar	Schlüssel
	hårtork -en -ar	Fön
	tvål -en -ar	Seife
	handduk -en -ar	Handtuch
5a	Vad kan jag stå till tjänst med?	Wie kann ich Ihnen helfen?
	tjänst -en -er	Dienst, Service
	ledig -t -a	frei
	upptag/en -et -na	besetzt
	Goddag!	Guten Tag!
	via	über, via, per
	för två veckor sedan	vor zwei Wochen
	undra -r -de -t	wundern, sich fragen
	visst	sicher
	rökfri -tt -a	rauchfrei
	mellan … och	zwischen … und
	Förlåt!	Entschuldigung!
	förlåta förlåter förlät förlåtit	verzeihen
	beklaga -r -de -t	bedauern
	parkera -r -de -t	parken
	utanför	draußen, außerhalb; hier: vor
	anmälningsblankett -en -er	Anmeldeformular
5b	Vad kan jag hjälpa till med?	Womit kann ich Ihnen helfen?
	Jag skulle vilja veta …	Ich würde gerne wissen …
	… får jag fråga ännu en sak?	… darf ich noch etwas fragen?
6	texta -r -de -t	hier: schreiben
	tydlig -t -a	deutlich
	gatuadress -en -er	Straßenname
	efternamn -et –	Nachname
	ankomstdag -en -ar	Ankunftstag
	avresedag -en -ar	Abreisetag
	e-post -en	E-Mail
7	tän/da -der -de -t	anmachen, anzünden
	skåpdörr -en -ar	Schranktür
	nattduksbord -et –	Nachttisch/-kästchen

	tv-apparat -en -er	Fernsehapparat
	radioapparat -en -er	Radio
	ruttna -r -de -t	(ver)faulen
	apparat -en -er	Apparat
8a	hjälp/a -er -te -t (till)	helfen
	problem -et –	Problem
	Vad är det som är fel?	Was ist nicht in Ordnung?
	Jag är ledsen.	Das tut mir leid.
	genast	sofort
	kontrollera -r -de -t	kontrollieren
9a	otur -en	Pech, Unglück
	kär -t -a	lieb
	äntligen	endlich
	fantastisk -t -a	fantastisch
	ute (sitta ute)	draußen sitzen
	fulla av liv	voller Leben
	full -t -a	voll
	liv -et –	Leben
	sightseeing (göra sightseeing)	Sightseeing (machen)
	inte något problem	kein Problem
	byt/a -er -te -t	tauschen, wechseln
	hoppas hoppas hoppades hoppats	hoffen
	hjärtlig -t -a	herzlich
10	rakt fram	geradeaus
	till höger	nach rechts, auf der rechten Seite
	till vänster	nach links, auf der linken Seite
	vänster	links
	svänga till vänster	nach links abbiegen
	sväng/a -er -de -t	schwingen, schwenken
	svänga till höger	nach rechts abbiegen
	fast	fest
11	Är det långt härifrån?	Ist es weit von hier?
	lång -t -a	lang; hier: weit
	härifrån	von hier
	muse/um -et -er	Museum
	sedan	dann
	Gamla stan	Altstadt
	gam/mal -malt -la	alt

Lektion 9

	klädesplagg -et –	Kleidungsstück
1	färg -en -er	Farbe
	röd rött röda	rot
	lila lila lila	lila
	grön -t -a	grün
	gul -t -a	gelb
	vit vitt vita	weiß
	svart svart svarta	schwarz
	brun -t -a	braun
	grå grått gråa	grau
	mörk -t -a	dunkel
	ljus/blå -blått -blåa	hellblau
	mörk/blå -blått -blåa	dunkelblau
2a	sko -n -r	Schuhe
	jack/a -an -or	Jacke
	byx/a -an -or	Hose
	koft/a -an -or	Strickjacke
	blus -en -ar	Bluse
	tröj/a -n -or	Pullover
	slips -en -ar	Krawatte
	glasögon -en –	Brille
	klänning -en -ar	Kleid
	skärp -et –	Gürtel
	ha har hade haft (på sig)	(an)haben
	mörkbrun -t -a	dunkelbraun
2b	strump/a -an -or	Strumpf
	nattlinne -t -n	Nachthemd
	kapp/a -an -or	Mantel
	rock -en -ar	Mantel
	sock/a -an -or	Socken
	tros/a -an -or	Slip
	behå -n -ar	BH
	kalsonger	Unterhose/n
	kostym -en -er	Anzug
	kavaj -en -er	Jacke, Sakko
	dräkt -en -er	Kostüm
2c	bruka -r -de -t	pflegen, für gewöhnlich machen
	bruka ha på sig	gewöhnlich anhaben
	hemma	zu Hause
	jeans -en –	Jeans
3a	bekväm -t -a	bequem
	sak -en -er	Sache, Ding
	välklä/dd -tt -dda	gut gekleidet
	välja väljer valde valt	wählen
	däremot	dagegen, hingegen
	vara klädd	gekleidet sein
3b	kläder	Kleidung
3c	uttryck/a -er -te -t	ausdrücken
	van/a -an -or	Gewohnheit
	adjektiv -et –	Adjektiv
	be/skriva -skriver -skrev -skrivit	beschreiben
	klädesstil -en -er	Kleidungsstil
3d	vara klädd i	gekleidet sein in
4a	ort -en -er	Ort
	epok -en -er	Epoche
	konst -en	Kunst
4c	sol -en -ar	Sonne
	jo	doch
	lov -et –	Erlaubnis
	kol -et / -en –	Kohle

Lektionswortschatz

5	modern -t- a	modern
	omodern -t -a	altmodisch
	snygg -t -a	hübsch
	liten litet små	klein
	blon/d -t -da	blond
	tjock -t -a	dick
	tung -t -a	schwer
	kort – -a	kurz
	tun/n -t -na	dünn
	smal -t -a	schlank, schmal
	dålig -t -a	schlecht, schlimm
	motsatsen till	das Gegenteil von
	motsats -en -er	Gegenteil
6a	provrum -met –	Umkleidekabine
	herravdelning -en -ar	Herrenabteilung
	storlek -en -ar	Größe
	Kan jag hjälpa till med något?	Kann ich (Ihnen) helfen?
	både ... och	sowohl ... als auch
6c	hjälpa med	helfen mit
	blå blått blåa	blau
	för stor	zu groß
	alldeles	völlig, ganz und gar
	den / det här	dieser, diese, dieses
	där borta	dahinten
	Tack för hjälpen!	Danke für die Hilfe!
	betala -r -de -t	bezahlen
	Visakort -et –	Visakarte
7a	aktuell -t -a	aktuell
	modejournalist -en -er	Modejournalist
	modetidning -en -ar	Modezeitschrift
	mode -t	Mode
	följ/a -er -de -t	folgen
	klar -t -a	klar, natürlich
	riktlinjer	Richtlinien
	vara tillåtet	erlaubt sein
	gräns -en -er	Grenze
	elegant – -a	elegant
	bra stil	guter Stil
	vara sig själv	sich selber treu sein
	rekommendera -r -de -t	empfehlen
7b	inom	innerhalb
7c	mönstra/d -t -de	gemustert
	enfärga/d -t -de	einfarbig
	blommig -t -a	geblümt
	prickig -t -a	gepunktet
	randig -t -a	gestreift
	rutig -t -a	kariert
	enligt min uppfattning	meiner Meinung nach
	uppfattning -en -ar	Meinung, Auffassung
	så vitt jag vet	soweit ich weiß
8a	arbetskamrat -en -er	Arbeitskollege/in
8b	nationalitet -en -er	Nationalität
	kön -et –	Geschlecht
	åld/er -ern -rar	Alter
9a	lingon -et –	Preiselbeere
	blåbär -et –	Blaubeere
	hemförsäljning -en -ar	Direktverkauf zu Hause
	vuxenkläder	Kleidung für Erwachsene
	kravmärkt – -a	mit Gütesiegel
	basfärg -en -er	Basisfarbe
	matcha -r -de -t	passen
	kännas känns kändes känts	sich (an)fühlen
	rätt – -a	richtig, gut
	klassisk -t -a	klassisch
	sportig -t -a	sportlich
	design -en	Design
	hålla håller höll hållit	halten, stattfinden
	tvätt -en -ar	hier: Waschgang
	tappa -r -de -t	verlieren
	form -en -er	Form
	ungdomskläder	Kleidung für Jugendliche
	sälja säljer sålde sålt	verkaufen
	genom	durch
	konsulent -en -er	Berater/ Verkäufer
	säsong -en -er	Saison
	lugn	Ruhe, Stille
	ro	Ruhe
	herrkläder	Herrenbekleidung
	damkläder	Damenbekleidung
	accessoarer	Accessoirs
	direkt	direkt
	merpart	Hauptteil
	kollektion -en -er	Kollektion
	Ökotex-certifierad	Ökotex-zertifiziert
	garantera -r -de -t	garantieren
	inne/hålla -håller -höll -hållit	beinhalten
	tillsats -en -er	Zusätze
	skadlig -t -a	schädlich
	hud -en -ar	Haut
9b	speciell -t -a	speziell
	klädmärke -t -n	Kleidermarke
	butik -en -er	Laden, Geschäft
	märke -t -n	Marke

Karamell

färgtyp -en -er	Farbtyp
typ -en -er	Typ

Karamell a

en fråga om att välja	eine Frage des Wählens
färgton -en -er	Farbton
nyans -en -er	Nuance
kombinera -r -de -t	kombinieren
silver/grå -grått -gråa	silbergrau
hår -et –	Haare
öga ögat ögon	Auge
skarp -t -a	scharf
kontrast -en -er	Kontrast
vin/röd -rött -röda	weinrot
rosa rosa rosa	rosa
guldfärga/d -t -de	goldfarben
gågrön -t -a	graugrün

	pastellfärga/d -t -de	pastellfarben
	beige beige beige (ugs. beiga beigt beiga)	beige
	turkos -t -a	türkis
	aprikos (aprikosfärga/d -t -de)	aprikosenfarben
	grå/blå -blått -blåa	graublau
	gräsgrön -t -a	grasgrün
	guldgul -t -a	goldgelb
	tomat/röd -rött -röda	tomatenrot
	kopparfärga/d -t -de	kupferfarben
	dämpa/d -t -de	gedämpft
	olivgrön -t -a	olivgrün
	rostbrun -t -a	rostbraun
	orange (orangefärga/d -t -de)	orange
	kaki -n	kakifarben

Lektion 10

	bo/stad -staden -städer	Wohnungen
1a	fåtölj -en -er	Sessel
	taklamp/a -an -or	Deckenlampe
	tavl/a -an -or	Gemälde
	element -et –	Heizung, Element
	bokhyll/a -an -or	Bücherregal
	matt/a -an -or	Teppich
	spis -en -ar	Herd
	diskbänk -en -ar	Spüle
	ugn -en -ar	Ofen
	frys -en -ar	Gefrierschrank
1b	speg/el -eln -lar	Spiegel
	soff/a -an -or	Sofa
	garderob -en -er	Garderobe, Kleiderschrank
	gardin -en -er	Gardine
	nyckelskåp -et –	Schlüsselkasten
	matbord -et –	Esstisch
	diskmaskin -en -er	Spülmaschine
	säng -en -ar	Bett
	vardagsrum -met –	Wohnzimmer
	kök -et –	Küche
	sovrum -met –	Schlafzimmer
	matrum -met –	Esszimmer
	hall -en -ar	Flur, Halle
1c	vas -en -er	Vase
2a	stäng/a -er -de -t (av)	abschalten
	flyttning -en -ar	Umzug
	stressig -t -a	stressig
	färdig -t -a	fertig
	lägenhet -en -er	Wohnung
	underbar -t -a	wunderbar
	helt	ganz
	snart	bald
	invigningsfest -en -er	Einweihungsfest
	snälla	Liebe/r
	våning -en -ar	Stock hier: Wohnung
	tre/a -an -or	Dreizimmerwohnung
	faktiskt	tatsächlich, in der Tat, wirklich
	besvärlig -t -a	beschwerlich
	flytta -r -de -t	umziehen
	flytta in	einziehen
	trapp/a -an -or	Treppe
	vardagsträning -en -ar	Alltagstraining
	kom kommer kom kommit (in)	hineinkommen
	badrum -met –	Badezimmer
	balkong -en -er	Balkon
	arbetsrum -met –	Arbeitszimmer
	elräkning -en -ar	Stromrechnung
	el -en	Strom
	högre ➜ hög	höher
	förr	vorher, früher
	stå står stod stått (i vägen)	im Wege stehen
	fortfarande	noch immer
	lika	gleich
	CD-skiv/a -an -or	CD
	knappast	kaum, knapp
	röra rör rörde rört (vid)	berühren, anfassen
	ring/a -er -de -t (på dörren)	an der Tür klingeln
	dörr -en -ar	Tür
	grann/e -en -ar	Nachbar
	titta -r -de -t (in)	reinschauen, vorbei schauen
	Ha det bra!	Mach's gut!
2c	hans	sein
	deras	ihr
2d	trerumslägenhet -en -er	Dreizimmerwohnung
	Vi pratas vid!	Wir sprechen uns!
3	ett/a -an -or	Einzimmerwohnung
	tvårummare -n –	Zweizimmerwohnung
	vill/a -an -or	Einfamilienhaus
	radhus -et –	Reihenhaus
	tre rum och kök	drei Zimmer und Küche
	inredning -en -ar	Einrichtung
5a	trädgård -en -ar	Garten
	pittoresk -t -a	pittoresk
	bostadsbeskrivning -en -ar	Wohnungsbeschreibung
	hög -t -a	hoch
	standard	Standard
	rok (= rum och kök)	Zimmer und Küche
	sydvästläge	Südwestlage
	övervåning -en -ar	Obergeschoss
	nyrenovera/d -t -de	frisch renoviert
	områdesbeskrivning -en -ar	Beschreibung der Umgebung
	endast	nur
	res/a -er -te -t	reisen, fahren
	city (-t) -n	Innenstadt
	utrustning -en -ar	Ausrüstung, Ausstattung
	anslutning -en -ar (till)	Anschluss zu
	bredband	Breitband
	tvättmaskin -en -er	Waschmaschiene

Lektionswortschatz

	sophämtning -en -ar	Müllabfuhr
	värme -n	Wärme
	vatt/en -net	Wasser
	försäkring -en -ar	Versicherung
	lugn -t -a	ruhig
	mikro -n	Mikrowelle
	elektricitet -en	Elektrizität
	kollektiv -et –	Wohngemeinschaft
	central -t -a	zentral
	tvättstug/a -an -or	Waschraum
	badkar -et –	Badewanne
	fastighet -en -er	Grundstück
	anslute/n -t -na	angeschlossen
	gas -en	Gas
5b	svar -et –	Antwort
5c	dam -en -er	Dame
	äldre ➜ gammal	älter
	an/ta -tar -tog -tagit	annehmen
	förmoda -r -de -t	vermuten
6a	inredningstyp -en -er	Einrichtungstyp
	sitta sitter satt suttit (i)	hier: sitzen auf
	häng/a -er -de -t (på)	hier: aufhängen
	inrama/t -d -de	eingerahmt
	foto -t -n	Foto
	dyr -t -a	teuer
	exklusiv -t -a	exklusiv
	julprydnad -en -er	Weihnachtsschmuck
	ställa ställer ställde ställt (fram)	aufstellen
	Usch!	Igitt! Hu! Brr!
	gång -en -er	Mal
	gäst -en -er	Gäste
6b	svara -r -de -t	antworten
7a	stug/a -an -or	Häuschen, Sommerhaus
	handikappanpassa/d -t -de	behindertengerecht
	allergivänlig -t -a	allergiefreundlich
	husdjur -et –	Haustier
	ej	nicht
	tillåt/en -et -na	erlaubt
	täckning -en -ar	Empfang, Deckung
	rökning -en	Rauchen
	förbjud/en -et -na	verboten
	självhushåll -et –	Selbstversorgung
7b	äppelträdgård -en -ar	Apfelgarten
	idyllisk -t -a	idyllisch
	sjö -n -ar	(der) See
	omgive/n -t -na (av)	umgeben von
	naturreservat -et –	Naturschutzgebiet
	närmaste	nächste
	bad -et –	Bad
	komfortab/el -elt -la	komfortabel
	inre/dd -tt -dda	eingerichtet
	verand/a -an -or	Veranda
	grillplats -en -er	Grillplatz
	badplats -en -er	Badeplatz
	sand/strand -stranden -stränder	Sandstrand
	kanot -en -er	Kanu
	utedass -en -er	Trockentoilette draußen
	terrass -en -er	Terrasse
	utemöb/el -eln -ler	Gartenmöbel
	mysig -t -a	gemütlich
	badmöjlighet -en -er	Bademöglichkeit
	vandringsled -en -er	Wanderweg, Wanderpfad
7c	fattas fattas fattades fattats	fehlen
	gryt/a -an -or	Topf
	stekpann/a -an -or	Pfanne
	mugg -en -ar	Becher
	fungera -r -de -t	funktionieren
7d	köksredskap -et –	Küchengerät
	dum -t -ma	dumm
	snäll -t -a	nett
	ingen orsak	keine Ursache
	Tack för det.	Danke (dafür).
	köksgrej -en -or	Küchenzeug
	illa	schlecht, schlimm, böse
8	semesterstug/a -an -or	Ferienhäuschen
	borde	sollte
	Karamell a	
	svensk	Schwede, schwedisch
	på andra plats	an zweiter Stelle/ auf dem zweiten Platz
	bland nästan alla	bei fast allen
	favorit -en -er	Favorit
	tidskrift -en -er	Zeitschrift
	nyligen	neulich
	villaägare -n –	Eigenheimbesitzer
	ägare -en –	Besitzer
	tvinga -r -de -t	zwingen
	vara tvungen	gezwungen sein
	skulle ➜ skola	werden, wollen
	skulle vilja bo	würde gerne wohnen
	vart	wohin
	helst	am liebsten
	göteborgarna	die Göteborger
	nöj/d -t -da	zufrieden
	kalla -r -de -t	nennen
	stolt (vara stolt över)	stolz (auf etwas sein)
	"lilla London"	„kleines London"
	"Bästkusten"	„Schönste Küste"
	de flesta	die meisten
	stockholmare	Stockholmer
	naturligtvis	natürlich, klar, natürlicherweise
	glädja gläder gladde glatt (sig åt något)	sich auf etwas freuen
	chefredaktör -en -er	Chefredakteur
	"Vi i Villa"	„Wir im Eigenheim"
	västkustpärl/a -an -or	Perle der Westküste
	huvud/stad -staden -städer	Hauptstadt
	hamna -r -de -t	landen
	fjärde plats	vierter Platz

	röst -en -er	Stimme
	lokalpatriotisk -t- a	lokalpatriotisch
	patriotisk -t -a	patriotisch
	norrlänning -en -ar	Norrländer
	bryta bryter bröt brutit	brechen
	trend -en -er	Trend

Karamell b

	mena -r -de -t	meinen
	glad (vara glad för/över)	froh (über etwas sein)
	resultat -et –	Resultat
	fenomen -et –	Phänomen
	hem/land -landet -länder	Heimatland
	nöje -t -en	Spaß, Vergnügen
	fritidsmöjlighet -en -er	Freizeitmöglichkeit
	arbete -t -n	Arbeit
	utkant -en -er	Rand(gebiet)

Lektion 11

	restaurangbesök -et –	Restaurantbesuch
	besök -et –	Besuch
1a	rätt -en -er	Gericht
	hemlaga/d -t -de	selbstgemacht
	färsk -t -a	frisch
	specialitet -en -er	Spezialität
	bordsbeställning -en -ar	Tischreservierung
	traditionell -t -a	traditionell
	vegetarisk -t -a	vegetarisch
	lunchbuffé -n -er	Mittagsbüfett
	unik -t -a	einzigartig
	tradition -en -er	Tradition
	varierande	abwechselnd, variierend
	meny -n -er	Menü
	vinprovning -en -ar	Weinprobe
	provning -en -ar	Probe
	information -en -er	Information
	charmig -t -a	charmant
	kaffestug/a -an -or	Café / Kaffeehaus
	njuta njuter njöt njutit (av)	etwas genießen
	godaste	beste
	hembaka/d -t -de	selbstgebacken
	läck/er -ert -ra	lecker
	frasvåffl/a -an -or	Knusperwaffeln
	paj -en -er	Quiche
	enk/el -elt -la	einfach
	varmrätt -en -er	warme Gerichte, Hauptspeisen
	självservering -en -ar	Selbstbedienung
	in	drinnen, herein, hinein
	fiskehamn -en -ar	Fischhafen
	sik -en -ar	Maräne, Felchen
	Vänerbuffé -n -er	Büfett mit Spezialitäten aus dem Vänern-See
	erkän/d -t -da	anerkannt
	havsatmosfär -en -er	Meeresatmosphäre
	se ser såg sett (på)	sich etwas ansehen
	krog -en -ar	Bar, Kneipe, Gaststätte
	dagligen	täglich
	inne- och uteservering	Es wird drinnen und draußen bedient
	inne	innen, drinnen
	ute	draußen
	bre/d -tt -da	breit
	sortiment -et –	Sortiment
	fika t (-n)	hier: Kaffee und Kuchen
1b	säga säger sa sagt (om)	sagen, meinen zu
	lär	soll
	slott -et –	Schloss
	därför att	weil
2a	servera -r -de -t	servieren
	vid sjutiden	gegen sieben
	fin -t -a	gut, fein, schön
3a	Det smakar gott!	Das schmeckt gut!
	smaka -r -de- t	schmecken
	lövbiff med svamp	Minutensteak mit Pilzen
	fisksoppa	Fischsuppe
	spagetti med köttbullar	Spaghetti mit Fleischbällchen
	kåldolmar med lingon	Kohlrouladen mit Preiselbeeren
	laxspett med saffransås	Lachsspieß mit Safransoße
	korv med pommes frites	Wurst mit Pommes
	grillad oxfilé med lök	gegrilltes Rinderfilet mit Zwiebeln
	grönsaker och kokt potatis	Gemüse und gekochte Kartoffeln
	gravlax med hovmästarsås	Geräucherter Lachs mit *hovmästarsås*
	stekt kycklingbröst med gräddsås och grönsallad	gebrat. Hühnchenbrust mit Sahnesoße und Salat
	vegetarisk lasagne	vegetarische Lasagne
3b	kalorisnål -t -a	kalorienarm
	kryddstark -t -a	stark gewürzt
	vegetarian -en -er	Vegetarier
	matallergi -n -er	Lebensmittelallergie
	allergisk -t -a	allergisch
	mot	gegen
	mjölprodukt -en -er	Mehlprodukt
4a	bur -en -ar	Käfig
	burk -en -ar	Dose
	guld -et	Gold
	bus -et	Krach, Unfug
	bark -en	Rinde
	sal -en -ar	Saal
	fil -en	Sauermilch
5a	Jag ska be att få …	Ich hätte gerne …
	be ber bad bett	bitten
	krydd/a -an -or	Gewürze
	Var god och ...	Sei so nett und ...
	vill du inte smaka	willst du nicht probieren
	Skulle jag kunna få …	Kann ich bitte ... haben?

	rök/a -er -te -t	rauchen
	peppar -n	Pfeffer
5c	choklad -en -er	Schokolade
	sås -en -er	Soße
	buffé -n -er	Büfett
6	Kan jag få menyn, tack!	Kann ich bitte die Speisekarte haben!
	fräsch -t -a	frisch
	råvar/a -an -or	Rohstoff, hier: Zutaten
	dagens sopp/a -an -or	Tagessuppe
	skaldjurscocktail -en -ar	Meeresfrüchtecocktail
	avocadosallad -en -er	Avocadosalat
	löjromstoast -en -er	Toast mit Maränenrogen
	gravad lax på tunnbröd	Lachs auf nordischem Fladenbrot
	vegetarisk risotto -n	vegetarisches Risotto
	lättöl -en –	leichtes Bier
	äppeljuice -n -r	Apfelsaft
	starköl på fat	starkes Bier vom Fass
	fat -et –	Fass
	husets röda	Rotwein des Hauses
	husets vita	Weißwein des Hauses
	vinkart/a -an -or	Weinkarte
	Smaklig måltid!	Guten Appetit!
	pocherad rödtungafilé med gräddkokt svamp	pochiertes Rotzungenfilet mit Pilzsahnesoße
	rimmad lax med dillstuvad potatis	gepökelter Lachs mit Dillkartoffeln
	stekt fläskfilé med Karl-Johansvamp	gebratenes Schweine-filet mit Steinpilzen
	ugnstekt fasanbröst med ris och grönsaker	im Ofen gebratene Fasanenbrust mit Reis und Gemüse
	grillad kalvfilé med kroketter och sallad	gegrilltes Kalbsfilet mit Kroketten und Salat
	husets chokladtårta	Schokoladentorte nach Art des Hauses
	varm päronsoppa	warme Birnensuppe
	jordgubbar med vaniljglass	Erdbeeren mit Vanilleeis
	glassmix med chokladsås	Gemischtes Eis mit Schokoladensoße
	osttallrik	Käseteller
7a	Vad tar du?	Was nimmst du?
	kypare -n –	Bedienung/Kellner
	före/slå -slår -slog -slagit	vorschlagen
	vara slut	aus sein, nicht mehr geben
	arbetskolleg/a -an -or	Arbeitskollege/in
	gemensam -t -ma	gemeinsam
	hobby -n -er (hobbies)	Hobby
7c	Det tar jag med.	Das nehme ich auch.
	börja -r -de -t	beginnen, anfangen
	öl -et –	Bier
	gravad lax	gebeizter Lachs
	mums	„lecker“
	Vi ska be att få …	Wir hätten gerne …
	synd	schade
	vittvin -et -er	Weißwein
	sist (sista gången)	das letzte Mal
	utsökt trevlig	ausgesprochen nett
	prova -r -de -t	probieren
	pastarecept -et –	Nudelrezept
	recept -et –	Rezept
	hålla håller höll hållit (på i timmar)	etwas stundenlang machen
	Skål!	Prost!
	särskil/d -t -da	besonders
	duktig -t- a	fleißig, gut
	Det kan man väl säga.	Das kann man wohl sagen.
	Hur har du haft det idag?	Wie war dein Tag?
	arbeta -r -de -t (igenom)	durcharbeiten
	inte sant	nicht wahr
	redan	bereits, schon
	den här veckan	diese Woche
7e	Vad vill du ha?	Was willst du haben?
	Det finns inga laxspett kvar.	Es gibt keine Lachs-spieße mehr.
	kvar	übrig
	för övrigt	übrigens
	Bra för mig, eller hur?	Gut für mich, oder?
	Ja, det stämmer nog.	Ja, das stimmt wohl.
8a	Är du mycket hungrig?	Bist du sehr hungrig?
	hungrig -t -a	hungrig
	be att få betala	bezahlen wollen
	Får vi betala?	Können wir zahlen?
	not/a -an -or	Rechnung
	betala tillsammans	zusammen bezahlen
	betala var för sig	jeder zahlt für sich
	var för sig	jeder für sich
	Jag tror inte att jag orkar mera.	Ich glaube, ich schaffe nicht mehr.
	orka -r -de -t	etwas schaffen können
	Jag är redan rätt så mätt.	Ich bin schon ziemlich satt.
	mätt – -a	satt
9a	portion -en -er	Portion
	färsk pasta	frische Pasta
	skala/d -t -de	geschält
	crème fraiche	Crème fraiche
	tesked -en -ar (tsk)	Teelöffel
	dillfrö -et -n	Dillsamen
	hackad dill	gehackter Dill
	kräftstjärt -en -ar	Krebsschwänze
	blanda	vermischen
	koka -r -de -t	kochen (Wasser, Flüssigkeiten)
	anvisning -en -ar	Anleitung
	förpackning -en -ar	Verpackung
	strö strör strödde strött (över)	(darüber)streuen
	rest -en -er	Rest
	dill -en	Dill
	rinna rinner rann runnit (av)	abtropfen

	röra rör rörde rört (ner)	einrühren
	smaka -r -de -t (av)	abschmecken
	hacka -r -de -t	hacken
	kastrull -en -er	Topf
	tredjedel -en -ar	Drittel
	fjärdedel -en -ar	Viertel
	två femtedelar	zwei Fünftel
9b	pasta med tomater	Nudeln mit Tomaten
	färsk pasta med kräftsjärtar	frische Nudeln mit Krebsschwänzen
	fettuccine med crème fraîche	Fettuccini mit Crème fraîche
9c	mått -et –	Maß
	vikt -en -er	Gewicht
	matsked -en -ar	Esslöffel
	tesked -en -ar	Teelöffel
	decilit/er -ern -rar	Deziliter
	gram -met –	Gramm
	hekto -t (-n)	hundert Gramm
	Karamell	
	gästgivargård -en -ar	Gasthof
	Karamell a	
	äldsta → gammal	älteste
	på senare år	in den letzten Jahren
	bemöda -r -de -t	bemühen
	lyf/ta -ter -te -t (fram)	hervorheben
	lokal -t -a	lokal, regional
	gäll/a -er -de -t	gelten, betreffen
	maträtt -en -er	Gericht
	försök/a -er -te -t	versuchen
	omgivning -en -ar	Umgebung
	viltkött -et	Wildfleisch
	lovord -et –	Lob
	måltid -en -er	Mahlzeit
	upplevelse -n -r	Erlebnis
	internationell -t -a	international
	gastronomisk -t -a	gastronomisch
	rörelse -n -r	Bewegung
	upptäck/a -er -te -t	entdecken
	starta -r -de -t	starten, beginnen
	nobelpristagare -n –	Nobelpreisträger
	litteratur -en -er	Literatur
	protestera -r -de -t	protestieren
	etablering -en -ar	Etablierung
	etablera -r -de -t	etablieren
	snabb -t -a	schnell
	propagera -r -de -t	propagieren
	långsam -t -ma	langsam
	närmare	nahezu, beinahe
	kontinent -en -er	Kontinent
	poet -en -er	Poet
	som andra	wie andere
	motta[ga] mottar mottog mottagit	entgegennehmen
	bevis -et –	Beweis
	uppskattning -en -ar	Wertschätzung
	utmärkelse -n -r	Auszeichnung
	underteckna/d -t -de	unterzeichnet
	president -en -er	Präsident/in
	vid foten av	am Fuße des
	basera -r -de -t	basieren
	trakt -en -er	Gegend, Umgebung
	Karamell b	
	anse anser ansåg ansett	ansehen, einschätzen
	värna -r -de -t (om)	etwas schützen
	satsa -r -de -t (på)	setzen auf, investieren in

Lektion 12

1a	gla/d -tt -da	fröhlich, froh
	pålitlig -t -a	zuverlässig, verlässlich
	ärlig -t -a	ehrlich
	lat – -a	faul
	vårda/d -t -de	gepflegt
	mog/en -et -na	reif
1b	ovårda/d -t -de	ungepflegt
	ovänlig -t -a	unfreundlich
	opålitlig -t -a	unzuverlässig
	omog/en -et -na	unreif
	tråkig -t -a	langweilig
	slarvig -t -a	schlampig, schludrig
	mullig -t -a	mollig
	elak -t -a	böse
	sur -t -a	sauer
1c	otrevlig -t -a	unangenehm
	orolig -t -a	unruhig
	inåtvän/d -t -da	introvertiert
	utåtrikta/d -t -de	extrovertiert
2	delvis	teilweise
3a	lojal -t -a	loyal
	vänskap -en -er	Freundschaft
	tjej -en -er	Mädchen, Frau (ugs.)
	nog	schon
	stressa/d -t -de	gestresst
	nära	nahe, sich nahestehend
	han/e -en -ar	„ein Er“
	laga -r -de -t (bilar)	Autos reparieren
	typisk -t -a	typisch
	tjejsnack -et (ugs.)	Mädchengerede
	hon/a -an -or	„eine Sie“
	vack/er -ert -ra	schön, hübsch
	sluta -r -de -t	aufhören
	relation -en -er	Beziehung
	karaktärsdrag -et –	Charaktereigenschaft
	intelligent – -a	intelligent
	generös -t -a	großzügig
	pratsam -t -ma	gesprächig
	tyst – -a	still
	bästis -en -ar	beste(r) Freund/in
	samma	gleich
	alltså	also
	klasskamrat -en -er	Klassenkamerad/in
	varandra	gegenseitig, einander

3c	allra	aller
	åsikt -en -er	Ansicht
	mellan	zwischen
	klasskompis -en -ar	Klassenkamerad
	detsamma	das Gleiche
4a	kunna kan kunde kunnat (lita på)	sich auf jmd. verlassen können
	i alla väder	unter allen Umständen
	väd/er -ret –	Wetter
	humör -et – (ha humör)	Temperament haben
	muntra -r -de -t (upp)	aufmuntern
	dela -r -de -t	teilen
	ring/a -er -de -t (upp)	anrufen
	när som helst	wann auch immer, jederzeit
	acceptera -r -de -t	akzeptieren
	negativ -t -a	negativ
	sid/a -an -or	Seite
4b	hålla håller höll hållit (med)	zustimmen
5a	hjälp -en -er	Hilfe
6a	sympatisk -t -a	sympathisch
6b	kän/d -t -da (vara känd)	bekannt sein
	fast	jedoch, obwohl
	ännu	noch
	så klart	ganz klar
7a	kontaktannons -en -er	Kontaktannonce
	Jag vet att du finns.	Ich weiß, dass es dich gibt.
	romantisk -t -a	romantisch
	yngling -en -ar	Jüngling
	nyfik/en -et -na (på)	neugierig auf
	ekonomisk -t -a	ökonomisch, wirtschaftlich
	oberoende	unabhängig
	positiv -t -a	positiv
	bilda/d -t -de	gebildet
	redo	bereit
	Var hittar jag dig?	Wo finde ich dich?
	jungfrugrabb	Jungfrau-Mann
	jungfru -n -r	Jungfrau
	grabb -en -ar	Mann, Bursche
	äventyrsres/a -an -or	Abenteuerreise
	vandra -r -de- t	wandern
	fjäll -en –	Berg, Gebirge
	fiske -t	Angeln
	ungdomlig -t -a	jugendlich
	spritfri -tt -a	alkoholfrei
	... en arm att sova på	Etwa: nicht allein sein
	ensam -t -ma	einsam
	längre ➜ lång	länger
	trog/en -et -na	treu
	upplev/a -er -de -t	erleben
	semest/er -ern -rar	Ferien, Urlaub
	se ser såg sett (fram emot)	sich auf etwas freuen
	fram emot	entgegen
	anropsnr.	Chiffre
7b	osocial -t -a	unsozial
	obilda/d -t -de	ungebildet
	otrog/en -et -na	untreu
	ung -t -a	jung
8b	lika ... som	genauso ... wie
8c	myskväll -en -ar	gemütlicher Abend
	levande	lebendig
	friluftsliv -et –	Leben bzw. Aktivitäten an der frischen Luft
	idrott -en -er	Sport
	tvilling -en -ar	Zwilling
	våga -r -de -t	wagen, sich trauen
	annons -en -er	Annonce
9	enkät -en -er	Umfrage
	väg -en -ar	Weg
10a	guide -n -r	Führer
	ansträngande	anstrengend
	cykelsemest/er -ern -rar	Fahrradurlaub
	gå ner ett par kilo	ein paar Kilo abnehmen
	par -et –	Paar, paar
	motion -en –	Bewegung
	ska jag tala om	kann ich dir/euch sagen
	gäng -et –	Gruppe
	expert -en -er	Experte
	mountainbikecyk/el -eln -lar	Mountainbike
	energisk -t -a	energisch
	mil -en –	schwed. Meile
	vägra -r -de -t	sich weigern
	cykelsemestra -r -de -t	einen Fahrradurlaub machen
	ö -n -ar	Insel
	ganska	ganz schön, ziemlich, sehr
	platt	platt
	någon gång	einmal
	biologi -n	Biologie
	flora -n	Flora
	fauna -n	Fauna
	slottsruin -en -er	Schlossruine
	kill/e -en -ar	Junge
	väderkvarn -en -ar	Windmühle
	fyr -en -ar	Leuchtturm
	cykelbuss -en -ar	Fahrradbus
	bro -n -ar	Brücke
	skämta -r -de -t	Späße / Witze machen
11	favoritplagg -et –	Lieblingskleidungsstück
	modetrend -en -er	Modetrend
	intresse -t -n	Interesse
	sevärdhet -en -er	Sehenswürdigkeit

Karamell

stjärnteck/en -net -en	Sternzeichen
stenbock -en -ar	Steinbock
disciplinera/d -t -de	diszipliniert

humoristisk -t -a	humorvoll
envis -t -a	uneinsichtig
vattu/man -mannen -män	Wassermann
harmonisk -t- a	harmonisch
fantasifull -t -a	fantasievoll
excentrisk -t -a	exzentrisch
trotsig -t -a	trotzig
hemlighetsfull -t -a	geheimnisvoll
vädur -en -ar	Widder
självisk -t -a	eigennützig, egoistisch
dominerande	dominierend
praktisk -t- a	praktisch
musikalisk -t -a	musikalisch
självständig -t -a	unabhängig, selbständig
kommunikativ -t -a	kommunikativ
temperamentfull -t -a	temperamentvoll
osensibel -t -a	unsensibel
kräft/a -an -or	Krebs
försiktig -t -a	vorsichtig
familjekär -t -a (vara familjekär)	Familienmensch sein
översensibel -t -a	hypersensibel
överaktiv -t -a	überaktiv
arrogant – -a	arrogant
analytisk -t -a	analytisch
rationell -t -a	rationell
logisk -t -a	logisch
pedantisk -t -a	pedantisch
överkritisk -t -a	überkritisch
våg -en -ar	Waage
diplomatisk -t -a	diplomatisch
flirtig -t -a	jemand, der gerne flirtet
skorpion -en -er	Skorpion
ambitiös -t -a	ehrgeizig
svartsjuk -t -a	eifersüchtig
skytt -en -ar	Schütze
flexibel -t -a	flexibel

Lektion 13

1a	Sverigesemest/er -ern -rar	Schwedenurlaub
	bila -r -de -t	mit dem Auto fahren
	vandrarhem -met –	Jugendherberge
	skäm/ma -mer -de -t (bort sig)	sich verwöhnen lassen
	wellness	Wellness
	kurort -en -er	Kurort
	lasta -r -de -t	laden
	bagage -t –	Gepäck
	hoj -en -ar	Drahtesel
	campa -r -de -t	campen
	studieres/a -an -or	Studienreise
	studier	Studien, Studium
	besök/a -er -te -t	besuchen
	lära lär lärde lärt (sig)	lernen, sich aneignen
	om	hier: über
	historia	Geschichte
	roll -en -er	Rolle
	reseguidebok	Reiseführer (Buch)
	guide/bok -boken -böcker	Führer (Buch)
	ge ger gav givit	geben
	kart/a -an -or	Karte
	tala -r -de -t (om för någon)	jemandem etwas sagen
	sevär/t -d -da	sehenswert
	inte bara ... utan även	nicht nur ... sondern auch
	kulturell -t -a	kulturell
	bakgrund -en -er	Hintergrund
	hyra hyr hyrde hyrt	mieten
	cyk/el -eln -lar	Fahrrad
	utforska -r -de -t	erkunden, erforschen
	sätta sätter satte satt	setzen
	folk -et –	die Leute
	kontakt (komma i kontakt med)	in Kontakt mit ... kommen
	kontakt -en -er	Kontakt
	inhemsk -t -a	einheimisch
	befolkning -en -ar	Bevölkerung
	pröva -r -de -t (på)	ausprobieren
	olik -t -a	verschieden, unterschiedlich (ungleich)
	sund -t -a	gesund
	fullpension -en	Vollpension
	und/vika -viker -vek -vikit	vermeiden
	lokal -en -er	Lokal, Räumlichkeit
	ställe -t -en	Stelle, Ort
	region -en -er	Region
	slut	Ende, Abschluss; hier: aus, zu Ende
	det finns	es gibt
	åt	hier: auf
	visserligen	zwar
	tacksam	dankbar
	fram	nach vorne, vor
	emot (siehe auch: mot)	gegen
1b	blandning -en -ar	Mischung
	dels	teils
2	kulturres/a -an -or	Kulturreise
	strandsemest/er -ern -rar	Strandurlaub
	strand -en stränder	Strand
	blomm/a -an -or	Blume
	fotografera -r -de -t	fotografieren
	hav -et –	Meer, (die) See
	kyrk/a -an -or	Kirche
	skärgård -en -ar	Schären
	snö -n	Schnee
	vykort -et –	Postkarte
	å -n -ar	kleiner Fluss
	åk/a -er -te -t (skidor)	Ski fahren
	älv -en -ar	Fluss
	sport -en	Sport
	bad -et -en	Baden
3a	regn -et –	Regen
	moln -et –	Wolke
	vind -en -ar	Wind
	åsk/a -an -or	Gewitter
	solig -t -a	sonnig
	molnig -t- a	bewölkt

	åska -r -de -t	gewittern
	snöa -r -de -t	schneien
	blås/a -er -te -t	windig sein, blasen
3b	grad -en -er	Grad
4	väderlek -en -ar	Wetter, Witterung
	rapport -en -er	Bericht
	morgondagen	der morgige Tag
	nederbörd -en	Niederschlag
	lågtrycksområde -t -n	Tiefdruckgebiet
	låg -t -a	tief, niedrig
	tryck -et –	Druck
	område -t -n	Gebiet
	täck/a -er -te -t	decken, bedecken
	växlande	wechselnd
	molnighet -en	Bewölkung
	mestadels	meist, zumeist
	mul/en -et -na	bedeckt, bewölkt
	tidvis	zeitweise
	snöfall -et –	Schneefall
	fall -et –	Fall
	södra	südlich
	en del	en bisschen, ein paar, ein Teil
	del -en -ar	Teil
	regnskur -en -ar	Regenschauer
	sakta	sachte
	norrut	nach Norden
	utmed	entlang, längs
	bryta bryter bröt brutit (igenom)	durchbrechen
	igenom	durch, hindurch
	chans -en -er	Chance
	sydost	Südosten
	plusgrad -en -er	Plusgrad
	norr	nördlich, Norden
	nord	Norden
	ost	Osten
	syd	Süden
	väst	Westen
	närma -r -de -t (sig)	sich nähern
	him/mel -len -lar	Himmel
	intensiv -t -a	intensiv
	röra rör rörde rört (på sig)	sich bewegen
5a	eftermiddag -en -ar (em)	Nachmittag
	komma kommer kom kommit (att)	werden (Zukunft)
5b	fort/sätta -sätter -satte -satt	fortsetzen
	söderut	nach Süden
	fjälltrakt -en -er	Berggegend
	mindre	kleiner
5c	sommarlov -et –	Sommerurlaub
	lov -et –	Urlaub, Ferien
	ledighet -en -er	Urlaub von der Arbeit, Freizeit
	Hur har du det?	Wie geht es dir?
	hos	bei
	ta tar tog tagit (ut semester)	Urlaub nehmen
	kram -en -ar	Umarmung
6a	dressin -en -er	Draisine
	förgätmigej -en -er	Vergissmeinnicht
	paddla -r -de -t	paddeln
	akvedukt -en -er	Aquädukt
	hällristning -en -ar	Felsenzeichnung
	sluss -en -ar	Schleuse
	vaska -r -de -t	waschen
	guld -et	Gold
	ångbåt -en -ar	Dampfschiff
	landskapsblomm/a -an -or	„Landschaftsblume“
	landskap -et –	Landschaft (hier: Region in Schweden)
	idé -n -er	Idee
	stat -en -er	Staat
	början	Anfang, Beginn
	1900-talet	20. Jahrhundert
	tal -et –	Zahl
	besluta -r -de -t	beschließen, entscheiden
	eg/en -et -na	eigen
	växt -en -er	Gewächs
	symbol -en -er	Symbol
	just	genau
6b	skiftande	wechselnd
	slättland -et länder	Flachland
	slät -t -a	flach
	sjörik -t -a	seenreich
	rik -t -a	reich
	skogig -t -a	bewaldet
	kanotpaddlare -n –	Kanufahrer
	mekka	Mekka
	intressera/d -t -de	interessiert
	ner för slussarna	die Schleusen hinunter
	ner	hinunter, runter
	säker	sicher
	plats -en -er	Platz, Ort
	bero beror berodde berott (på)	abhängen von
	klättra -r -de -t (i berg)	bergsteigen
	ösregna -r -de -t	gießen, schütten, stark regnen
	väderprognos -en -er	Wettervorhersage
	lovande	vielversprechend
	nja	na ja, nun ja
	annars	sonst
	väldigt	sehr
	naturskön -t -a	naturschön
	kulturlandskap -et –	Kulturlandschaft
	guidning -en -ar	Führung
	ge gar gav givit (sig iväg)	sich aufmachen
	nedlag/d -t -da	aufgelassen, nicht mehr in Benutzung
	järnvägsspår -et –	Eisenbahnschiene
	järnväg -en -ar	Eisenbahn
	rakt in i vildmarken	direkt in die Wildnis
	rak -t -a	aufrecht, gerade, direkt

	vildmark -en -er	Wildnis
	intressant – -a	interessant
	sådan -t -a	solche/r/s
	tur -en -er	Tour, Fahrt, Glück
	järnvägsstation -en -er	Bahnhof
	guldvaskning -en -ar	Gold waschen
	kanottur -en -er	Kanutour
	övernattning -en -ar	Übernachtung
	lappkåt/a -an -or	Hütte der Samen
7a	väster	westlich, Westen
	öster	östlich, Osten
	om	hier: von
	längst	hier: am weitesten
	österut	nach Osten

Karamell a

värld -en -ar	Welt
bygg/a -er -de -t	bauen
safari -n -er (-s)	Safari
föra för förde fört	führen
is -en -ar	Eis
by -n -ar	Stadt, Dorf
norr om	nördlich von
polcirkel -n	Polarkreis
därmed	damit
begeistra -r -de -t	begeistern
ingenting	nichts
omöjlig -t -a	unmöglich
berättelse -n -r	Erzählung
sag/a -an -or	Sage
er/bjuda -bjuder -bjöd -bjudit	anbieten, bieten
äventyr -et –	Märchen, Abenteuer
atmosfär -en -er	Atmosphäre
smak -en -er	Geschmack
djup -t -a	tief
mötesplats -en -er	Treffplatz, Treffpunkt
möte -t -n	Besprechung, Begegnung, Sitzung
samisk -t -a	samisch
slump -en -ar	Zufall
årtusende -t -n	Jahrtausend
samlingspunkt -en -er	Versammlungsort
samling -en -er	Versammlung, Sammlung
punkt -en -er	Punkt
ur	aus
bygg/a -er -de -t (upp)	aufbauen
köld -en	Kälte
tillåta tillåter tillät tillåtit	erlauben
smäl/ta -ter -te -t	schmelzen
senvår -en -ar	Spätfrühling
sen	spät
naturlig -t -a	natürlich
utomhus	draußen, außerhalb von zu Hause
temperatur -en -er	Temperatur
sjunka sjunker sjönk sjunkit	sinken
än	als

När det blir dags ...	Wenn es Zeit wird ...
krypa kryper kröp krupit (in)	kriechen in
sovsäck -en -ar	Schlafsack
möss/a -an -or	Mütze
surrealistisk -t -a	surrealistisch
natt -en nätter	Nacht
färd -en -er	Fahrt, Reise
hundspann -et –	Hundegespann
snöskot/er -ern -rar	Schneescooter
rensläd/e -en -ar	Rentierschlitten
same -n -r	Same, Samin
samklang -en -er	Einklang

Karamell b

Har du hört talas om ...?	Hast du von ... gehört?
skil/ja -jer -de -t (sig)	(sich) unterscheiden
tillbringa -r -de -t	verbringen
spontan -t -a	spontan
kän/na -ner -de -t	fühlen
intressera -r -de -t	interessieren
renskötsel -n	Rentierhaltung

Lektion 14

1	Norden	Norden
	flanera -r -de -t	spazieren, flanieren
	omgiva omger omgav omgivit	umgeben
	huvud -et -en	Haupt, Kopf
	bygg/d -t -da	gebaut
	kunglig -t -a	königlich
	bevara/d -t -de	bewahrt, erhalten
	medeltida	mittelalterlich
	kärn/a -an -or	Kern
	året runt	das ganze Jahr über
	antal -et –	Anzahl
	attraktion -en -er	Attraktion
	hundratals	Hunderte von
	teat/er -ern -rar	Theater
	evenemang -en -er	Veranstaltung
2a	fri -tt -a	frei, gratis
	entré -n -er	Eintritt
	förvärva -r -de -t	erwerben
	gratis gratis gratis	gratis
	list/a -an -or	Liste
	tidtabell -en -er	Zeitplan
	in/gå -går -gick -gått	inklusive sein, beinhalten
	entimmestur -en -er	einstündige Fahrt
	båt -en -ar	Boot, Schiff
	hand -en händer	Hand
	oförglömlig -t -a	unvergesslich
	därutöver	darüber hinaus
	lokaltrafik -en	Nahverkehr
	trafik -en	Verkehr
	bonuserbjudan	Bonusangebot
	erbjudan = erbjudande -t -n	Angebot
	rabatt -en -er	Rabatt

Lektionswortschatz

2b	säkerhet -en -er	Sicherheit
	förutom	außerdem, außer
	detta	dies
	på köpet	obendrauf, als Zugabe
	köp -et –	Kauf
3a	nationalmuse/um -et -er	Nationalmuseum
	dramatisk -t -a	dramatisch
	konung -en -ar	König
	officiell -t -a	offiziell
	residens -et –	Residenz
	barock -en	Barock
	representationsvåning -en -ar	Repräsentations- wohnung
	interiör -en -er	Interieur, Einrichtung
	samt	sowie, inklusive, samt
	rikssal -en -ar	Reichssaal
	rike -t -n	Reich
	silv/er -ret –	Silber
	tron -en -er	Thron
	ordenssal -en -ar	Saal der Orden
	verk -et –	Werk
	medeltid -en	Mittelalter
	sekelskifte -t -n	Jahrhundertwende
	såväl ... som	sowohl ... also auch
	konstnär -en -er	Künstler
	bl.a. (bland annat)	u.a.
	m.fl. (med flera)	und viele andere
	met/er -ern -rar	Meter
	tornspir/a -an -or	Turmspitze
	magnifik -t -a	erstklassig, großartig
	byggnad -en -er	Gebäude
	välbekant	wohlbekannt
	siluett -en -er	Silhouette
	bankett -en -er	Bankett, Festmahl
	gyllene	gülden
	scen -en -er	Szene, Bühne
	flera ➜ många	mehrere
	lilla	klein
	elverk -et –	Elektrizitätswerk
	lejonkul/a -an -or	Löwenhöhle
	sfärisk -t -a	sphärisch
	åskådare -n –	Zuschauer
3b	dit	dort, dorthin
4a	väninn/a -an -or	Freundin
	planera -r -de -t	planen
	diskutera -r -de -t	diskutieren
4b	trött – -a	müde
	skoltid -en -er	Schulzeit
	utifrån	von außen
	fel	falsch, verkehrt
4c	häftig -t -a	heftig
	jobbig -t -a	anstrengend
	kän/na -ner -de -t (sig)	(sich) fühlen
	otrolig -t -a	unglaublich
	hitta -r -de -t (på)	sich ausdenken
	i alla fall	auf alle Fälle
	påmin/na -ner -de -t (om)	erinnern an
	historielärare -n –	Geschichtslehrer
	plugg -et – (ugs.)	Schule
	minnas minns mindes mints	sich erinnern
	honom	ihn
	Jajamän!	Ja, na klar!
	lexikon -et –	Lexikon
	äsch	ach was
	strunt detsamma (ugs.)	egal
	strunt	Quatsch
	kolla -r -de -t	(nach)schauen
	klok -t -a	klug
	suverän -t -a	souverän
	Jag är pigg på ...	Ich habe Lust auf ...
	kanonväd/er -ret – (ugs.)	super Wetter
	igen	neu, erneut, wieder
	strålande	strahlend
	jädrans kul (ugs.)	superlustig
	låt se	lass mal sehen
	kanal -en -er	Kanal
	huvudsak -en -er	Hauptsache
	pigg -t -a	munter, wach, gesund
	Det lovar jag!	Das verspreche ich!
	lova -r -de -t	versprechen
	inte heller	auch nicht
	hoppar -r -de -t (av)	aussteigen, abspringen
	Nu får du ge dig!	Jetzt hör aber auf!
	överlev/a -er -de -t	überleben
	Just det!	Genau!
	Skärp dig!	Nimm dich zusammen!
	latmask -en -ar	Faulpelz
4d	flick/a -an -or	Mädchen
	Det gör detsamma.	Das ist egal.
	Ryck upp dig nu!	Nimm dich zusammen!
4f	energi -n	Energie
	motto -t -n	Motto
	lagom	nicht zu viel und nicht zu wenig
	för mycket fördärvar nöjet	zu viel verdirbt den Spaß
	fördärva -r -de -t	verderben
	måttfull -t -a	maßvoll
	vinna vinner vann vunnit	gewinnen
	längd	Länge, Dauer
5	Ursäkta mig, ...	Entschuldigung, ...
	T-ban/a -an -or (tunnelbana)	hier: U-Bahn-Station
	linje -n -r	Linie
	mot	gegen, hier: in Richtung ...
	gå går gick gått (av)	aussteigen
	vid	hier: bei der Haltestelle
	byta byter bytte bytt (till)	umsteigen in
	fort/sätta -sätter -satte -satt	hier: weiterfahren
	orsak -en -er	Ursache

6	program -met -men	Programm
	på morgonen	am Morgen
	Det är ingen bra idé!	Das ist keine gute Idee!
7a	bredvid	neben
	bankomat -en -er	Geldautomat
	brevlåd/a -an -or	Briefkasten
	kiosk -en -er	Kiosk
	park -en -er	Park
	polisstation -en -er	Polizeiwache
	torg -et –	Marktplatz
	fontän -en -er	Brunnen
	sjukhus	Krankenhaus
7b	bakom	hinter
	framför	vor
	mitt emot	gegenüber
	flyta flyter flöt flutit	fließen
	bänk -en -ar	Bank (zum Sitzen)
	i hörnet	hier: an der (Straßen-)Ecke
	hörn -et –	Ecke
	simhall -en -ar	Schwimmbad
	trafikljus -et –	Ampel
7c	höger	rechts
	förbi	vorbei, hier: vorbei an
	korsning -en -ar	Kreuzung
7d	närhet -en	Nähe
	Inte alls!	Gar nicht!
	framme	dort (vorne)

Karamell a

lopp -et –	Lauf
knäckebröd -et –	Knäckebrot
regera -r -de -t	regieren
fö/da -der -dde -tt	gebären
riksdag -en -ar	Reichstag
till minne av det	in Erinnerung daran
minne -t -n	Erinnerung, Gedächtnis
nationaldag -en -ar	Nationalfeiertag
fira -r -de -t	feiern
gestalt -en -er	Gestalt
ledning -en -ar	Leitung, Führung
befria -r -de -t	befreien
tyranni -et	Tyrannei
upplös/a -er -de -te	auflösen
union -en -er	Union
blodbad -et – (ställa till med ett blodbad)	ein Blutbad anrichten
hemskt -t -a	schrecklich
adels/man -mannen -män	Adelsmann
hals/hugga -hugger -högg -huggit	enthaupten
off/er -ret -er	Opfer
tillfånga/ta -tar -tog -tagit	gefangennehmen
sätta sätter satte satt (i fängelse)	einsperren
lyckas lyckas lyckades lyckats	glücken, gelingen
fly flyr flydde flytt	flüchten
bonde -n bönder	Bauer
uppror -et – (göra uppror)	einen Aufstand machen
rädd / im Neutrum wird die Form vermieden / -a	ängstlich, bange
störta -r -de -t	stürzen
dalkarl -en -ar	Mann aus Dalarna
skid/a -an -or	Ski
skidtävling -en -ar	Skiwettlauf
tävling -en -ar	Wettkampf
kalla för ...	... nennen
ångra -r -de -t (sig)	seine Meinung ändern
stöd -et –	Unterstützung
besegra -r -de -t	besiegen
väggmålning -en -ar	Wandgemälde
berom/d -t -da	berühmt
målare -n –	Maler/in
skildra -r -de -t	schildern
intåg -et –	Einzug
regering -en -ar	Regierung
in/föra -för -förde -fört	einführen
protestantism -en	Protestantismus
Om Gud är med oss, vem är då emot oss¿	Wenn Gott auf unserer Seite ist, wer ist dann gegen uns¿
dö dör dog dött	sterben
begrav/a -er -de -t	begraben

Karamell b

länge	lange

Lektion 15

	konsert -en -er	Konzert
1a	frågesport -en -er	Quiz
	höra hör hörde hört (till)	gehören zu
	århundrade -t -n	Jahrhundert
	skånska	schonisch (schwedischer Dialekt)
	festival -en -er	Festival
	locka -r -de -t	locken
	besökare -n –	Besucher
	djurpark -en -er	Tierpark
	botanisk -t -a	botanisch
	nöjespark -en -er	Vergnügungspark
	biograf -en -er	Kino
	skulptur -en -er	Skulptur
	parkering -en -ar	Parken, Parkplatz
	karusell -en -er	Karussell
	musiker -n –	Musiker/in
	operasångersk/a -an -or	Opernsängerin
	polis -en -er	Polizei, Polizist
	poäng -en -er	Punkt
	Oj!	Ach je!
	höra talas om	von etwas hören
	Grattis!	Gratulation!
	specialist -en -er	Spezialist

Lektionswortschatz

2	hän/da -der -de -t	geschehen, passieren
	oper/a -an -or	Oper
	biljett -en -er	Ticket, Eintrittskarte
	kass/a -an -or	Kasse
	gästspel -et –	Gastspiel
	arabvärld -en -ar	arabische Welt
	pjäs -en -er	(Theater-)Stück
	sultan -en -er	Sultan
	ställ/a -er -de -t	stellen
	inför	vor
	ladda/d -t -de	geladen
	tidigare	früher
	föreställning -en -ar	Vorstellung
	timm/e -en -ar (tim)	Stunde
	minut -en -er (min)	Minute
	komedi -n -er	Komödie
	fascinerande	faszinierend
	är ett måste	ist ein Muss
	jazz	Jazz
	stående inslag (vara ett stående inslag)	wird immer geboten
	malmöitisk	malmöisch
	turnera -r -de -t	auf Tournee gehen
	USA	USA
	symfonikonsert -en -er	Symphoniekonzert
	symfoni -n -er	Symphonie
	med reservation för …	… vorbehalten
	ändring -en -ar	Änderung
	skicka -r -de -t	schicken, senden
	succé -n -er	Erfolg
	show -en -er	Show
	bejubla/d -t -de	bejubelt
	stjärn/a -an -or	Stern
	glansig -t -a	glänzend
	av/njuta -njuter -njöt -njutit	genießen
	kärleksfull -t -a	liebevoll
	tillaga -r -de -t	zubereiten
	föredrag -et –	Vortrag
	samvete -t -n	Gewissen
	livskamrat -en -er	Lebenspartner/in
	kränka kränker kränkte kränkt	kränken
	såra -r -de -t	verletzen
	föreläsare -n –	Vortragender
	familjeterapeut -en -er	Familientherapeut
	finna finner fann funnit	finden
	renässans -en	Renaissance
	akvari/um -et -er	Aquarium
	tropikari/um -et -er	Tropikarium
	såväl som	wie auch
	utställning -en -ar	Ausstellung
	mångfald -en	Vielfalt
	geologi -n	Geologie
	öppettid -en -er	Öffnungszeiten
	påsk -en -ar	Ostern
3	gå går gick gått (på)	hier: wird gespielt / gezeigt, findet statt
4	alla tiders	super, außergewöhnlich
	katastrof -en -er	Katastrophe
	låt -en -ar	Lied, Song
	trist – -a	trist, traurig
	stämning -en -ar	Stimmung
	publik -en –	Publikum
	kass -t -a	mies, schlecht
	botten	hier: superschlecht
	professor -n -er	Professor/in
	monolog -en -er	Monolog
	iscensättning -en -ar	Inszenierung
	topp -en -ar	Spitze, spitze, super
	målning -en -ar	Gemälde, Malerei
	så där	so einigermaßen
	värd -t -da	wert
	pengar (Pl.)	Geld
	entertainment	Unterhaltung
	långtråkig -t -a	langatmig
	förskräcklig -t -a	schrecklich, erschreckend
	akustik -en	Akustik
5a	recension -en -er	Rezension
	stycke -t -n	Stück
	tit/el -eln -lar	Titel
	exotisk -t -a	exotisch
	mäktig -t -a	mächtig
	turban -en -er	Turban
	färgstark -t -a	farbenprächtig
	stark -t -a	stark
	magdansersk/a -an -or	Bauchtänzerin
	mag/e -en -ar	Bauch, Magen
	färggla/d -tt -da	farbenfroh
	scenbild -en -er	Szenerie, Kulissen
	bidra bidrar bidrog bidragit (till)	beitragen zu
	allvar -et	Ernst
	lek -en -ar	Spiel
	handling -en -ar	Handlung
	långdrag/en -et -na	in die Länge gezogen
	konflikt -en -er	Konflikt
	dyka dyker dök dykt (upp)	auftauchen
	entusiastisk -t -a	enthusiastisch
	applåder (Pl.)	Applaus
	ridå -n -er	Vorhang
	falla faller föll fallit	fallen
	bevisa -r -de -t	beweisen
5b	uppseendeväckande	aufsehenerregend
	skrattretande	lustig, zum Lachen
	fängslande	spannend
	gripande	ergreifend
	skrämmande	erschreckend, einschüchternd
	djupgående	tiefgehend
	medryckande	mitreißend
	sällan	selten
	handla -r -de -t (om)	handeln (von, um)

	sjunga sjunger sjöng sjungit	singen
	komponist -en -er	Komponist
	underhållande	unterhaltsam
6a	fixa -r -de -t	organisieren, reparieren
	bestäm/ma -mer -de -t	bestimmen, entscheiden, festlegen
	få får fick fått (vi se)	wir werden sehen
	hinna hinner hann hunnit	etwas schaffen
	höra hör hörde hört (sig för)	sich erkundigen
	sugen på (vara sugen på)	Lust haben auf
	längesedan	lange her
	fräscha vindar på vår kulturella front	etwas Abwechslung in kultureller Hinsicht
	skada -r -de -t	schaden
	sitta sitter satt suttit	sitzen
	parkett -en -er	Parkett
	överhuvudtaget	überhaupt
6b	tag -et –	Griff, Schlag, Augenblick
	in/se -ser -såg -sett	einsehen
6c	efteråt	danach
	reservera -r -de -t	reservieren
	upptag/en -et -na	hier: im Stress, beschäftigt
	dumt nog	dummerweise
7a	nödutgång -en -ar	Notausgang
	orkesterdike -t -n	Orchestergraben
	rad -en -er	Reihe
	textmaskin -en -er	Textdisplay
7b	stanna -r -de -t	bleiben
	uppe	oben
	nere	unten
	hit	hierher
	bort	weg
7c	träd -et –	Baum
8	syst/er -ern -rar	Schwester
9	spän/d -t -da (på)	gespannt auf
	lära lär lärde lärt (känna)	kennenlernen
	i förväg	im Voraus
10	Bingo	Bingo
	senaste	letzte/r/s die letzten
	musikal -en -er	Musical
	balett -en -er	Ballett
	popkonsert -en -er	Popkonzert

Karamell a

lyckopill/er -ret -er	Glückspille
text -en -er	Text
gal/en -et -na	verrückt
julklapp -en -ar	Weihnachtsgeschenk
aft/on -onen -nar	Abend
barndom -en	Kindheit
uppväxt -en	das Aufwachsen
göra gör gjorde gjort (om)	wiederholen
nervös -t -a	nervös
irritera -r -de -t (sig)	sich ärgern
original -t -a	Original
Tjena!	Hallo, Hi!
oro -n	Unruhe
obefoga/d -t -de	unbefugt
uppsättning -en -ar	Inszenierung
nostalgi -n	Nostalgie
like	hier: Vergleichbares
skådis = skådespelare -n –	Schauspieler/in
behålla behåller behöll behållit	behalten
trots att	obwohl
förvandla -r -de -t	verwandeln
fattig -t -a	arm
bragd -en -er	große Tat
en hel del	etwa: jede Menge
gapskratt -et –	schallendes Gelächter
skratta -r -de -t	lachen
grekisk -t -a	griechisch
gifta gifter gifte gift (sig)	heiraten
papp/a -an -or	Papa, Vater
bröllop -et –	Hochzeit
tjuvkika -r -de -t	heimlich nachschauen
dag/bok -boken -böcker	Tagebuch
kandidat -en -er	Kandidat
faderskap -et –	Vaterschaft
dessa	diese
anlän/da -der -de -t	ankommen
story -n -er	Story, Geschichte
knyta knyter knöt knutit (samman)	knoten, flechten, verknüpfen
premiär -en -er	Premiere
extas -en -er	Extase
skrika skriker skrek skrikit	schreien
busvissla -r -de -t	Buhpfiffe
applådera -r -de -t	applaudieren
möjligtvis	möglicherweise, vielleicht
ljud -et –	Laut, Ton
kvalitet -en -er (= kvalité -n -er)	Qualität
stundtals	ab und zu
svår -t -a	schwer
gratulera -r -de -t	gratulieren
få tag på	etwas ergattern

Karamell b

över/sätta -sätter -satte -satt	übersetzen

Lektion 16

	kropp -en -ar	Körper
1a	ansikte -t -n	Gesicht
	hak/a -an -or	Kinn
	hals -en -ar	Hals

Lektionswortschatz

	mun -nen -nar	Mund
	näs/a -an -or	Nase
	pann/a -an -or	Stirn
	strup/e -en -ar	Kehle, Gurgel
	tand -en tänder	Zahn
	öra -t öron	Ohr
	arm -en -ar	Arm
	armbåg/e -en -ar	Ellbogen
	ax/el -eln -lar	Achsel, Schulter
	ben -et –	Bein
	bröst -et –	Brust
	fing/er -ret -rar	Finger
	fot -en fötter	Fuß
	höft -en -er	Hüfte
	knä -et -n	Knie
	nack/e -en -ar	Nacken
	rygg -en -ar	Rücken
	tå -n -rna	Zehe
1b	sparka boll	Ball spielen
	sparka -r -de -t	treten, Fußtritt geben
	boll -en -ar	Ball
2a	motionera -r -de -t	sich bewegen
	regelbundet	regelmäßig
	råd -et –	Rat
	i stället för	an Stelle von
	nyttig -t -a	nützlich
	tillräcklig -t -a	ausreichend
	skydda -r -de -t (sig)	(sich) schützen
	alkohol -en -er	Alkohol
	av/hålla -håller -höll -hållit (sig från)	Abstand nehmen von
	nikotin -en	Nikotin
	hälsokontroll -en -er	Gesundheitsüberprüfung
	osun/d -t -da	ungesund
	förbättra -r -de -t	verbessern
	fundera -r -de -t (på)	überlegen, nachdenken über
	ändra -r -de -t	ändern
2b	må mår mådde mått (bättre)	sich besser fühlen
2c	hålla håller höll hållit (sig fit)	(sich fit) halten
3a	värktablett -en -er	Schmerzmittel (-tablette)
	värk -en -ar	Schmerzen
	tablett -en -er	Tablette
	utslag -et –	Ausschlag
	må mår mådde mått (illa)	einem schlecht sein
	kräkas kräks kräktes kräkts	sich übergeben
	ont (ha ont)	Schmerzen haben
	ont (göra ont)	weh tun
	feber -n	Fieber
	hosta -n	Husten
	diarré -n	Durchfall
	bränna bränner brände bränt (sig)	(sich) verbrennen
	skära skär skar skurit (sig)	(sich) schneiden
	plåst/er -ret –	Pflaster
	förband -et –	Verband
	husapotek -et –	Hausapotheke
	salv/a -an -or	Salbe
	lindra -r -de -t	lindern
	medicin -en -er	Medizin, Medikament
	beställ/a -er -de -t (tid)	einen Termin vereinbaren
	tempen = temperaturen (ta tempen)	Fieber messen
	baksmäll/a -an -or	Kater (nach zu viel Alkohol)
	akuten = akutmottagningen	Notaufnahme
3b	antiseptisk -t -a	antiseptisch, steril
	getingstick -et –	Wespenstich
	geting -en -ar	Wespe
	stick -et –	Stich
	huvudvärkstablett -en -er	Kopfschmerztablette
	illamående -t	Übelkeit
	kamomillte -et -er	Kamillentee
	svalkande	kühlend
	sår -et –	Wunde
	dropp/e -en -ar	Tropfen
	olyck/a -an -or	Unglück, Unfall
4a	vårdcentral -en -er	schwedische Gesundheitszentrale
	vård -en –	Pflege
	central -en -er	Zentrale
	doktor -n -er	Doktor, Arzt
	trampa -r -de -t	treten
	getingbo -et -n	Wespennest
	bo -et -n	hier: Nest
	svull/en -et -na	geschwollen
	sätta sätter satte satt (på)	hier: einschmieren mit
4b	psykologi -n	Psychologie
	uppsats -en -er	Aufsatz
	be/möta -möter -mötte -mött	behandeln, aufnehmen
	utlänning -en -ar	Ausländer
	utländsk -t -a	ausländisch
	erfarenhet -en -er	Erfahrung
	sjukvårdssystem -et –	Gesundheitssystem
	sjukvård -en -ar	Krankenpflege
	system -et –	System
	studievistelse -n -r	Studienaufenthalt
	studera -r -de -t	studieren
	universitet -et –	Universität
	massa	Masse
	patient -en -er	Patient
	väntrum -met –	Wartezimmer
	råda råder rådde rått	raten
	akutmottagning -en -ar	Notaufnahme
	tack och lov	zum Glück
	personnum/mer -ret -mer	schwedische Personennummer
	patientbrick/a -an -or	„Patientenabzeichen“
	intyg -et –	Bescheinigung
	försäkringskass/a -an -or	hier: Krankenversicherung

	stund -en -er	Moment, Augenblick
	undersök/a -er -te -t	untersuchen
	diagnostisera -r -de -t	diagnostizieren
	förgiftning -en -ar	Vergiftung
	skriva skriver skrev skrivit (ut)	hier: ausstellen
	fort	schnell
	tillmötesgående	entgegenkommend
5	bomull -en	Baumwolle
	gasbind/a -an -or	Mullbinde
	tejp -en -er	Klebeband
	pincett -en -er	Pinzette
	sax -en -ar	Schere
	rengöring -en -ar	Reinigung, Saubermachen
	med/el -let -el	Mittel
	termomet/er -ern -rar	Thermometer
	silverfärga/d -t -de	silberfarben
6a	Vad är det för fel på dig?	Was fehlt dir?
	fel -et -en	Fehler
	besvär -et –	Beschwerde(n)
	smitta -r -de -t	anstecken
6b	hosta -r -de -t	husten
	någonstans	irgendwo
	yr -t -a	schwindlig, taumelig
	hängig -t -a	schlapp
	räck/a -er -te -t (ut)	hier: herausstrecken
	tung/a -an -or	Zunge
	inflammera/d -t -de	entzündet
	lung/a -an -or	Lunge
	an/gripa -griper -grep -gripit	angreifen
	säkert	sicherlich, sicher
	överraska -r -de -t	überraschen
	åskväd/er -ret -er	Gewitter
	genomblöt -t -a	durchnässt
	lämna -r -de -t	lassen, hier: vergessen
	sin, sitt, sina	sein, ihr
	paraply -et -er	Schirm
	bil -en -ar	Auto
	infektion -en -er	Infekt, Infektion
	sjukdom -en -ar	Krankheit
	ihop	zusammen
	nedsättande	senkend
6d	saft -en -er	Saft
	äcklig -t -a	ekelhaft
	liknande	ähnlich
	innan	vorher, vor, letzte
	Medelhav -et -en	Mittelmeer
	för/svinna -svinner -svann -svunnit	verschwinden
7	halsont	Halsweh
8	stress -en	Stress
	mental -t -a	mental
	avslappning -en -ar	Entspannung
	rådgivning -en -ar	Beratung
	eftersom	nachdem, da, weil
	reagera -r -de -t	reagieren
	fysisk -t -a	physisch
	göra gör gjorde gjort (sig av med)	etwas loswerden
	syre -t	Sauerstoff
	slappna -r -de -t (av)	zur Ruhe kommen, entspannen
	stillasittande	stillsitzend
	steg -et –	Schritt
	rask -t -a	schnell
	långpromenad -en -er	langer Spaziergang
	simma -r -de -t	schwimmen
	mjuk -t -a	weich
	gymnastik -en	Gymnastik
	aktivitet -en -er	Aktivität
9a	övning -en -ar	Übung
	dra drar drog dragit (upp)	hochziehen
	spän/d -t -da	(an)gespannt
	anda -n	Atem
	andas andas andades andats	atmen
	näsborr/e -en -ar	Nasenloch
	släppa släpper släppte släppt (ner)	loslassen, herunterlassen
	sekund -en -er	Sekunde
	sänkt	gesenkt
	andetag -et –	Atemzug
9b	återhämta -r -de -t (sig)	zurückholen, sich erholen
	ladda -r -de -t (sina batterier)	auftanken (bildlich)

Karamell a

akut – -a	akut, dringend
väntetid -en -er	Wartezeit
primär -t -a	primär, zuerst
äldre	älter, ältere Menschen
grundprincip -en -er	Grundprinzip
princip -en -er	Prinzip
så kallat	so genannt
bestå består bestod bestått (av)	bestehen aus
utspri/dd -tt -dda	verteilt
stor/stad -staden -städer	Großstadt
mottagning -en -ar	Sprechstunde
tidsbeställning -en -ar	hier: vereinbarter Termin
viss -t -a	gewisse/r/s
numera	heutzutage, jetzt
göra gör gjorde gjort (klokt i)	klug daran tun
vända vänder vände vänt (sig till)	sich wenden an
ärende -t -n	Anliegen
bedöm/a -er -de -t	beurteilen
brådskande	dringlich
före	bevor, vor
röra rör rörde rört (sig om)	sich handeln um
allvarlig -t -a	ernsthaft, ernstlich

hälsoproblem -et –	Gesundheitsproblem
bör	sollte
smärt/a -an -or	Schmerz
diffus -t -a	diffus
buk -en -ar	Bauch
betrakta -r -de -t	betrachten
omedelbar -t -a	unmittelbar
personal -en	Personal
ambulans -en -er	Amulanz, Rettungswagen
beroende på	abhängig von
prioritet -en -er	Priorität
alarm -et –	Alarm
noggran(n)t	genau, präzise
vad saken gäller	worum es geht
åratal (i åratal)	mehrere Jahre lang
operation -en -er	Operation
privat – -a	privat
genomföra	durchführen
alltfler	immer mehr
utomlands	ins / im Ausland
ut/föra -för -förde -fört	aus-, durchführen
få	wenige
äldreboende	Seniorenwohnung
servicehus -et –	hier: Haus mit Betreuung für Senioren
meningen är	hier: Es besteht die Absicht
möjlig -t -a	möglich
hemtjänst -en -er	häusliche Betreuung bzw. Pflege
gam/mal -malt -la	alte Leute
dock	doch, aber
lägga lägger la lagt (ner)	hier: stilllegen
ständig -t -a	ständig
väx/a -er -te -t	wachsen
anhörig -a	Angehörige/r
ställ/a -er -de -t (upp)	aufstellen, mobilisieren, hier: sich engagieren
inne/bära -bär -bar -burit	beinhalten
belastning -en -ar	Belastung
förmån -en -er	Vorzug, Vorteil
färdtjänst -en -er	Fahrdienst
färdas färdas färdades färdats	fahren
billig -t -a	billig
taxi -n taxibilar	Taxi

Lektion 17

1a	webdesigner -n –	Webdesigner/in
	arkitekt -en -er	Architekt/in
	mekaniker -n –	Mechaniker/in
	civilekonom -en -er	Diplomkaufmann/-frau
	dekoratör -en -er	Dekorateur/in
	dataexpert -en -er	IT-Fachmann/-frau
	översättare -n –	Übersetzer/in
	reseledare -n –	Reiseleiter/in
	konsult -en -er	Berater/in
	konstnärlig -t -a	künstlerisch
	service -n	Service
	teknisk -t -a	technisch
1b	team -et –	Team
	hår/d -t -da	hart
	hantera -r -de -t	umgehen mit
	handskas handskas handskades handskats	etwas handhaben
	maskin -en -er	Maschine
	del/ta -tar -tog -tagit	teilnehmen
	ta emot	entgegennehmen
	lösning -en -ar	Lösung
	klara -r -de -t (av)	aushalten, zurechtkommen mit
	oregelbund/en -et -na	unregelmäßig
2a	skatt -en -er	Steuer
	lön -en -er	Lohn, Gehalt
	ansvarig -t -a	verantwortlich
	bokföring -en -ar	Buchführung
	rättighet -en -er	Recht
	mobbning -en	Mobbing
	reta -r -de -t (sig på)	sich ärgern über
	underbemanna/d -t -de	unterbesetzt
	spara -r -de -t	speichern, aufheben, sparen
	fil -en -er	Datei
	USB-minne -t -n	USB-Stick, -Speicher
	kolleg/a -an -or	Kollege/-in
2b	ta studenten	das Abitur machen
	studenten	hier: Abitur
	matematik -en	Mathematik
	bransch -en -er	Branche
	inkommande	eingehend, hereinkommend
	lyckligtvis	zum Glück
	samarbete -t -n	Zusammenarbeit
	anställ/d -t -da	Angestellte/r
	trivas trivs trivdes trivts	sich wohlfühlen
	it	IT
	avdelning -en -ar	Abteilung
	syssel/sätta -sätter -satte -satt	beschäftigen
	hålla håller höll hållit (på med)	beschäftigt sein mit, etw. gerade machen
	dokument -et -ar	Dokument, Datei
	hårddisk -en	Festplatte
	gå sönder	kaputt gehen
3a	utbildning -en -ar	Ausbildung
	arbetsgivare -n –	Arbeitsgeber
	uppgift -en -er	Aufgabe
4a	Det är bråttom.	Es eilt.
4b	lämna -r -de -t (ett meddelande)	eine Nachricht hinterlassen
	visitkort -et -en	Visitenkarte
	meddela -r -de -t	mitteilen

	tryck/a -er -te -t	drucken
	reklamation -en -er	Reklamation
	felskriv/en -et -na	enthält Fehler
	kö -n -er	Schlange (bildlich)
	dröj/a -er -de -t	sich gedulden, dauern
	Kan jag få tala med ...?	Kann ich bitte mit ... sprechen?
	tjänsteres/a -an -or	Dienstreise
	förrän	vor
	skaldjur -et –	Schalentier
	projekt -et –	Projekt
	koppla -r -de -t (till)	verbinden mit
	utkast -et –	Entwurf
	färdigställ/d -t -da	fertig gestellt
	nyhet -en -er	Neuigkeit, Nachricht
4c	växel -n	Telefonzentrale
	svara -r -de -t	hier: ein Telefongespräch entgegennehmen
5a	Curriculum vitae	Lebenslauf
	snabel-a (= @)	@ („Klammeraffe")
	uppgift -en -er	hier: Angabe
	födelsedatum -et –	Geburtsdatum
	civilstånd -et –	Familien-, Zivilstand
	pensionärshem -met –	Seniorenheim
	hjärta -t -n	Herz
	institut -et –	Institut
	allmän -t -na	allgemein
	farmakologi -n	Pharmakologie
	gymnasieutbildning -en -ar	gymnasiale Ausbildung
	omvårdnadsprogram -met –	Pflegeprogramm
	profil -en -er	Profil
	personlig -t -a	persönlich
	egenskap -en -er	Eigenschaft
	engagera -r -de -t (sig)	sich engagieren
	målinrikta/d -t -de	zielorientiert
	bemöda -r -de -t (sig)	hier: sich bemühen um
	vidareutbilda -r -de -t (sig)	(sich) weiterbilden
	kunskap -en -er	Kenntnisse, Wissen, Können
	merit -en -er	Verdienst, Qualifikation
	flytande	flüssig
	tal	hier: das Sprechen
	skrift	hier: Schreiben
	referens -en -er	Referenz
	Lämnas på begäran.	Werden auf Anfrage nachgereicht.
5b	stimulerande	stimulierend
	anställning -en -ar	Anstellung
	vikariat -et –	Vertretung
	ansökan – ansökningar	Bewerbung
	utlandet	Ausland
	leg. = legitimerad	hier: staatlich geprüft
	flexibilitet -en	Flexibilität
	självständighet -en	Selbständigkeit
	dynamik -en	Dynamik
	förmåg/a -an -or	Vermögen, Fähigkeit
	leda leder ledde lett	führen, leiden
	samarbeta -r -de -t	zusammenarbeiten
	organisationskänsl/a -an -or	Organisationstalent
	stresstålighet -en	Belastbarkeit bei Stress
	önskvär/d -t -da	wünschenswert
	ansök/a -er -te -t	sich bewerben
	bifoga -r -de -t	beilegen, hier: anhängen
	smittsam -t -ma	ansteckend
	kontakta -r -de -t	kontaktieren, sich wenden an
	vårdenhet -en -er	Pflegeeinheit
	enhet -en -er	Einheit
6a	nuvarande	jetzig
	pressande	stressig, voller Druck
	situation -en -er	Situation
	framgång -en -ar	Erfolg
	ambition -en -er	Ambition
	framtid -en	Zukunft
7a	elektriker -n –	Elektriker/in
	murare -n –	Maurer/in
	snickare -n –	Schreiner/in
	taktäckare -n –	Dachdecker/in
	rörmokare -n –	Klempner/in
	läck/a -er -te -t	lecken
	spricka spricker sprack spruckit	einen Sprung bekommen, reißen
	skorsten -en -ar	Schornstein
	trasig -t -a	kaputt, ausgefranst
	byta byter bytte bytt (ut)	austauschen
	mura -r -de -t (om)	„erneut maurern"
	otät -t -a	undicht
	brinna brinner brann brunnit	brennen
	flaga -r -de -t	abblättern
7b	sommarställe -t -n	Sommerstelle
	obebo/dd -tt -dda	unbewohnt
	rusta r -de -t (upp)	aufrüsten
	ytterdörr -en -ar	Außentür
	slit/en -et -na	abgenutzt
	yttertrapp/a -n -or	Außentreppe
	osäk/er -ert -ra	unsicher
	reparera -r -de -t	reparieren
	takpann/a -an -or	Dachpfanne
	måla -r -de -t	malen, anstreichen
	över/ta -tar -tog -tagit	übernehmen

Karamell a

förändra -r -de -t (sig)	(sich) verändern
work-life-balance (livspussel)	Work-life-balance
helhetssyn -en –	ganzheitliche Sichtweise
värdera -r -de -t (upp)	aufwerten
omsorg -en -er	Sorgfalt, Fürsorge
löna -r -de -t (sig)	sich lohnen
balans -en -er	Balance
utbrändhet -en	Ausgebranntsein, Burn-out
följd -en -er	Folge
öka -r -de -t	(sich) erhöhen
uppmärksamhet -en	Aufmerksamkeit
kring	um (herum)

inrikta -r -de -t (sig)	sich einrichten auf, sich konzentrieren auf
risk -en -er	Risiko
faktor -n -er	Faktor
frisk -t -a	gesund, frisch
samtidig -t -a	gleichzeitig
inställning -en -ar	Einstelllung
ägna -r -de -t	sich widmen
framgångsrik -t -a	erfolgreich
karriär -en -er	Karriere
tävla -r -de -t	in Wettbewerb stehen um
kvalificera/d -t -de	qualifiziert
arbetskraft -en -er	Arbeitskraft
ungdom -en -ar	Jugend, Jugendliche/r
bere/dd -tt -dda	bereit
enbart	nur, lediglich, einzig
vars och ens	eines jeden
ensak	Privatsache
påverka -r -de -t	beeinflussen
meningsfull -t -a	sinnvoll
nödvändig -t -a	notwendig
bestyr -et –	Beschäftigung, Aufgabe, Angelegenheit
bry bryr brydde brytt (sig om)	hier: sich interessieren für
funktion -en -er	Funktion
buffert -en -ar	Puffer
upp/ta -tar -tog -tagit	auf-, einnehmen
tvång -et –	Zwang
hushåll -et –	Haushalt
myndighet -en -er	Behörde
underlätta -r -de -t	erleichtern
förena -r -de -t	vereinen, vereinbaren
flextid -en -er	flexible Arbeitszeit
sätt -et –	Weise, Art
lönsam -t -ma	lohnend
professionell -t -a	professionell
effektiv -t -a	effizient, effektiv

Karamell b

samhälle -t -n	Gesellschaft

Lektion 18

1a	packa -r -de -t	packen
	kappsäck -en -ar	Koffer
	fotoapparat -en -er	Fotoapparat
	borst/e -en -ar	Bürste
	ficklamp/a -an -or	Taschenlampe
	plån/bok -boken -böcker	Brieftasche
	strykjärn -et –	Bügeleisen
1b	kreditkort -et –	Kreditkarte
	golftillbehör -et –	Golfsachen
	körkort -et –	Führerschein
	legitimation -en -er	Ausweis
	näsduk -en -ar	Taschentuch
	schackspel -et –	Schachspiel
	kräm -en -er	Creme
	veckotidning -en -ar	Wochenzeitschrift
	myggolj/a -an -or	Mückenöl
2a	pass -et –	Pass
	handväsk/a -an -or	Handtasche
	väsk/a -an -or	Tasche
	vattenkran -en -ar	Wasserhahn
	avstäng/d -t -da	hier: zugedreht
	olj/a -an -or	Öl
	mack/a -an -or	belegtes Brot, Stulle
	lägga lägger la(de) lagt (sig)	sich hinlegen
2c	komma kommer kom kommit (ihåg)	denken an
	kamer/a -an -or	Kamera
	glöm/ma -mer -de -t	vergessen
2d	kurs -en -er	Kurs
	tvätta -r -de -t	waschen
	tankkvitto -t -n	Tankquittung
	klipp/a -er -te -t	schneiden, hier: mähen
	gräsmatt/a -an -or	Rasen
	dataspel -et –	Computerspiel
	bädda -r -de -t	betten, hier: machen
3a	bensinmack -en -ar	Tankstelle
	bensin -en	Benzin
	pump -en -ar	Pumpe
	däck -en –	Reifen
	motorhuv -en -ar	Motorhaube
	ratt -en -ar	Lenkrad
	strålkastare -n –	Scheinwerfer
	stötfångare -n –	Stoßstange
	vindrutetorkare -n –	Scheibenwischer
	diesel	Diesel
	Välkommen åter!	Etwa: Bis bald!
	åter	erneut, wieder
3c	krångla -r -de -t	Schwierigkeiten machen, nicht in Ordnung sein
	verk/stad -staden -städer	Werkstatt
	motor -n -er	Motor
	vindrut/a -an -or	Windschutzscheibe
	smutsig -t -a	schmutzig, verdreckt
3d	motorväg -en -ar	Autobahn
	punktering -en -ar	einen Platten haben
	bakdäck -et –	Hinterreifen
	tanka -r -de -t	tanken
4	köra kör körde kört	fahren
	bilist -en -er	Autofahrer/in
	halvljus -et –	Abblendlicht
	hela året runt	das ganze Jahr über
	promillehalt -en	Promillegehalt
	över/skrida -skrider -skred -skridit	überschreiten
	dubbdäck -et –	Reifen mit Spikes
	säkerhetsbälte -t -n	Sicherheitsgurt

5a	allemansrätt -en	Mitbenutzungsrecht, Jedermannsrecht
	så ... att	so ... dass
	varken ... eller	weder ... noch
	urgam/mal -malt -la	uralt
	lag -en -ar	Gesetz
	rätt -en	Recht
	vistas vistas vistades vistats	sich aufhalten
	mark -en -er	Grund, Boden, Erde
	ägor	Besitz
	frihet -en -er	Freiheit
	villkor -et –	Bedingung
	ta hänsyn till	Rücksicht nehmen auf
	hänsyn -en	Rücksicht
	för/hålla -håller -höll -hållit (sig)	sich verhalten
	försynt	rücksichtsvoll
	störa	stören
	förorsaka -r -de -t	verursachen
	skada -n -or	Schaden
	oskriv/en -et -na	ungeschrieben
	reg/el -eln -ler	Regel
5b	fiska -r -de -t	fischen
	vattendrag -en –	Flusslauf
	licens -en -er	Lizenz
	gå går gick gått (i land)	anlegen
	brygg/a -an -or	Steg
	tomt -en -er	Grundstück
	tälta -r -de -t	zelten
	synhåll (inom synhåll)	in Sichtweite
	boningshus -et –	Wohngebäude
	elda -r -de -t	Feuer machen
	far/a -an -or	Gefahr
	brand -en bränder	Brand
	före/ligga -ligger -låg -lagt	vorliegen
	plocka -r -de -t	pflücken
	vil/d -t -da	wild
	frid/lysa -lyser -lyste -lyst	unter Naturschutz stellen
	res/a -er -te -t (upp tält)	Zelt aufbauen
	efterlämna -r -de -t	hinterlassen
	skräp -et –	Müll
	äng -en -ar	Wiese
	åk/er -ern -rar	Acker
	gröd/a -an -or	Saat, Ernte
5c	respektera -r -de -t	respektieren
	avskaffa -r -de -t	abschaffen
	föreskrift -en -er	Vorschrift
6a	bestul/en -et -na	bestohlen
	anmäl/a -er -de -t	anmelden, hier: anzeigen
	proppfull -t -a	proppenvoll
	inkläm/d -t -da	eingeklemmt
	plötsligt	plötzlich
	dra drar drog dragit	ziehen
	omkring	um ... herum
	skrika skriker skrek skrikit (till)	aufschreien
	allting	alles
	fatta -r -de -t	hier: begreifen
	otäckt	unangenehm, schrecklich
	Stackars dig!	Du Arme/r!
	bankomatkort -et –	Geldautomatenkarte
	smågrej -en -or	Kleinkram
	retlig -t -a	ärgerlich
	spärra -r -de -t	sperren
	påpeka -r -de -t	darauf hinweisen
	tjuv -en -ar	Dieb
	släng/a -er -de -t	hin-, wegwerfen
	Fy tusan! (ugs.)	Pfui Teufel! (ugs.)
7a	varannan	jede/r/s zweite
	var -t	jede/r/s
	rut/a -an -or	Scheibe
	slå slår slog slagit (sönder)	kaputt schlagen; hier: einschlagen
	komma kommer kom kommit (i vägen)	dazwischenkommen
	lantställe -t -n	Landsitz
	renovera -r -de -t	renovieren
	åtminstone	mindestens
7c	bokstav -en bokstäver	Buchstabe
8	ändå	dennoch
	kind -en -er	Wange, Backe
	termin -en -er	Semester
	artig -t -a	höflich
	hoppa -r -de -t	hüpfen
	springa springer sprang sprungit	laufen

Karamell a

politik -en	Politik
nationell -t -a	national
beroende	Abhängigkeit
skattelättnad -en -er	Steuererleichterung
konvertering -en -ar	Konvertierung
acceptab/el -elt -la	akzeptabel
småhus -et –	kleine Häuser
uppvärmning -en -ar	Heizung
drabbas drabbas drabbades drabbats	hier: getroffen werden
oljepris -et -er	Ölpreis
ändliga	endlich
bränsle -t -n	Brennstoff
mål -et –	Ziel
på sikt	in Sichtweite
försörjning -en -ar	Versorgung
förnybar -t -a	erneuerbar
enskilde	einzeln
miljövänlig -t -a	umweltfreundlich
prioritera -r -de -t	Priorität setzen
forskning -en -ar	Forschung
resurs -en -er	Ressource
kraftig -t -a	kräftig
nivå -n -er	Niveau
upp/gå -går -gick -gått (till)	sich belaufen auf

besked -et –	Bescheid
budget -en -ar	Budget, Haushalt
miljon -en -er	Million
satsning -en -ar	Einsatz, Bemühung, Maßnahme
syfta -r -de -t (till)	zielen auf
användning -en -ar	Anwendung
fjärrvärme -n –	Fernwärme
incitament -et –	Anreiz
fördelaktig -t -a	vorteilhaft
fossil -et -er	Fossil
i takt med	in Verbindung mit
klimatförändring -en -ar	Klimaveränderung
förebild -en -er	Vorbild
aktör -en -er	Akteur, Handelnder
exportmarknad -en -er	Exportmarkt
alternativ -t -a	alternativ
kräv/a -er -de -t	fordern
medvet/en -et -na	bewusst
bakåtsträva -r -de -t	sich zurück orientieren
motverka -r -de -t	entgegensteuern
omställning -en -ar	Umstellung
investering -en -ar	Investition
stärkt	gestärkt
konkurrenskraft -en -er	Konkurrenzfähigkeit
teknik -en -er	Technik
utveckling -en -ar	Entwicklung
framsteg -en –	Fortschritt
ensidig -t -a	einseitig
hänvisa -r -de -t	hinweisen, hier: angewiesen sein auf
alternativ -et –	Alternative

Karamell b

nå når nådde nått	erreichen
realistisk -t -a	realistisch
diskussion -en -er	Diskussion
jäm/föra -för -förde -fört	vergleichen
av/stå -står -stod -stått	verzichten
bygg/a -er -de -t (om)	umrüsten/-bauen

Lektion 19

1a

diplomat -en -er	Diplomat/in
statsminist/er -ern -rar	Premierminister/in
uppfinnare -n –	Erfinder/in
utrikesminist/er -ern -rar	Außenminister/in

2a

sky skyr skydde skytt	scheuen
demonstrera -r -de -t	demonstrieren
krig -et –	Krieg
fördöm/a -er -de -t	verdammen
rasistisk -t -a	rassistisch
regim -en -er	Regime
Sydafrika	Südafrika
utöver	über ... hinaus
beundra -r -de -t	bewundern
hata -r -de -t	hassen
skjuta skjuter sköt skjutit	(er)schießen
gärnings/man -mannen -män	Täter
gripa griper grep gripit	greifen, hier: ergreifen
mord -et –	Mord
klara -r -de -t (upp)	aufklären
trauma -t -n	Trauma
teori -n -er	Theorie
motiv -et –	Motiv
än	noch, bis, immer noch
upp/finna -finner -fann -funnit	erfinden
dynamit -en	Dynamit
stenrik -t -a	steinreich
testamentera -r -de -t	vermachen
förmögenhet -en -er	Vermögen
stiftelse -n -r	Stiftung
summ/a -an -or (pengar)	Summe, Geld
framstående	außerordentlich
insats -en -er	Einsatz, Leistung
kemi -n	Chemie
fysik -en	Physik
fred -en -er	Frieden
dela -r -de -t (ut)	austeilen, hier: vergeben
arvsroll -en -er	etwa: vererbte Rolle
hemma/dotter -dottern -döttrar	etwa: Tochter aus gutem Hause
herrgård -en -ar	Landgut
ta tar tog tagit (lån)	einen Kredit aufnehmen
hedersdoktor -n -er	Ehrendoktor/in
nobelpris -et -er	Nobelpreis
kvinnlig -t -a	weiblich
leda/mot -moten -möter	Abgeordnete/r, Mitglied
folklig -t -a	volkstümlich
hemtrakt -en -er	Gegend, aus der man stammt
övertyga -r -de -t	überzeugen
europé -n -er	Europäer/in
kampanj -en -er	Kampagne
införande	Einführung
euro	Euro
valuta -an -or	Währung
NK = Nordiska kompaniet	Nordische Kompanie (Kaufhaus)
över/falla -faller -föll -fallit	überfallen
kniv/hugga -hugger -högg -huggit	mit dem Messer niederstechen
psykisk -t -a	psychisch
rädda -r -de -t	retten
antagligen	vermutlich, wahrscheinlich
efterträ/da -der -dde -tt	nachfolgen
val -et –	Wahl
oerhört	sehr, unerhört
socialdemokrat -en -er	Sozialdemokrat, die sozialdemokratische Partei
tack vare ...	dank ...
världskrig -et –	Weltkrieg
tusentals	tausende
ungersk -t -a	ungarisch

	jud/e -en -ar	Jude
	undan	hier: vor
	förintelse -n -r (Förintelsen)	Vernichtung (Holocaust)
	sovjetisk -t -a	sowjetisch
	styrk/a -an -or	Truppen
	spion -en -er	Spion
	försök -et –	Versuch
	förgäves	vergeblich
	gåt/a -an -or	Rätsel
	öde -t -n	Schicksal
	lösa löser löste löst	lösen
	förhållande -t -n	Verhältnis
	världsberöm/d -t -da	weltberühmt
	res/a -er -te -t (runt)	herumreisen
	turné -n -er	Tournee
	ovanlig -t -a	ungewöhnlich
	donera -r -de -t	spenden
	summ/a -an -or	Summe, Betrag
	välgörande	hier: wohltätig
	ändamål -et –	Zweck
	inrättning -en -ar	Einrichtung
	uppkallat efter	benannt nach
	avbilda -r -de -t	abbilden
2c	fyll/a -er -de -t	füllen, hier: ausfüllen
3a	pinnsoff/a -an -or	Holzsofa
	sköta sköter skötte skött	sich kümmern um, erledigen
	annorlunda	anders
	rinnande	hier: fließend
	vattentoalett -en -er	WC
	bod -en -ar	Schuppen
	iskall -t -a	eiskalt
	dass -et –	Toilette
	snöstorm -en -ar	Schneesturm
	kyla -n	Kälte
	trång -t -a	eng, klein, schmal, knapp
	syskon -et –	Geschwister
	dra drar drog dragit (ut)	ausziehen
	ko -n -r	Kuh
	höns -et -en	Huhn
	får -et –	Schaf
	sticka -r -de -t	stecken, stechen, stricken
	ull -en	Wolle
	gård -en -ar	Hof
	tjäna -r -de -t	dienen, verdienen
	sömmersk/a -an -or	Näherin
	Tänk vad ...	Überleg mal wie ...
	förvärvsarbete -t -n	Erwerbstätigkeit
	färdiglagad mat	Fertiggericht
	dammsugare -n –	Staubsauger
	fy (ugs.)	pfui (ugs.)
4a	lukta -r -de -t	riechen
	nybaka/t -d -de	frisch gebacken
	klass -en -er	Klasse
	undervisa -r -de -t	unterrichten
	trivsam -t -ma	gemütlich, behaglich
	få	hier: müssen
	kilometer -n –	Kilometer
	skolbuss -en -ar	Schulbus
	hälft -en -er	Hälfte
	invandrare -n –	Einwanderer/in, Migrant/in
	finlandssvensk -en -ar	Finne/in mit Schwedisch als Muttersprache
5a	erövra -r -de -t	erobern
	erkän/na -ner -de -t	anerkennen
	före/träda -träder -trädde -trätt	vertreten
	svenskspråkig -t -a	schwedischsprachig
	minoritet -en -er	Minorität, Minderheit
	nationalspråk -et –	National-, Amtssprache
	för/bliva -bliver -blev -blivit	bleiben, verbleiben
	ut/göra -gör -gjorde -gjort	ausmachen
	utefter	entlang, längs
	stärk/a -er -te -t	(ver)stärken
	inflytande -t -n	Einfluss
6a	rätta -r -de -t	korrigieren
	kompetens -en -er	Kompetenz
	på så sätt	auf diese Weise
	självlär/d -t -da	autodidaktisch
	outtömlig -t -a	unerschöpflich
	käll/a -an -or	Quelle
	Iran	Iran
	tekniker -n –	Techniker/in
	fotograf -en -er	Fotograf/in
	grafisk designer -n –	Grafikdesigner/in
	ord -et –	Wort
	servitör -en -er	Kellner/in, Ober
	busschaufför -en -er	Busfahrer/in
	sätta sätter satte satt	hier: kleben, anhängen
	föremål -et –	Gegenstand
	metod -en -er	Methode
	obehindra/d -t -de	ungehindert
	läx/a -an -or	Hausaufgabe
6c	modersmål -et –	Muttersprache
	medier	Medien
7a	skön -t -a	schön
	tvåspråkig -t -a	zweisprachig
	integrera -r -de -t	integrieren, einbinden
	yrkesliv -et –	Arbeitsleben
	givande	fruchtbar, lohnend, ergebnisreich
	uppmärksamma -r -de -t	die Aufmerksamkeit lenken auf
	barn/bok -boken -böcker	Kinderbuch
7b	tvåspråkighet -en	Zweisprachigkeit

Karamell

förbund -et -er	Verbund
hansa/stad -staden -städer	Hansestadt
lyda lyder lydde/löd lytt	lauten; hier: unterstellt sein, gehören zu

	skandinavisk -t -a	skandinavisch
	för/driva -driver -drev -drivit	vertreiben
	styra styr styrde styrt	steuern, lenken
	stormakt -en -er	Großmacht
	makt -en -er	Macht
	protestant -en -er	Protestant/in
	döda -r -de -t	töten
	slag -et –	Schlacht
	abdikera -r -de -t	abdanken
	över/låta -låter -lät -låtit	überlassen
	seg/er -ern -rar	Sieg
	territori/um -et -er	Territorium
	an/falla -faller -föll -fallit	anfallen, angreifen
	håll -et –	hier: Richtung
	slå slår slog slagit	schlagen
	polack -en -er	Pole/in
	Men sedan vände lyckan.	Aber dann wendete sich das Blatt.
	trots det	dennoch, trotzdem
	nynazist -en -er	Neonazi
	hjält/e -en -ar	Held/in
	envälde -t -n	Alleinherrschaft
	svag -t -a	schwach
	blomstra -r -de -t	(auf)blühen
	rokoko -n	Rokoko
	maskeradbal -en -er	Maskenball
	förlora -r -de -t	verlieren
	av/sätta -sätter -satte -satt	absetzen
	därpå	daraufhin
	efterträdare -n –	Nachfolger
	marskalk -en -ar	Marschall
	grunda -r -de -t	(be)gründen
	dynasti -n -er	Dynastie

Lektion 20

1a	ishockey -n	Eishockey
	viking -en -ar	Wikinger
	fjällvandring -en -ar	Bergwanderung
2a	nation -en -er	Nation
	vara född	geboren sein
	medborgare -n –	Mitbürger
	vetskap -en	Wissen
	förtrogen med	vertraut mit
	sed -en -er	Sitte, Brauch
	bruk -et –	Brauch
	insatt i	vertraut mit
	nationalsång -en -er	Nationalhymne
	heja -r -de -t (på)	zurufen, anfeuern
	trygg (känna sig trygg)	sich geborgen / sicher fühlen
	litterär -t -a	literarisch
3a	kommentar -en -er	Kommentar
	svälta svälter svalt svultit	verhungern
	såvitt	soweit
	barnomsorg -en -er	Kinderbetreuung
	funka -r -de -t	funktionieren
	prickfritt	einwandfrei
	mod -et	Mut
	kritisera -r -de -t	kritisieren
	mänskliga rättigheter	Menschenrechte
	världssamvete -t -n	Weltgewissen
	kämpa -r -de -t	kämpfen
	förfölj/a -er -de -t	verfolgen
	skydd -et –	Schutz
	varg -en -ar	Wolf
	lägga lägger la lagt (sig i)	hier: sich einmischen
	internationella planet	internationale Ebene
	lägga näsan i blöt	sich einmischen
	moralist -en -er	Moralist
	ansjovis -en -ar	Anchovis
	demokrati -n -er	Demokratie
	tala -r -de -t (fritt)	frei sprechen; seine Meinung sagen
	våld -et	Gewalt
	förtryck -et	Unterdrückung
	be/kämpas -kämpas -kämpades -kämpats	bekämpfen
	konflikt/skygg -t -a	konfliktscheu
	ifall	wenn, falls, ob
	upp/stå -står -stod -stått	entstehen
	kompromissa -r -de -t	Kompromisse schließen
	evighet -en -er	Ewigkeit
4	angelägenhet -en -er	Angelegenheit
	invånare -n –	Einwohner
	modellstat -en -er	Modellstaat
	beskydda -r -de -t	beschützen
	vagg/a -an -or	Wiege
	grav -en -ar	Grab
	benämning -en -ar	Benennung, Meinung
	schablonbild -en -er	Schablonenbild, typisches Bild
	måla -r -de -t (upp)	hier: zeigen
	duglig -t -a	geschickt, tauglich
	hygglig -t -a	nett, freundlich
	blyg -t -a	schüchtern
	tillbakadrag/en -et -na	zurückgezogen, introvertiert
	anonym -t -a	anonym
	aning -en -ar	Ahnung
	åtskillig -t -a	unterschiedlich
	trög -t -a	träge
	fräck -t -a	frech
	sköta sköter skötte skött	hier: handhaben, führen, nachkommen
	dos -en -er	Prise, hier: ein bisschen
	sanning -en -ar	Wahrheit
5a	parti -et -er	Partei
	centern	Zentrumspartei
	folkpartiet	Volkspartei
	kristdemokraterna	Christdemokraten
	miljöpartiet	Umweltpartei
	moderaterna	Partei „Die Moderaten“
	vänsterpartiet	Linkspartei
5b	valresultat -et –	Wahlergebnis
	procent av rösterna	Prozent an Stimmen

	dryg -t -a	knapp
	lite över	bisschen über
	riksdagsval -et –	Reichtagswahl
	rätt -en -er (ha rätt att)	Recht (haben auf/zu)
	rösta -r -de -t	stimmen, wählen
	mantalsskriv/en -et -na	in die Einwohnerliste eingetragen
	rösträtt -en -er	Stimmrecht
	kommun(al)val -en -er	Kommunalwahlen
	landstingsval -et –	Landtagswahlen
	övrig -t -a	übrig
7a	monarki -n -er	Monarchie
	i dagens ...	im heutigen ...
	kungahus -et –	Königshaus
	representativ -t -a	repräsentativ
	ceremoniell -t -a	zeremoniell
	betydelse -n -r	Bedeutung
	emellertid	inzwischen
	sakna -r -de -t	vermissen
	alltsomoftast	öfter
	ställ/a -er -de -t (krav)	Forderung/Anspruch stellen
	folkliga stödet	Unterstützung des Volkes
	manlig -t -a	männlich
	tronföljd -en -er	Thronfolge
	lagstiftning -en -ar	Gesetzgebung
	modernisera -r -de -t	modernisieren
	plats -en -er (ge plats åt)	Platz (machen für)
	många gånger	viele Male
7b	stabilitet	Stabilität
	representation -en -er	Repräsentation
	kostnad -en -er	Kosten
	popularitet -en	Popularität
8a	jämlikhet -en -er	Gleichheit
	fastän	obwohl
	till/höra -hör -hörde -hört	dazugehören
	föregångs/land -landet -länder	Vorreiterland
	jämställdhet -en -er	Gleichberechtigung, Gleichstellung
	valdebatt -en -er	Wahldebatte, Wahlkampf
	krav -et – (krav på)	Forderung, Anspruch auf
	huvudprincip -en -er	Hauptprinzip
	jämställdhetsarbete -t -n	Arbeit für Gleichstellung
	jämlik -t -a	gleichermaßen
	ansvarstagande -t -n	Übernahme von Verantwortung
	familjeförsörjning -en -ar	Familienversorgung, Haushaltsführung
	längst ➜ lång (komma långt / längst)	weit / am weitesten kommen
	omhändertagande -t	Betreuung
	föräldraförsäkring -en -ar	Elternversicherung
	föräldrapenning -en -ar	Elterngeld
	obligatorisk -t -a	obligatorisch
	pappamånad -en -er	Vatermonat (Erziehungszeit)
9a	parlament -et -en	Parlament
	politisk -t -a	politisch
	deltagande -t -n	Teilnahme
	skillnad -en -er	Unterschied
	grafik -en -er	Grafik
	genomsnitt -et -en	Durchschnitt
	parlamentsleda/mot -moten -möter	Parlamentsmitglied, Abgeordnete/r
9b	tabell -en -er	Tabelle
	föklara -r -de -t	erklären
	ordningsföljd -en -er	Ordnungsfolge
	medelvärde -t -n	Mittelwert
10a	högskoleutbildning -en -ar	Hochschulausbildung
	högskol/a -an -or	Hochschule
	i förhållande till	im Verhältnis zu
	lönenivå -n -er	Lohnniveau
	upp/nå -når -nådde -nått	erreichen

Karamell

den gyllene medelvägen	der goldene Mittelweg
talesätt -et –	Sprichwort
hylla -r -de -t	verehren
kompromiss -en -er	Kompromisse
samförstånd -et –	Einverständnis
ofullkomlig -t -a	unvollkommen
medelväg -en -ar	Mittelweg
uttryck -et –	Ausdruck
beteckna -r -de -t	bezeichnen
samförståndspolitik -en	etwa: Kompromiss-politik
arbetsmarknad -en -er	Arbeitsmarkt
kännedom -en	Kenntnis
nedärv/d -t -da	vererbt, überliefert
motvilj/a -an -or (mot)	Abneigung
sticka sticker stack stuckit (ut)	hervorragen, herausragen
bryta bryter bröt brutit (av)	ausbrechen
den svenska modellen	das schwedische Modell
önskan – önskningar	Wunsch
till lags (vara till lags)	es anderen recht machen
förvånande	verwundernswert
i mitten	in der Mitte
klyv/a -er klöv kluvit (upp)	aufspalten
kapitalism -en	Kapitalismus
kommunism -en	Kommunismus
amerikansk -t -a	amerikanisch
propagand/a -an -or	Propaganda
framställ/a -er -de -t	hervorheben
halvkommunistisk -t -a	halbkommunistisch
beskur/en -et -na	beschnitten, eingeschränkt
falsk -t -a	falsch, verkehrt
mytbild -en -er	mythisches Bild
genomdemokratisk -t -a	durch und durch demokratisch
grundmura/d -t -de	grundfest
marknadsekonomi -n -er	Marktwirtschaft
utsträckning -en -ar	Ausmaß

	väst/land -landet -länder	westliches Land
	an/vända -vänder -vände -vänt (sig av)	benutzen
	socialistisk -t -a	sozialistisch
	fördelningspolitik -en	Verteilungspolitik
	socialdemokratisk -t -a	sozialdemokratisch
	avbrott -et –	Abbruch, Unterbrechung
	välstånd -et –	Wohlstand
	fördela -r -de -t	verteilen
	storskalig -t -a	hier: umfassend
	skattefinansiera/d -t -de	durch Steuern finanziert
	äldreomsorg -en -er	Betreuung von älteren Menschen
	pension -en -er	Pension
	bidrag -et –	Beitrag
	samhällsklass -en -er	Gesellschaftsklassen
	jämförbar -t -a	vergleichbar

God jul!

	God jul!	Frohe Weihnachten!
	jul	Weihnachten
	Gott Nytt År!	Gutes Neues Jahr!
1	julafton	Heiligabend
	nyårsafton	Silvesterabend
	advent	Advent
	juldag	1. Weihnachtsfeiertag
	nyårsdag	Neujahrstag
	annandag jul	2. Weihnachtsfeiertag
	nobeldag	Nobeltag
	lucia	Lucia
2a	glögg	Glühwein
	julskinka	Weihnachtsschinken
	knäck	Süßigkeit
	lussekatt	Luciagebäck mit Safran
	lutfisk	Stockfisch
	pepparkaka	Pfefferkuchen
	risgrynsgröt med mandel	Milchreis mit Mandel
	sill	Hering
2b	strösocker	Streuzucker
	sirap	Sirup
	tjock grädde	Schlagsahne
	margarin	Margarine
	sötmandel	süße Mandel
	skala och hacka	schälen und hacken
	grov	grob
	blanda alla andra ingredienserna	mischen Sie alle anderen Zutaten
	tjockbottnad kastrull	Topf mit dickem Boden
	låt massan koka	lassen Sie die Masse kochen
	under omrörning	unter Rühren
	tills	bis
	vid dropprov i kallt vatten	bei Tropfprobe in kaltem Wasser
	känns lagom hård	sich angemessen hart anfühlt
	tillsätta	hinzugeben
	klicka upp smeten i knäckformar	füllen Sie den Teig in kleine Papierförmchen
	med hjälp av två teskedar	mithilfe von zwei Teelöffeln
	bli	ergibt
3	då tänker jag på	da denke ich an
	pynta, pyssla, baka	schmücken, herumwuseln, backen
	kommer alltid	kommen immer
	barn och barnbarn	Kinder und Enkel/in
	julbord hos mig	Weihnachtsbüfett bei mir
	sång	Lied, Gesang
	dans runt julgranen	Tanz um den Weihnachtsbaum
	sedan julklappsutdelning	dann Bescherung
	hinna	etwas schaffen
	önskar jag vore	wünsche ich wäre
	spela filipin	Wette abschließen
	farmor	Oma (väterlicherseits)
	vinna	gewinnen
4	det första officiella tåget	die erste offizielle Prozession
	år	Jahr
	anordna	veranstalten
	tidning	Zeitung
	tävling där …	Wettbewerb, bei dem …
	läsarna fick utse	Leser/innen durften wählen
	denna tradition	diese Tradition
	har behållits	ist beibehalten worden
	fram till idag	bis heute
	firas även	wird sogar gefeiert
	i alla privata hem	in allen Privat-wohnungen
	när Sverige blev protestantiskt	als Schweden protestantisch wurde
	nu emellertid	aber jetzt
	annorlunda	anders
	levde på	lebte auf
	hedra som helgon	wird als Heilige verehrt
	romersk-katolska kyrka	römisch-katholische Kirche
	ljusdrottning	Lichterkönigin
	som skulle lysa upp mörkret	die Licht ins Dunkel bringen sollte
	med sin ljuskrona	mit ihrer Kerzenkrone
	fördrev alla onda andar	vertrieb alle bösen Geister
	fortfarande trodde på	weiterhin glaubte
	senare gjorde man	später machte man
	firande	Feiern, Feierlichkeiten
	stor nationell fest	großes nationales Fest

Svenska flaggdagar

	flaggdag	Tag, an dem die Flagge gehisst wird
1	nyårsdag	Neujahrstag
	konungens namnsdag	Namenstag des Königs
	kronprinsessa	Kronprinzessin
	påsk	Ostern
	födelse	Geburt
	först	zuerst, erst
	pingst	Pfingsten
	nationaldag	Nationalfeiertag
	midsommar	Mittsommer
	drottning	Königin
	val till riksdagen	Parlamentswahl
	FN = Förenta Nationerna	UNO
	jul	Weihnachten
	hissas även	wird sogar gehisst
	vid familjehögtider	bei Familien-feierlichkeiten
	dop	Taufe
	bröllop	Hochzeit
	begravning	Begräbnis
2	tycka att	meinen, der Meinung sein
	logisk	logisch
	flagga	die Flagge hissen
	på dessa dagar	an diesen Tagen
	vilka av dessa	welche von diesen
	förekommer	gibt es
	i ert land	in eurem Land
	skulle ni vilja	würdet ihr
	om ni hade	wenn ihr hättet
	flaggstång i trädgården	Flaggenmast im Garten
3a	valborgsmässoafton	Walpurgisnacht
	demonstrera	demonstrieren
	hälsa våren välkommen	den Frühling begrüßen
	politiska tal	politische Reden
	sjunga vid eld	am Feuer singen
	sälja en majblomma	eine Maiblume verkaufen
	sätta på sig studentmössan	sich die Abiturienten-mütze aufsetzen
	vara ledig	frei haben
	åka ut i naturen med picknick	ein Picknick in der Natur machen

Skål!

	Skål!	Prost!
1a	kräfta	Krebs
	surströmming	saurer Ostseehering (Strömling)
	ål	Aal
1b	kräftskiva	Krebsfest, Krebsessen
	fira	feiern
	jäst sill	gegorener Hering
	tillagningssätt	Zubereitungsart
	som man använde förr	die man früher benutzte
	för att kunna bevara sillen bättre	um den Hering besser aufheben zu können
	idag	heute
	burk	Dose
	däri	darin
	jäsa	gären
	blir alldeles runda	werden ganz rund
	öppna	öffnen
	lukta ruttna ägg	stinken nach verdorbenen Eiern
	många anser att	viele sind der Meinung, dass
	vidrigt	widerlich
	bara får öppna utomhus	nur außerhalb des Hauses öffnen darf
	till	dazu
	äta	essen
	mandelpotatis, rå lök, sallad	Mandelkartoffeln, rohe Zwiebeln, Salat
	tunnbröd	nordisches Fladenbrot
	dricker mjölk, öl eller snaps	man trinkt Milch, Bier oder Schnaps
	natt	Nacht
	längre	länger
	lätta att fånga	leicht zu fangen
	eftersom	nachdem, da, weil
	näten i mörkret	die Netze in der Dunkelheit
	ändå till långt in på hösten	sogar bis weit in den Herbst
	tillagas på många olika sätt	wird auf viele unter-schiedliche Arten zubereitet
	kokt, rökt, stekt	gekocht, geräuchert, gebraten
	eller med olika fyllningar	oder mit verschiedenen Füllungen
	servera	servieren
	olika såser	verschiedene Soßen
	traditionellt	traditionell
	får fångas	dürfen gefangen werden
	koka	kochen
	stor mängd dillkronor	eine große Menge Dillspitzen
	mycket salt	viel Salz
	man bjuder in vänner och bekanta	man lädt Freunde und Bekannte ein
	mjukt bröd	weiches Brot
	ost	Käse
	värd	Gastgeber
	brukar hänga upp lyktor	hängt normalerweise Laternen auf

Lektionswortschatz

	i form av fullmånar	in der Form von Vollmonden
	lägga fram	herauslegen
	haklappar	Lätzchen
	små roliga hattar	kleine lustige Hüte
	sjunger nubbevisor	singt zusammen
	tillsammans	Trinklieder
3	har ni varit med om	seid ihr schon einmal dabei gewesen
	en av dessa fester	eines dieser Feste
	känner ni till	kennt ihr
	liknande traditioner	ähnliche Traditionen
	i den trakt ni kommer ifrån	aus der Gegend, aus der ihr kommt
	dela in	einteilen
	ditt hemland	dein Land
	olika mattraditioner	unterschiedliche Esstraditionen
	vilka	welche
	ditt land	dein Land
	gilla mest	am meisten mögen
	varför	warum
	sjunger man snapsvisor	singt man Trinklieder
	tycker ni	findet ihr
	rolig	lustig

Trevlig midsommar!

	Trevlig midsommar!	„Frohen Mittsommer!“
1	natt	Nacht
	afton	Abend
	den första helgen	das erste Wochenende
	efter	nach
	alltid	immer
	eftermiddag	Nachmittag
	från ... till	von ... auf
2	stång	Stange, Mast
	jordgubbe	Erdbeere
	färsk potatis	neue Kartoffeln
	sill	Hering
	gräddfil med gräslök	Hering in Sahnesoße mit Schnittlauch
	krans	Kranz
	blomma	Blume
	löv	Laub
	groda	Frosch
3	små	klein
4a	vi firar ute på landet	wir feiern draußen auf dem Land
	aktivitet	Aktivität
	resa	hier: aufstellen
	ta en promenad i skogen	einen Waldspaziergang machen
	bada bastu	in die Sauna gehen
	klä	schmücken
	förbereda mat	das Essen vorbereiten
	sjunga och dansa	singen und tanzen
	köttbullar	schwed. Hackfleischbällchen
4b	Tack, detsamma!	Danke, ebenfalls
5	Vad är bäst med …	Was ist das Beste an …
	vara ledig	frei haben
	träffa kompisar	Freunde treffen
6	äta	essen
	rätt	richtig
	fel	falsch, verkehrt
	högtid i hela Sverige	Fest in ganz Schweden
	egen	eigen/er/e/es
	barn och vuxna	Kinder und Erwachsene
	deltar gemensamt i lekarna	nehmen gemeinsam an den Spielen teil
	har alla affärer öppet	haben alle Geschäfte geöffnet
	arbeta	arbeiten
	det är ljust hela natten	es ist die ganze Nacht über hell
	norra	nördlich
	polis	Polizei, Polizist
	ha mycket att göra	viel zu tun haben
	under	während
7	en gammal sed	ein alter Brauch
	det finns	es gibt
	ung flicka	junges Mädchen
	plocka en bukett	einen Strauß Blumen pflücken
	sorters blommor	Arten von Blumen
	sedan	dann
	stoppa den under huvudkudden	unter das Kopfkissen stopfen
	då drömmer de om	dann träumen sie von
	blivande fästman	kommender Ehemann

Grattis!

	Grattis!	Glückwunsch!
1	gratulation	Glückwunsch
	bröllopsdagen	Hochzeitstag
	dopdagen	Tag der Taufe
	Fars dag	Vatertag
	födelsedagen	Geburtstag
	Mors dag	Muttertag
	namnsdag	Namenstag
	världens bästa pappa	der beste Papa der Welt
	stor kram	große Umarmung
	idag	heute
	från din dotter	von deiner Tochter
	må ditt liv bli lyckligt	möge dein Leben glücklich werden

	Gud beskydde dig	Gott beschütze dich
	lille	klein
	farmor	Oma (väterlicherseits)
	farfar	Opa (väterlicherseits)
	tack	danke
	älskade mamma	geliebte Mama
	för allt du har gjort för oss	für alles, was du für uns getan hast
	massor med pussar	jede Menge Küsse
	ha den äran på …	Herzliche Glückwünsche zum …
	allt gott önskar mormor	alles Gute wünscht Oma
	tänka på	an etw./jmd. denken
	när vi byter ringar	wenn wir Ringe tauschen
	äntligen	endlich
	här kommer en slant	hier kommt ein kleiner Geldbetrag
	myndighetsdagen	Tag der Volljährigkeit
	faster	Tante (väterlicherseits)
2	inbjudan	Einladung
	fylla år	Geburtstag haben
	fira	feiern
	välkommen till	willkommen zu
	rolig kväll med goda vänner	lustiger Abend mit guten Freunden
	lördagen klockan …	am Samstag um …
	ska äta och dricka	werden essen und trinken
	asiatiskt	asiatisch
	klä dig därefter	kleide dich entsprechend
	tack för inbjudan	Danke für die Einladung
	jag kommer gärna	Ich komme gerne
	Vad önskar du dig?	Was wünscht du dir?
	Tyvärr, jag är upptagen	Leider habe ich keine Zeit
3	present	Geschenk
	jag vet inte	ich weiß nicht
	säga om	sagen über, meinen
	spännande bok	spannendes Buch
	jag tycker en CD skiva är rolig	ich finde eine CD wäre lustig
	alltid	immer
	bra idé	gute Idee
	låt oss ge henne	lass uns ihr schenken
	flaska vin	Flasche Wein
	vara bjudna	eingeladen sein
4a	samma sätt	selbe Art
	tradition i vår familj	eine Tradition in unserer Familie
	låg kvar i sängen tills	blieb im Bett liegen bis
	Ja, må hon leva!	Hoch soll sie leben!
	bricka	Tablett
	levande ljus	echte Kerzen
	svenska flaggan	schwedische Flagge
	kopp varm choklad	Tasse warme Schokolade
	välja en älsklingsrätt	ein Lieblingsgericht wählen
	skulle fixa till lunch	als Mittagessen kochen musste
	födelsedagskalas	Geburtstagsfeier
	åt tårta	aß Torte
	bullar	(süßes) Brötchen

Erläuterung zum Lektionswortschatz

Im Lektionswortschatz finden Sie zu jeder Übung die Wörter bzw. Ausdrücke, die noch unbekannt sind. Mit Ausnahme der Wörter aus den Festlektionen sind dabei auch die folgenden Formen aufgeführt, sofern sie für das entsprechende Wort existieren:

Substantive: Singular unbestimmt, Singular bestimmt, Plural unbestimmt

Verben: Infinitiv, Präsens, Präteritum, Supinum

Adjektive: Grundform, *t*-Form, Plural

Ein Schrägstrich kennzeichnet die Stelle, an der die aufgeführten Endungen angehängt werden müssen. Die Abkürzung *ugs.* steht für *umgangssprachlich*.
Eine alphabetische Liste der wichtigsten Wörter finden Sie im Arbeitsbuch.

Quellenverzeichnis

Titel: links: © dana press photo/Thure Wikberg; Mitte: © gettyimages/Mats Widen; rechts: © mauritius images/age fotostock
U2: © Thomas Schack, Ismaning/MHV-Archiv
Seite 8: A: © mauritius images/Martin Hangen; B: © mauritius images/PowerStock; C: © mauritius images/Fiona Fergusson; D: © mauritius images/Pixtal
Seite 10: 1: © Superjuli; 2: © irisblende.de; 3: © MEV/MHV; 4. MHV-Archiv
Seite 14: © Thorsten Dreger, Hamburg; Karte: MHV-Archiv
Seite 24: © Thorsten Dreger, Hamburg
Seite 25: oben: © Thorsten Dreger, Hamburg; A, B: © MEV/MHV; C: © Rubberball/MHV
Seite 26: 1: © MEV/MHV; 2: © Eyewire/MHV; 3. © irisblende.de
Seite 27: © Thorsten Dreger, Hamburg
Seite 28: Statistik: Österreichischer Kaffee- und Tee-Verband
Seite 34: links und Mitte: © MEV/MHV; rechts: © mauritius images/age
Seite 35: alle Bilder: © irisblende.de
Seite 37: © irisblende.de
Seite 43: MHV-Archiv
Seite 44: © MEV/MHV
Seite 45: © mauritius images/Dolphin Productions
Seite 48: 1, 3, 4, 5, 8, 15: MHV-Archiv; 2, 14: © MEV/MHV; 6: © Abba Seafood AB, Göteborg; 7, 10: © panthermedia.net; 9: © Arla Foods AB, Stockholm; 11: © Saltå Kvarn AB, Järna; 12: © Thomas Spiessl, München; 13: © StockFood.com/Kremer, Thomas
Seite 51: Kartoffeln, Brot: MHV-Archiv; Milch, Butter, Saft: © Arla Foods AB, Stockholm; Kaffee: © Löfbergs Lila AB, Karlstad; Salat: © Thomas Spiessl, München
Seite 53: Text und Logo: www.krav.se
Seite 54: © Thorsten Dreger, Hamburg/Marlene Kern, München
Seite 56: © mauritius images/Peter Widmann
Seite 58: © irisblende.de
Seite 62: © irisblende.de
Seite 64: oben: © mauritius images/Peter Widmann; unten: © ifa/Kanzler
Seite 67: © mauritius images/JIRI
Seite 73: 1: © Superjuli; 2: © irisblende.de
Seite 75: © Thorsten Dreger, Hamburg
Seite 76: © MEV/MHV
Seite 77: Text und Logo: © Lingon & Blåbär International AB, Åkersberga
Seite 83: oben links u. rechts: © irisblende.de; oben Mitte u. unten links: © Superjuli; unten rechts: © mauritius images/André Pöhlmann
Seite 86: Text: aus „Nu vill alla bo i Göteborg“ von Tina Lagerström, www.expressen.se
Seite 88: links: © Läckö Slott (www.lackoslott.se); rechts oben: © 2003 Linus Lidberg; rechts Mitte: © Ulf Fabiansson; rechts unten: © Götene-Lidköping Turistbolag
Seite 94: Text und Fotos: © Forshems Gästgivaregård AB/Stefan Johansson
Seite 100: oben: © Jim Rudolfsson/Ölands Turist AB; alle anderen: © Ölands Turist AB
Seite 101: links: © MEV/MHV; rechts: © irisblende.de
Seite 102: Sternzeichen: MHV-Archiv
Seite 108: © panthermedia.net
Seite 109: A-D: © Dalslands Kanal AB, Åmål; E: © Lars Johansson/SkaraborgsBild; F: © Nils Alexsson/SkaraborgsBild; G: © gettyimages/Johner; H: © panthermedia.net
Seite 110: alle Bilder: © Thorsten Dreger, Hamburg
Seite 112: © Peter Grant/ICEHOTEL AB; Text: © ICEHOTEL AB
Seite 114: oben: © mauritius images/Russell Kord; unten: © Stockholm Visitors Board
Seite 118: © AB Storstockholms Lokaltrafik

Seite 122: alle Bilder: © Frederik Tellerup/Malmö Turism
Seite 128: Text: aus „Mamma Mia är ett enda stort lyckopiller" von Anders Öhrman, www.qx.se, 14/02/2005
Seite 135: Text und Logo: © www.sjukvardsradgivningen.se
Seite 136: © MEV/MHV
Seite 141: © MEV/MHV
Seite 146: alle Bilder: © MEV/MHV; Text: aus „Helhetssyn på arbete och fritid behövs" von Krister Zeidler, © www.prevent.se, 02/05/2006
Seite 152: alle Bilder: © Thorsten Dreger, Hamburg
Seite 154: Text: aus „Oljan ska vara borta från Sverige år 2020" von Mona Sahlin, Dagens Nyheter, Debatt, 01/10/2005
Seite 156: A: © picture-alliance/KPA/HIP/Oxford Science Archive; B: © picture-alliance/akg-images, C, D, E, F: © picture alliance/dpa
Seite 160: Text: aus „Mehrdad Modiri", in: „Bland gussar och gossar. Om språksituationen i Sverige", © 2006 Svenska Institutet
Seite 165: Text (unten): aus „Sådana är vi svenskar!", in: „Sverige & Svenskarna", © 2003, 2004 Claes Britton och Svenska Institutet
Seite 166: © Moderaterna; © Folkpartiet; © Kristdemokraterna; © Centerpartiet; © Vänsterpartiet; © Miljöpartiet de gröna; © Socialdemokraterna
Seite 167: links u. rechts: © MEV/MHV; Mitte: © irisblende.de; Text (Mitte): aus „Monarki: Kungen sitter säkert på tronen", in: „Sverige & Svenskarna", © 2003, 2004 Claes Britton och Svenska Institutet; Text (unten): aus „Lika rättigheter: På jakt efter jämlikhet", in: „Sverige & Svenskarna", © 2003, 2004 Claes Britton och Svenska Institutet
Seite 168-169: Statistiken: © BFS - Statistisches Lexikon der Schweiz
Seite 170: Text: aus „Samhälle: Vi valde att vandra den gyllene medelvägen", in: „Sverige & Svenskarna", © 2003, 2004 Claes Britton och Svenska Institutet
Seite 175: links: © mauritius images/Frank Witt; Mitte: © mauritius images/Carsten Rademacher; rechts: © MEV/MHV
Seite 176: Liedtext: SANKTA LUCIA Musik: Teodoro Cottrau (1827-1879), Text: Arvid Rosén (1895-1973) Copyright © AB Nordiska Musikförlaget. Printed by permission of Ehrlingförlagen AB, Stockholm
Seite 177: © Thorsten Dreger, Hamburg
Seite 178-179: © mauritius images/Nordic Photos
Seite 180: © Claudia Eberan, Hamburg
Seite 181: © Thorsten Dreger, Hamurg
Seite 184: © Thorsten Dreger, Hamburg
Seite 185: Kartoffeln, Brot: MHV-Archiv; Milch, Butter, Saft: © Arla Foods AB, Stockholm; Kaffee: © Löfbergs Lila AB, Karlstad; Salat: © Thomas Spiessl, München

Wir haben uns bemüht, alle Inhaber von Bild- und Textrechten ausfindig zu machen. Sollten Rechteinhaber hier nicht aufgeführt sein, so wäre der Verlag für entsprechende Hinweise dankbar.